LES SAINTS
DE L'ALGÉRIE

PRÉSENTÉS A LA VÉNÉRATION DES FIDÈLES

PAR LA TRADUCTION DES TEXTES LITURGIQUES

ACCOMPAGNÉS D'ANNOTATIONS HISTORIQUES ET SUIVIS
DE RÉFLEXIONS RELIGIEUSES

Avec Approbation de Monseigneur l'Évêque d'Alger

PAR VICTOR BÉRARD

Receveur des Domaines, Membre de la Société
historique algérienne.

VALENCE
IMPRIMERIE MARC AUREL, ÉDITEUR
IMPRIMEUR DE L'ÉVÊCHÉ

1857

EN VENTE, CHEZ MARC AUREL, IMPRIMEUR-LIBRAIRE

GALERIE DES SAINTS

Publiée par une société d'ecclésiastiques,
sous le patronage de Monseigneur l'Archevêque d'Avignon et de plusieurs
Évêques de France et de l'Étranger, honorée d'un Bref spécial
de Sa Sainteté Pie IX.

La GALERIE DES SAINTS est publiée par séries de douze vol. in-12, format dit *Charpentier*, imprimés avec luxe sur papier fin satiné. Il paraîtra, chaque année, plusieurs séries. Chaque série sera composée de volumes appartenant indistinctement aux diverses catégories. On peut souscrire à une ou plusieurs séries. — Chaque volume se vend aussi séparément.

OUVRAGES PARUS EN 1857
(première série) :

VIE DE JÉSUS-CHRIST, par l'abbé Nadal.
LES SAINTES VIERGES MARTYRES, par l'abbé L. Bernard.
LES SAINTES ADOLESCENTES, par l'abbé L. Bernard.
LES SAINTS PETITS GARÇONS, par l'abbé Félix Bernard.
LES SAINTS MARCHANDS, par l'abbé J.-M.-S. Gorini.
VIE DE SAINT ISIDORE, laboureur, par l'abbé C... A...
VIE DE SAINTE CLAIRE D'ASSISE, par Mme ***.
VIE DE SAINTE COLETTE DE CORBIE, par l'abbé Noailles.
VIE DE SAINTE ZITE, servante, par l'abbé Azaïs.
VIE DE SAINTE ÉLISABETH D'ARAGON, par Ch... E...
LES SAINTS CURÉS, par l'abbé L. Bernard.
LES SAINTS DOMESTIQUES, par l'abbé V. Postel.

PRIX :

Par série :		FRANCO	Par unité :		FRANCO
Les 12 v. br., c. imp.	10 »	12 20	L'ex. br., c. imp.	1 »	1 20
— riche cart.	12 »	14 65	— riche cart.	1 25	1 50

NOUVEAU MANUEL DE PIÉTÉ

A l'usage des demoiselles élevées dans les pensionnats religieux et séculiers, contenant un grand nombre de prières et d'exercices spécialement appropriés à leurs besoins. — Avec l'Approbation de l'Autorité ecclésiastique.
Un beau vol. in-32. — Prix : 1 fr.

LES

SAINTS DE L'ALGÉRIE

Propriété de l'Éditeur,

E. Marc-Aurel

VALENCE — IMPRIMERIE MARC AUREL, ÉDITEUR
IMPRIMEUR DE L'EMPEREUR

LES SAINTS
DE L'ALGÉRIE

PRÉSENTÉS A LA VÉNÉRATION DES FIDÈLES

PAR LA TRADUCTION DES TEXTES LITURGIQUES
ACCOMPAGNÉS D'ANNOTATIONS HISTORIQUES ET SUIVIS DE RÉFLEXIONS
RELIGIEUSES

Avec Approbation de Monseigneur l'Évêque d'Alger

PAR VICTOR BÉRARD

Receveur des Domaines, Membre de la Société historique algérienne

VALENCE
IMPRIMERIE MARC AUREL, ÉDITEUR
IMPRIMEUR DE L'ÉVÊCHÉ
—
1857

A MONSEIGNEUR PAVY

ÉVÊQUE D'ALGER

COMTE ROMAIN
ASSISTANT AU TRÔNE APOSTOLIQUE
COMMANDEUR DE L'ORDRE IMPÉRIAL DE LA LÉGION D'HONNEUR
ET DE L'ORDRE DES SS. MAURICE ET LAZARE.

HOMMAGE

D'UN CATHOLIQUE A SON ÉVÊQUE.

APPROBATION

Nous LOUIS-ANTOINE-AUGUSTIN PAVY, par la miséricorde de Dieu et la grâce du Saint-Siége apostolique, Évêque d'Alger :

Après avoir lu l'ouvrage intitulé : *Les Saints de l'Algérie*, et convaincu que la lecture en doit être utile aux fidèles de notre diocèse, en avons autorisé et autorisons l'impression.

Alger, le 20 avril 1855.

† *Signé* : LOUIS-ANTOINE-AUGUSTIN,
ÉVÊQUE D'ALGER.

PRÉFACE.

Il est de saints personnages dont la mémoire est vénérée de tous les fidèles, qui trouvent leurs noms consacrés dans les divines Écritures. Avant et au-dessus de tous, la Très-Sainte Vierge Marie, — et les Saints Apôtres. Il est d'autres noms illustres dans les annales du Catholicisme, qui sont aussi l'objet d'un culte général : tels sont ceux des premiers martyrs, des docteurs de l'Église grecque et latine, des fondateurs d'Ordres religieux. Quelques Saints reçoivent particulièrement des hommages à cause de leur nationalité, de leur récente canonisation, ou bien encore de leur patronage céleste relativement à certains états de la société. Il en est d'autres enfin, moins connus, comme ayant prié et souffert dans des positions obscures, ou à des époques déjà reculées, ou dans des lieux, longtemps délaissés, que le flambeau de la foi visitant de nouveau tire tout-à-coup de l'oubli.

Chaque diocèse invoque, à ces derniers titres, un choix de Bienheureux dont la vie s'est passée dans les localités qu'il circonscrit, et dont il présente à imiter la réunion des vertus, comme un bouquet spirituel de fleurs écloses sur le lieu même, pouvant aisément s'y reproduire sous la rosée de la grâce et le soleil de la foi.

L'Algérie, où une miséricorde providentielle ramène la Catholicité dans toute sa splendeur, après douze siècles d'erreurs et de persécutions, a été aussi la patrie de nombreux élus dont quelques-uns sont dotés par Dieu d'une célébrité universelle, mais dont le plus grand nombre n'a de place spéciale dans le souvenir, que chez des hommes attachés aux études ecclésiastiques, ou particulièrement adonnés à la dévotion envers les Saints. Cependant, chaque dimanche, le prêtre qui préside au saint sacrifice rappelle, à la messe paroissiale, la mémoire de ces nobles martyrs, de ces généreux confesseurs, de ces vierges bénies, dont les noms sont écrits au livre de vie, et que l'office canonial se propose d'invoquer durant le cours de la semaine qui s'ouvre; — et les fidèles, qui entendent ces noms, ne savent le plus souvent quel est celui qui est désigné ainsi à leur imitation; en quelles vertus il a excellé, durant son passage sur ce sol même où nous vivons comme lui, quelquefois dans les mêmes tentations et les mêmes positions sociales.

En effet, quelle variété de modèles les Saints de l'Algérie n'offrent-ils pas à chacun! Beaucoup de diocèses, en France, ne commémorent presque uniquement que de saints évêques, de saints moines et cénobites, morts dans les limites de leur territoire. Mais ici, le sacerdoce, qui trouve aussi des évêques... et quels évêques! Saint Cyprien, Saint Augustin, Saint Fulgence! — qui trouve des prêtres : Saint Saturnin, Saint Raymond Nonat; de simples lévites : Saint Marien et Saint Jacques; — peut encore nous réciter les noms de Saint Alype, du Saint comte Marcellin, hommes éminents par leurs fonctions civiles; du noble Saint Sérapion, des époux Saint Séverien et Sainte Aquila, des frères jumeaux Saint Romulus et Saint Secundus; de Sainte Julie, simple servante, de Sainte Crispine, grande dame; des Saintes Félicité et Perpétue, dont les noms sont prononcés chaque jour à l'autel par tout l'univers; — enfin, d'une troupe glorieuse de vierges et de martyrs.

C'est donc comme moyen d'édification que se présente la rédaction des courtes notices que l'on va lire, dans l'ordre des jours de l'année où la fête des Saints qu'elles concernent est célébrée en Algérie. Ce travail n'est guères que la traduction de passages latins, tirés d'auteurs ecclésiastiques, dont les leçons du Bréviaire propre à ce diocèse sont composées, légendes approuvées, le 23 mars 1854, par Notre Saint-Père le Pape Pie IX, à la demande de Monseigneur Pavy, évêque d'Alger, qui a daigné accepter la dédicace du présent recueil, à cause de l'intention qu'on s'est proposée en le formant.

Il aurait été facile de donner plus de développement à l'histoire de la plupart des Saints qui sont mentionnés ici; mais persuadé que ce ne sont pas les plus gros ni les plus savants ouvrages qui sont le plus utiles à la piété du plus grand nombre, on s'est borné à ces extraits rapides de la biographie des Saints de l'Algérie.

Ce petit livre contiendra encore la commémoration de plusieurs Saints qui naquirent ou ont souffert en d'autres contrées du nord de l'Afrique : (Saint Marcel à Tanger, Saint Cyrille à Alexandrie), parce que leur célébrité s'est étendue de tout temps en cette région.

Quelque esprit attentif remarquera, sans doute, dans ce recueil une grande variété, — il faut dire même, une grande inégalité de style, — que pourtant l'auteur n'a pas cru devoir éviter, pour laisser à chaque chose sa physionomie particulière. Tantôt ce sera la sécheresse d'un interrogatoire de martyr, tiré des actes proconsulaires eux-mêmes ; tantôt la lettre paternelle d'un évêque à son troupeau ; ici la narration d'un supplice, tracée avec une rudesse toute africaine, qui n'exclut pas une certaine prétention étrange ; là une homélie éloquente de Saint Fulgence, une causerie intime des confessions de Saint Augustin, — traductions, réflexions, tour-à-tour et tout ensemble ; — mosaïque chrétienne avec des marbres du pays.

Puisse chacun y voir partout le désir de la gloire de Dieu *loué dans ses Saints !* (1) On n'a pas eu d'autre but.

(1) Ps. 150—1.

INTRODUCTION

On ne sait si quelqu'un des *prosélytes, habitants des contrées de la Lybie*(1), dont parle Saint Luc aux Actes des Apôtres, comme premiers auditeurs de Saint Pierre à Jérusalem, au jour de la Pentecôte, aura porté les premières lueurs de l'Évangile dans cette partie du nord de l'Afrique que nous nommons l'Algérie. Il est constant que les relations continuelles avec les Romains, qui occupaient, dans le voisinage, sous le nom de Province proconsulaire, toutes les possessions de Carthage que comprend aujourd'hui l'État de Tunis, ont apporté de Saint Pierre même, chef de l'Église universelle, la connaissance de Jésus-Christ sur ces bords. Les Chrétiens y étaient en grand nombre au milieu du second siècle, et, — sans qu'il y eût de distinction entre eux dans

(1) Act. 2 — 10.

l'Église de Dieu, qui ne fait acception de personne, — leur réunion se composait d'indigènes montagnards, que l'on appelle encore Kabyles, de Gétules dans les campagnes, de Numides sur les côtes, de Maures dans les villes, aussi bien que de Gaulois et de Romains, qui avaient fui sur cette terre hospitalière les tourmentes politiques de l'Italie et les persécutions qui n'avaient pas encore atteint le Christianisme en Afrique. Le Proconsul Vigélius Saturninus vint le premier les exercer en l'année 198, et Saint Namphanion de Madaure fut aussi le premier qui eut le bonheur de donner sa vie pour Jésus-Christ.

Tous ceux qui furent assez heureux pour marcher sur ses traces, dans les cent quatorze ans que durèrent les diverses persécutions romaines, furent moissonnés presque tous dans les conditions ordinaires que nous allons dire.

Ils étaient dénoncés comme adorateurs de Jésus-Christ, arrêtés en divers lieux et transférés le plus souvent à Carthage, où le magistrat suprême (1)

---

(1) Ce magistrat suprême portait le titre de *Proconsul* à Carthage, capitale de tout le pays, aussi bien que siége principal et métropolitain de la religion chrétienne en ces contrées. La Numidie était administrée par un haut fonctionnaire impérial qui prenait le nom de *Consulaire*. La Mauritanie proprement dite, à l'extrême ouest (le Maroc), et la Mauritanie césarienne (l'Algérie), étaient l'une et l'autre gouvernées par un *Président*. Cette dernière fut divisée en deux par Dioclétien, (commence-

siégeait au nom de Rome, dont le pouvoir s'étendait sur la Numidie et les Mauritanies, qui ont composé l'Algérie et le Maroc. On les conservait, plus ou moins longtemps, dans des prisons dont la civilisation actuelle n'a rien qui puisse rappeler l'horreur. C'était, dans la plupart des localités, un seul et unique cachot, sorte de cave plus profonde que spacieuse, où les prévenus étaient descendus et restaient entassés pêle-mêle dans une profonde obscurité, dans une fange infecte, où on leur jetait de loin en loin quelques aliments. On ne les en retirait que pour les citer devant les tribunaux. Lorsqu'ils y comparaissaient ils déclinaient leur nom et leur titre de frères de Jésus-Christ, ils refusaient hautement les propositions d'avantages matériels qui leur étaient faites en échange d'une apostasie. Presque toujours on les appliquait à la question. Elle consistait généralement en la distension des membres, au moyen de poulies et de cordes attachées aux pieds et aux mains; en flagellations par plusieurs bourreaux armés de lanières plombées, de nerfs de bœuf ou de bâtons; en dissections par des ongles de fer rougis au feu; en brûlures par des torches ardentes. Les inventions capricieuses d'un juge en démence étaient quelquefois plus

---

ment du quatrième siècle). La partie s'étendant du fleuve Savus (Mazafran) à l'Ampsaga (Oued-Kebir) prit le nom de Mauritanie Sitifienne. Cette répartition du territoire subit, par la suite, diverses subdivisions.

atroces; elles furent parfois si révoltantes que les païens eux-mêmes, qui assistaient en masse à ces procédures faites sur la place publique, à l'ombre d'un portique ouvert, suivant les usages de l'antiquité, se soulevèrent d'indignation. La fin de ces horribles spectacles était presque toujours la décapitation d'un nombre considérable de Chrétiens; et les anciens, avides de démonstrations énergiques, étaient émerveillés, fréquemment convertis, par l'aspect extraordinairement heureux de ces hommes destinés au glaive, et marchant radieux au supplice, comme s'ils avaient couru à un triomphe! Les ardeurs d'un bûcher terminaient aussi quelquefois, par une ironie satanique, la série des tourments de ces héros, qui avaient menacé leurs bourreaux des flammes éternelles de l'enfer, qu'ils voulaient eux-mêmes éviter par leur suprême sacrifice.

Donc, après Saint Namphanion et ses compagnons, — Saint Spérat et ses concitoyens de Scilla, les imitant dans leur confession, souffrirent à Carthage, où ils furent conduits (1).

---

(1) Dans cette introduction, présentée selon l'ordre des temps, il n'est mentionné que les Saints dont la fête particulière est célébrée maintenant en Algérie. Les autres Saints, nominativement désignés, au nombre de plus de trois cents, dans le Martyrologe romain, sont indiqués au *Calendrier africain*, à la fin de ce volume, et commémorés, quelques-uns du moins, au jour de la Toussaint.

Les édits de Septime Sévère ordonnant la cinquième persécution générale, qui commença par le martyre du pape Saint Victor (202), Africain de naissance, livrèrent aux bêtes de l'amphithéâtre, à Carthage, Sainte Félicité et Sainte Perpétue (203) avec leurs compagnons.

Les investigations contre les Chrétiens se ralentirent, tandis qu'elles sévissaient en Europe par recrudescences inégales. Le pape Saint Corneille subit la mort (251) pour avoir entretenu une correspondance pastorale avec l'Afrique. Valérien marqua, peu après, sur cette plage, les premiers excès de sa fureur par le sacrifice de la vierge Sainte Restituta (256), qui, brûlant dans une barque lancée en mer, fut comme offerte en holocauste à Dieu. Cette persécution, qui est estimée la huitième, frappa en Afrique sur un grand nombre de Chrétiens. Le plus illustre d'entre eux, Saint Cyprien, élevé sur le siége épiscopal de Carthage, et Saint Théogènes sur celui d'Hipponne furent immolés (257). La famille sacerdotale semblait être l'objet spécial de la rage destructive dont l'esprit du pouvoir était possédé. Le vieil évêque Saint Secundinus, le jeune diacre Saint Marien, Saint Jacques, simple Lecteur, et aussi les vierges consacrées à Dieu Sainte Tertulle et Sainte Antonie, enfants adoptifs de l'évêque Saint Agapius, ne rachetèrent point par leur mort la paix du champ évangélique dont ils étaient la fleur (259).

Sainte Marciane reçut la mort pour Jésus-Christ

à Julia Césarée (Cherchell), dès le commencement de la persécution de Dioclétien (284), qui fut la dernière, et qui éclata en Afrique avec une furie toute nouvelle. Le centurion Saint Marcel fut décapité à Tangis (298); la noble dame Sainte Crispine de Tebessa, les Saints Arcadius, Sévérien et son épouse Sainte Aquila, de Julia Césarée, périrent de la main des bourreaux (303); Saint Saturnin, Saint Félix, Saint Jules, Saint Paul, Sainte Victoire et leurs compagnons, pour avoir célébré le dimanche dans la ville d'Abiline furent punis de mort (304); Saint Firmus, évêque de Tagaste, n'ayant pas voulu livrer un proscrit, fut cruellement tourmenté (305).

On se demandera, dans notre siècle où le Christianisme a fait pénétrer ses ineffables douceurs jusque dans les cœurs les plus farouches, comment des hommes ont pu déployer tant de méchanceté contre leurs semblables, contre des concitoyens qui étaient des modèles de toutes les vertus.

La conduite des persécuteurs, inexcusable puisqu'elle leur était inspirée par l'effervescence des passions, est explicable à certains points de vue. Indépendamment des suggestions directes de l'esprit du mal, la calomnie, chez les Romains, leur représentait les Chrétiens comme des scélérats qui s'enfermaient de nuit pour boire du sang et manger de la chair humaine, — allusion absurde aux mystères eucharistiques; — les Philosophes se soulevaient contre eux par dépit, les prêtres des idoles par cupidité, les légistes par un fanatique amour de la légalité, le peuple par superstition, les empereurs par politique ; le nom seul de Chrétien était un objet de haine pour le genre humain. On ne recherchait pas leurs crimes, on ne châtiait que leur nom ; on n'examinait pas leur doctrine religieuse, on les immolait parce qu'ils en avaient une autre que celle de César ; comme si César avait eu le droit de diriger et d'enchaîner la conscience au pied des infâmes autels qu'il honorait de son encens ! L'orgueil aussi était blessé de l'aspect de la chasteté, de la tempérance, de l'éloignement des jeux publics, de la pénitence et du détachement, qui faisaient si hautement la critique des désordres affreux dont se souillait une civilisation hypocrite et usée. Chez les Vandales ariens, qui avaient chassé les Romains de l'Afrique, il y eut de plus cette haine intolérante de l'hérésie, qui se montre partout la même, et qui ne règne qu'à la condition de persécuter. Chez les Musulmans, il n'y avait pas besoin d'autre aliment à la persécution que le fanatisme religionnaire, et ce fanatisme les porta parfois aux plus grands excès. Maintenant, qu'aux époques de rudesse antique les Chrétiens, par une allure de bravoure qui était dans l'esprit de tous, aient renversé parfois les idoles de gens qu'il savait devoir les supplicier pour ce fait, — si dans cet acte, on reconnaissait une brusquerie provocatrice, il faudrait convenir aussi que lorsqu'on sait comme eux mourir pour son opinion, on peut bien se croire en droit de la manifester. Ce genre de prédication, eu égard aux mœurs du temps, aux personnes et aux lieux, était dans les desseins de Dieu; et aujourd'hui même, une autre manière de procéder n'aurait peut-être pas un résultat plus prompt et plus durable. Toutes ces circonstances, et leurs conséquences cruelles, devaient produire le plus grand effet sur la société d'alors. Ce fut donc, par moment, une guerre où le faible, qui avait raison, sut qu'il devait combattre ainsi pour la vérité, et succomber personnellement pour amener la victoire du principe, et par l'énergie de la confession, et par la pitié qui s'attache à la victime, et par la lassitude future, certaine, de celui qui s'acharne contre la vérité.

La paix, que l'avénement de Constantin, à l'empire (306) semblait devoir assurer à l'Église, fut bientôt troublée par la scission plus déplorable qu'amenèrent les hérésies. Celle des Ariens qui niaient la divinité de Jésus-Christ, et celle des Manichéens, qui reconnaissaient deux principes créateurs, l'un bon et l'autre mauvais; celle des Pélagiens qui niaient la grâce et le péché originel; celle des Prédestinatiens, qui, au rebours du Pélagianisme, niaient la liberté, et enfin, le grand schisme de Donat, que nous aurions dû nommer le premier à cause de l'importance de ses ravages, s'étendirent en Afrique, et donnèrent occasion de se distinguer à de saints prélats, parmi lesquels nous devons noter Saint Optat, évêque de Milève (Mila, près de Gigelli), en 384, et par dessus tout, l'immortel, l'incomparable Saint Augustin.

En touchant le cœur d'Augustin, la grâce assurait à l'orthodoxie catholique de tous les âges son plus puissant défenseur. Sa mère, Sainte Monique, étant morte l'année même où il s'était donné à Dieu (387), il reçut la prêtrise (390), et fut consacré évêque d'Hippone cinq ans après. Jamais on n'allia tant de zèle avec tant de charité, tant de savoir avec tant de génie, tant d'éloquence avec tant de subtilité, et, ajoutons-le, tant de sainteté avec tant de gloire. Cette belle vie épiscopale fut donnée tout entière à la lutte doctrinale et à la prière. Augustin fait face à tous les besoins. L'Église l'admire, et les âges chrétiens lui ont tressé une couronne qui ne fait que s'embellir à mesure que ses œuvres prodigieuses sont plus étudiées et mieux connues. Ce n'est pas sur lui qu'on eût osé porter la main! et toutefois, de son temps, il y avait des martyrs. Un concile fut rassemblé à Carthage pour mettre fin aux dissidences malheureuses que les erreurs entretenaient en Afrique depuis l'an 306. Le saint comte Marcellin, qui avait assisté au nom de l'empereur à cette assemblée, fut opprimé par l'intrigue des hérétiques et soudainement mis à mort comme un criminel (413). Cependant Dieu honorait par des miracles la foi des enfants de la véritable Église vénérant les reliques de Saint Étienne, premier martyr.

Déjà les Vandales, Ariens de religion, sous la conduite de Genséric, commençaient leurs pirateries ; Saint Papinien, évêque de Pérada, et Saint Mansuet, évêque d'Uracita, subissaient le martyre. Ces barbares avaient envahi la Numidie, et ne s'arrêtèrent devant Hippone que pour y laisser le temps à Saint Augustin d'y mourir (430).

Tandis que son ami Saint Alype s'éteignait en Italie, les Vandales attentèrent contre le nouvel évêque de Carthage, nommé Quod-Vult-Deus, *(Ce que Dieu Veut)*, contre Saint Possidius et Saint Canion, arrachés à leurs siéges épiscopaux, et les chargeant, avec deux cents de leurs collègues, sur un vieux navire qu'ils espéraient voir sombrer, ils les chassèrent en pleine mer, d'où ces prélats furent portés par un vent favorable sur les côtes de Naples (437). La plupart, à la suite des tortures souffertes de la main des hérétiques, y moururent pour la divinité de Jésus-Christ, que Saint Cyrille, évêque d'Alexandrie, défendait si bien en Orient.

Un autre évêque appelé Saint Deogratias, exerça à Carthage les œuvres de charité les plus éclatantes envers les malheureuses victimes de ces déprédateurs de l'Italie (457). Saint Eugène, qui lui succéda, fut exilé par eux dans les Gaules, où il expira (505). Saint Fulgence, évêque de Ruspes, crut que le moment était venu de soustraire aux violences des ennemis de l'Église le corps de Saint Augustin, qui en avait été le plus illustre champion, et l'emporta en Sardaigne, en compagnie de soixante proscrits (508). Il ne cessa pourtant d'entretenir dans son diocèse la lumière de la foi par des communications éloquentes, jusqu'au jour de son rappel par Hildéric, qui fut presque le lendemain du bannissement de Saint Honoré, évêque de Constantine (522). Deux cent vingt évêques avaient éprouvé le même sort sous le roi arien Trasimond, dont Saint Paulin-le-Jeune, évêque de Nole (en Campanie), qui était venu en Afrique prendre la chaîne de l'esclavage à la place du fils d'une veuve, captif des Vandales avait prédit la mort. Alors n'était plus le temps où les ministres du culte avaient eu à donner leur vie pour la foi : on les envoyait en exil; encore y recevaient-ils la mort pour la même cause, comme l'évêque Saint Régulus, relégué en Sardaigne (500), qui parvint plus tard au martyre, en Toscane, sous les coups de Totila (545).

Mais l'empereur Justinien entendit enfin les gémissements de ses frères, les Catholiques d'Afrique. Ce troupeau décimé, qui avait compté six cent quatre-vingt-dix évêques au temps de la puissance romaine, et n'en avait plus eu que quatre cent soixante-six sous les vexations de Hunéric (481), en reconnaissait encore deux cent dix-sept. orsque Constantinople vint à son secours (534).

Les Grecs byzantins, sous la conduite de Bélisaire, chassèrent les Vandales, et furent bientôt après chassés à leur tour (653) par l'invasion musulmane. L'Islamisme, refusant au Fils de Dieu son titre divin et prêchant à main armée ses grossières erreurs, noya dans un torrent de sang tout ce qui portait le nom chrétien dans le nord de l'Afrique (688) et dans les îles voisines; et ce fut à prix d'argent que Luitprand, roi des Lombards, dut racheter des mains des Mahométans les restes de Saint Augustin (725).

Le Christianisme semblait être anéanti pour toujours sur les côtes barbaresques. Deux Ordres pour la rédemption des captifs, qui s'y aggloméraient par les hasards de la guerre que les Maures entretenaient en Espagne, s'étaient établis : l'un en 1198, sous le titre de la *Sainte-Trinité*, par le zèle de Saint Jean de Matha, qui vint par deux fois à Tunis pour y exercer ce saint office de charité; l'autre en 1218, sous la protection de la Mère de Dieu, au titre de *Notre-Dame-de-la-Merci*, par les soins de Saint Pierre de Nolasque, qu'Alger vit aborder sa plage redoutée. Déjà quelques-uns des braves religieux qui composaient cette milice sainte, et qui, pour la plupart, avaient porté l'épée comme chevaliers, étaient souvent venus, comme suppliants et l'or à la main, briser les fers des esclaves chrétiens; — ainsi avaient fait le Bienheureux Pierre Armengaud, qui fut attaché au gibet à Bougie (1128), Saint Raymond Nonat, à qui les Algériens fermèrent la bouche avec un cadenas de fer, et Saint Sérapion, qu'ils crucifièrent (1240), — lorsque Saint Louis, roi de France, descendit sur le rivage de Tunis, suivi d'une armée qui n'avait, à son insçu, qu'une mission évangélique et toute de paix. Mais rien d'utile ne couronna cette tentative puissante, que des invitations secrètes avaient attirée sur cette côte où elle échoua par la mort du saint roi (1270). Le Vénérable Raymond Lulle poussera encore la persévérance jusqu'à revenir seul, à l'âge de quatre-vingts ans, annoncer la foi aux Maures de Bougie, qui écrasent en lui, sous les pierres dont ils le lapident, un dernier germe évangélique qu'il leur apportait (1315).

A partir de cette heure, un crêpe de deuil, de plus en plus épaissi, pèse sur le sol imbibé jadis du sang des martyrs et où bien des Chrétiens meurent encore pour leur Dieu, dans ces lieux mêmes où, pour le même nom, Saint Fortunat, Saint Lucien, Saint Cyrille, les frères Saint Romulus et Saint Secundus, et tant d'autres de leurs aînés, avaient cueilli la palme du triomphe. Les tourments les plus atroces étaient inventés par les sectateurs de Mahomet, — quelquefois même, hélas ! rénégats de la foi en Jésus-Christ!.... pour vaincre la constance de ces obscurs confesseurs de la vérité méconnue ; jusque là qu'ils pilaient la créature humaine et l'enterraient vivante dans leurs murailles à l'instar d'une matière brute, comme ils le firent à Alger (1569) en la personne d'un jeune Arabe baptisé sous le nom de Géronimo. Leurs pirates parcouraient les mers et vendaient les prisonniers à l'encan. C'est ainsi que Saint Vincent-de-Paul fut réduit en esclavage à Tunis, d'où il ne sortit qu'en opérant sur celui qui était devenu son maître une conversion éclatante (1607).

Mais une révolution miséricordieuse était préparée par la bonté de Dieu pour la patrie de Saint Augustin, qui ne cessait sans doute d'intercéder pour elle. Ses dépouilles bénies étaient entourées de nouveaux honneurs, à Pavie, en 1695. Un siècle plus tard, des événements politiques préparaient entre la France et l'État d'Alger une rupture qui éclatait (1830) par la prise de possession des régions septentrionales de l'Afrique, au nom du roi très-chrétien. En 1839, l'évêché d'Alger était relevé, après douze siècles d'oubli et comme d'inhumation sous le sol foulé lourdement par le stupide Mahométisme. Toute la Chrétienté se hâtait de doter ces mosquées, converties tout-à-coup en chapelles, en cathédrale, de ce qu'elle avait de plus précieux : c'étaient des saintes reliques de l'Apôtre Saint Philippe et du grand Saint Augustin (1842); c'était d'une parcelle d'un de ces clous qui attachèrent à la croix notre divin Maître. De grandes vertus apparurent, de grands sacrifices se reproduisirent sur cette terre des saints et des martyrs. Si des malheurs y furent encore essuyés, l'Église d'Afrique s'en consola en se consacrant au Sacré-Cœur de Jésus (1849), et en répétant avec son nouvel évêque ces paroles de l'Apôtre, qui semblent prophétiser sur ce rivage l'avenir du flambeau de la foi : *Il se relève pour ne plus s'éteindre,* RESURGENS NON MORITUR (1).

(1) Rom. 6 — 9.

LES SAINTS DE L'ALGÉRIE.

SAINT THÉOGÈNES

ÉVÊQUE D'HIPPONE

ET SES COMPAGNONS, MARTYRS

— 26 Janvier. —

(Tiré du Bréviaire propre au diocèse d'Alger.)

L'ordre des fêtes, selon la succession des jours dans l'année, amène à parler d'un des premiers martyrs de l'Afrique, Saint Théogènes, dont la célébrité fut grande, comme le prouvent divers monuments ecclésiastiques, et que l'on pense avoir été le premier évêque d'Hippone.

Il est utile de profiter ici de l'occasion qui s'offre, dès l'abord, de parler de l'ancienne Hippone, comme de la scène où se sont passés divers événements mémorables, sur lesquels nous aurons lieu de revenir dans la suite de ces récits, principalement à cause de Saint Augustin, dont la grande figure domine tout l'horizon, aussi bien que toute l'histoire de l'Église d'Afrique.

Hippone-Royale fut fondée par les Carthaginois sur une superficie de soixante hectares, entre deux rivières et aux pieds de deux petits mamelons, au sud-est et à deux mille mètres de son Aphrodisium, lieu de récréation pour ses habitants, qui est devenu la ville maritime que nous nommons Bone aujourd'hui. Hippone, l'une des trois plus fortes places de la côte d'Afrique, avait un développement de trois cents mètres de quais sur la rive gauche de la Seybouse, large, en cet endroit, comme la Seine à Paris. Elle était dans une situation avantageuse pour le commerce, la chasse et la pêche. Le Ruisseau d'Or n'avait pas encore commencé à rendre fiévreux le voisinage de la vallée des Karézas; on y jouissait d'un air pur aux pieds des monts Edough, couronnés de verdure; aussi les rois de Numidie en avaient-ils fait une de leurs résidences; elle était même leur séjour favori. Ils y avaient fait construire un palais, des temples magnifiques, des aqueducs et des citernes gigantesques. Les Romains l'élevèrent au rang de cité, y établirent une colonie de vétérans, et y bâtirent un pont que l'on voit encore sur le Boudjimah. Ils rendirent ces lieux témoins, l'an 43 avant Jésus-Christ, de la défaite de Métellus Scipion avec sa flotte, par Sitius, lieutenant de César.

Les habitudes maritimes donnaient aux citoyens d'Hippone une rudesse qui leur faisait méconnaître même l'hospitalité, vertu si chère aux anciens. Au dire de Pline (Lettre 33 du Livre XI), ils prouvèrent leur humeur chagrine lorsque, pour se débarrasser de l'incommodité de recevoir des hôtes, ils empoisonnèrent un gracieux dauphin qui venait tous les jours jouer sur la plage avec leurs enfants, et attirait depuis longtemps dans leur ville, par ce spectacle extraordinaire, une foule de curieux de tous les pays. Le Christianisme adoucit lentement leurs mœurs, dont Saint Augustin se plaignit souvent. Portés à l'intempérance, ils prirent la coutume, aux fêtes des martyrs de la localité, de venir célébrer sur leurs tombes des festins commémoratifs qui dégénérèrent en graves désordres.

Saint Théogènes, qui est regardé comme leur premier évêque, fut un de ceux qui assistèrent au Concile de Carthage, réuni par les soins et sous la présidence de Saint Cyprien (255), évêque de cette ville, pour y conférer du baptême donné par les hérétiques. Il y exprima avec prudence son opinion sur une question aussi importante que celle qu'on agitait alors, et qui n'était pas encore définie. Saint Augustin rapporte ainsi les paroles qu'il prononça dans cette circonstance : « Comme sa» crement, communiquant au nom de Dieu la » grâce céleste, nous admettons un baptême dans » la sainte Église et nous y croyons. »

Saint Augustin, développant ce sentiment, ajoute : « Cet avis eût été le mien, car il est mé» nagé de telle sorte qu'il ne contient rien contre » la vérité. En effet, *nous croyons qu'il y a un* » *baptême dans la sainte Église*. Les termes de » cette opinion, n'offusquant en rien la vérité, ne » doivent pas trouver de contradicteurs. »

On était alors au règne de l'empereur Valérien, dont les vertus méritaient depuis longtemps des louanges, et qu'on disait même aimer beaucoup les Chrétiens. Mais la ruse et les calomnies de Macrien, son ministre, le firent changer, et il décréta une persécution qui, commençant à Rome, où elle fit répandre un torrent de sang, passa bientôt en Égypte et désola toute l'Afrique.

Dans cette persécution, on trancha la tête à celui de tous les évêques qui avait été le plus remarquable dans le concile dont nous venons de parler, le Bienheureux Cyprien, dont Saint Augustin a dit : S'il « eût jamais, pareil à un cep de vigne fructueux, » — une trop grande exubérance, elle a été émon- » dée par le fer qui opéra son glorieux martyre. »

Le collègue de Saint Cyprien dans l'épiscopat, Théogènes, évêque d'Hippone, subit la même mort que ce héros du Christianisme.

La célébrité de Théogènes était si grande à Hippone, que Saint Augustin encore, parlant du culte des Saints, a dit : « Lorsque nous célébrons le » saint sacrifice en mémoire des martyrs, n'est-ce » pas à Dieu que nous l'offrons ? Les saints mar- » tyrs occupent une place honorable, certes ; mais » ils ne sont pas adorés en la place de Jésus- » Christ. Aussi, quand vous entendez dire, au su- » jet de la commémoration de Saint Théogènes, » par moi, ou par quelque autre évêque ou prêtre : » *Je célèbre en ton honneur, Théogènes ! Je prie* » *à ton souvenir, Pierre !* je n'adore pas Pierre, » mais Dieu, que Pierre adore. »

Théogènes fut martyrisé l'an 259, et avec lui d'autres Chrétiens, au nombre de trente-six, qui, méprisant la mort, acquirent la couronne de la vie éternelle.

RÉFLEXION.

La discrétion dans les paroles est un des principaux signes de perfection dans un homme intérieur, de même que, dans les affaires de ce monde, elle est une marque de prudence pour la conduite de la vie. On parle mal, on parle trop, on parle sans réflexion, on parle même de ce qu'on ignore. Réglons nos discours avec cette précision attentive qui doit présider à ce que nous avons à nous dire. Demandons à Dieu, avec le Prophète, *de mettre une porte à notre bouche et une garde de circonspection à nos lèvres* (1).

Ici, deux Saints sont mis en scène par un autre Saint, et il est curieux de voir comment ce dernier, ce grand docteur, juge ses devanciers. L'exactitude, la mesure des termes, la réserve, sont justement louangées par lui; ce qu'il dit ensuite, sous sa propre responsabilité, est l'explication nette et précise de la doctrine catholique.

Prenons garde à l'exubérance de nos paroles, car nous ne sommes peut-être pas des *ceps de vigne très-fructueux*, et il n'est pas probable que *le fer glorieux du martyre* vienne *émonder* ce qu'il y aurait eu de trop en nous.

(1) Psaume 140, — 3.

SAINT CYRILLE

ÉVÊQUE D'ALEXANDRIE D'ÉGYPTE & DOCTEUR DE L'ÉGLISE

— 28 Janvier. —

(Tiré du Bréviaire propre au diocèse d'Alger.)

L'Église d'Alger, dans la fête particulière qu'elle consacre en ce jour à l'honneur de Saint Cyrille, qui a passé sa vie dans des contrées africaines assez éloignées de l'Algérie, semble saisir l'occasion de faire une profession plus spéciale de son adoration envers Notre-Seigneur Jésus-Christ Dieu-Homme, et de sa vénération envers la très-sainte Vierge Mère de Dieu.

Cette Oraison est récitée dans l'office de ce jour :

« Dieu, qui, pour vaincre les ennemis de votre
» Verbe incarné et ceux de la Vierge Mère de Dieu,
» avez armé le Bienheureux Cyrille d'une force
» admirable, donnez-nous la grâce de nous atta-

» cher tellement aux vestiges de sa foi, que, dans
» la confession entière d'un si grand mystère, nous
» soyons sauvés, par Notre-Seigneur Jésus-
» Christ. »

Cyrille, génie pénétrant, âme forte, instruit dans la science sacrée dès son enfance, et devenu célèbre par son érudition et son zèle pour la foi catholique, fut élevé sur le siége pontifical d'Alexandrie comme par une inspiration divine.

Il succédait, sur le trône pontifical d'Alexandrie (412), à son oncle Théophile, qui avait exercé un grand pouvoir dans cette cité. Cyrille usa de sa dignité avec plus d'empire encore : il commença par fermer les églises des Novatiens, hérétiques qui repoussaient à jamais de la communion les Chrétiens qui avaient eu la faiblesse de sacrifier aux idoles, ou qui avaient commis des fautes graves contre la vertu de pureté. Quelque temps après, les Juifs, portés autant que les autres habitants à des querelles et à des séditions, ayant lâchement assassiné les Catholiques dans un tumulte nocturne qu'ils avaient excité, Cyrille les chassa pour toujours d'Alexandrie, où ils jouissaient de grands priviléges depuis la fondation de cette ville par Alexandre-le-Grand.

Ces coups d'autorité, que soutenaient les empereurs de Constantinople, étaient de nature à indisposer contre Cyrille le gouverneur Oreste, qui lui voua une haine implacable. Le saint patriarche, vivement affligé de ce scandale, mit tout en œuvre pour se réconcilier avec lui. Il fit les premières avances et lui envoya demander son amitié au nom des Saints Évangiles, mais tout fut inutile. Le peuple, qui aimait son évêque, s'exaspéra de ces mésintelligences déplorables, et en vint au point d'insulter publiquement le gouverneur. Un moine poussa même le délire jusqu'à le frapper, et fut justement puni de mort pour cet attentat.

La populace n'en resta pas là : une jeune fille païenne, nommée Hypathie, qui tenait une école de philosophie fréquentée par Oreste, fut soupçonnée d'être la cause, par ses conseils, de l'obstination du gouverneur, et périt massacrée par une troupe de furieux. Ce crime fut commis durant le Carême de l'année 415. Une action aussi horrible fut désapprouvée par tous les gens de bien, et surtout par Saint Cyrille, qui, dans la position difficile que lui faisaient un zèle trop ardent et un attachement trop vif pour sa personne, cherchait tous les moyens de ramener la paix et d'étouffer toutes les semences de division (1).

Prévenu par le jugement de son oncle Théophile, durant quelque temps il ne voulut pas admettre Saint Chrysostôme dans la liste des Saints invoqués au Canon de la messe ; mais ayant obtenu des renseignements plus certains, il l'inscrivit au catalogue des Saints Pontifes, se montrant

---

(1) Godescard-Rohrbacher. Livre XXXVIII.

ainsi plus dévoué à la vérité qu'aux préventions de famille.

Le zèle de Cyrille se montra surtout contre Nestorius qui, admettant deux personnes en Jésus-Christ, prit de là occasion d'enlever à la Sainte Vierge Marie sa dignité de Mère de Dieu. Cyrille combattit constamment la doctrine coupable de Nestorius et, par l'autorisation du Souverain-Pontife Célestin, qu'il suppléa dans ses fonctions, présida le Concile général d'Éphèse dans lequel l'hérésie de Nestorius fut condamnée et la maternité divine de la Bienheureuse Vierge Marie confirmée.

La citation suivante apprendra quelle part l'Église d'Afrique prit au Concile d'Éphèse :

« Le 19 avril 431, le vénérable Capréolus, évêque
» de Carthage, reçut les lettres pressantes par
» lesquelles Théodose le conjurait de se rendre
» sans plus de retard au grand Concile d'Éphèse.
» Mais c'était impossible, à cause du malheur des
» temps (l'invasion des Vandales), et les désastres
» qui en étaient la suite. Au surplus, il députa un
» de ses diacres, le fidèle Bésula. Les actes du
» Concile font connaître que Bésula y arriva avant
» la Pentecôte; admis par les Pères dans la sainte
» assemblée dès sa première séance (22 juin), il
» leur offrit les hommages et les dépêches de son
» évêque. Cyrille, qui la présidait, en fit faire
» aussitôt la lecture publique, et au nom des Pères,
» il en ordonna l'insertion dans ces mêmes actes.

« comme renfermant la doctrine la plus saine,
» la plus exacte et la plus remplie d'une vraie
» piété (1). »

Il n'est pas possible de dire par combien de calomnies, d'injures et de persécutions, Cyrille fut attaqué dans cette affaire de Nestorius. Cyrille supporta tout avec un saint courage. Il avait coutume de dire : « Les pasteurs, dans les grandes tourmentes de l'Église, doivent, pour sauver sa liberté, faire comme les pilotes qui, pour conserver le navire, ne s'occupent pas d'eux-mêmes. »

Cyrille réfuta encore par des livres fort savants les écrits impies de l'hérétique Julien. De retour du Concile à Alexandrie, il employa tous les moyens pour ramener les schismatiques, et y réussit. Enfin, après tant de travaux entrepris pour la foi catholique, il mourut l'an 445, dans la trente-deuxième année de son pontificat.

RÉFLEXION.

C'est Saint Cyrille lui-même qui va nous fournir, par un texte dogmatique, le sujet de cette réflexion.

« Par les textes suivants, dit-il dans son traité
» *Sur la Foi*, adressé à Pulchérie, il est évident
» que, Emmanuël (Jésus-Christ) est vraiment et

---

(1) *Fastes sacrés de l'Église chrétienne en Afrique*, 3ᵉ époque, livre 1ᵉʳ, chap. 5.

» naturellement Dieu, comme aussi que la Vierge-
» Mère, qui a enfanté un homme par l'opération
» divine, est la Mère de Dieu.

» Le Christ a dit : *La vie éternelle consiste en*
» *cela, qu'ils te connaissent, seul Dieu vrai! et*
» *celui que tu as envoyé, qui est Jésus-Christ* (1).

» S'il faut que la connaissance du seul et vrai
» Dieu soit nécessairement jointe à la connais-
» sance de Jésus-Christ, la vie éternelle consiste
» donc en cela même. A qui peut-il paraître obs-
» cur, après cela, que le Christ soit le vrai Dieu ?
» Certes, le Verbe a été fait chair, mais cependant
» il est resté le Verbe.

» *Je leur ai donné la lumière que vous m'avez*
» *donnée, pour qu'ils soient un, comme aussi nous*
» *sommes un* (2).

» Quelle est donc cette lumière, cette gloire
» que le Fils dit avoir reçue de son Père, et qu'il
» nous a ensuite communiquée? Il nous tire en-
» tièrement d'embarras, lorsqu'il dit : *Qu'ils*
» *soient un, comme aussi nous sommes un.* Car,
» bien que le Verbe de Dieu le Père soit, selon sa
» propre hypostase, reconnu pour être autre
» que le Père, cependant, par son identité natu-
» relle, il est tout-à-fait un et le même avec
» lui.

» Mais comment ce Verbe divin a-t-il été fait
» un aussi avec nous? — Tout-à-fait de la même

---

(1) Joan. 17 — 3.   —   (2) Joan. 17 — 11.

» manière, c'est-à-dire selon son essentielle et na-
» turelle identité. Mais comme la nature divine
» est éloignée de la créature par un abîme si
» grand que, selon son essence, elle ne peut nul-
» lement se fondre avec elle, de la même manière,
» dis-je, Celui qui surpasse en perfection absolu-
» ment toute créature, s'est fait, selon la nature,
» un avec nous. Le Verbe a été fait homme pour
» que, de la même manière qu'il est un dans la
» divinité et le même avec son Père, ainsi, selon
» la constitution de la nature humaine, il fût un
» aussi avec nous. »

Le dogme de la Divinité de Jésus-Christ est au fond tout le christianisme. Réveillons notre foi sur ce point capital de notre religion et, agenouillés aux pieds de notre divin Maître, disons-lui souvent, avec l'apôtre Saint Thomas : « *Vous êtes mon Seigneur et mon Dieu*. (1) »

Saint Cyrille honorait la Sainte Vierge d'une manière toute particulière. Rien de plus énergique que ce qu'il dit de ses glorieuses prérogatives, en ces mots :

« Je vous salue, Marie, Mère de Dieu, trésor
» vénérable de tout l'univers, lampe qui ne s'é-
» teint point, couronne de la virginité ! Je vous
» salue, vous qui, dans votre sein virginal, avez
» renfermé l'Immense et l'Incompréhensible ;
» vous par qui la Sainte Trinité est glorifiée et ado-

(1) Luc, 20 — 28.

« rée ; vous par qui le ciel triomphe, les anges
» se réjouissent, les démons sont mis en fuite, le
» Tentateur est vaincu, la créature coupable est
» élevée jusqu'au ciel ; vous enfin par qui le Fils
» unique de Dieu, qui est la lumière du monde,
» a éclairé ceux qui étaient assis dans les ombres
» de la mort..... Est-il un homme qui puisse louer
» dignement l'incomparable Marie ? »

SAINT PIERRE DE NOLASQUE

CONFESSEUR

FONDATEUR DE L'ORDRE DE NOTRE-DAME-DE-LA-MERCI POUR LA RÉDEMPTION DES CAPTIFS

— 31 Janvier. —

(Tiré du Bréviaire romain et de Godescard.)

Pierre de Nolasque naquit (1189) d'une famille noble, dans le Lauragais, près de Carcassonne. Il fut surtout remarquable par sa charité envers le prochain. Le présage de cette vertu en lui fut un événement singulier. Aux premiers jours de sa naissance, tandis qu'il pleurait dans son berceau, un essaim d'abeilles vola vers lui et forma dans sa main un rayon de miel.

Privé de ses parents dès son adolescence, et détestant l'hérésie des Albigeois qui se développait alors en France, il vendit son patrimoine et se réfugia en Espagne où il s'acquitta, auprès de l'image de la Sainte Vierge de Montserrat, d'un vœu qu'il avait fait.

Nolasque se rendit ensuite à Barcelone où, après avoir dépensé tout ce qu'il possédait à racheter de pieux Chrétiens de la servitude des Musulmans, il disait souvent « qu'il désirait aller se vendre lui-même pour délivrer les esclaves de ces barbares, ou prendre la chaîne à leur place. » La suite prouva combien fut agréable à Dieu le désir de ce saint homme. Une nuit qu'il était en prière, et qu'il formait mille projets pour venir au secours des esclaves chrétiens, la Sainte Vierge lui apparut et lui inspira, comme chose qui devait être très-agréable à son Fils et à elle-même, de fonder en son honneur un Ordre religieux ayant pour objet spécial de délivrer les captifs de la tyrannie des infidèles.

Obéissant aussitôt à ce céleste avertissement, de concert avec Saint Raymond de Pegnafort et le roi d'Aragon Jacques Ier, — tous deux pareillement prévenus, en la même nuit, de ce dessein par la Mère de Dieu, — Pierre de Nolasque institua l'Ordre religieux de Notre-Dame-de-la-Merci pour la rédemption des captifs (1232), obligeant ceux qui en feraient partie au quatrième vœu de rester en gage sous la puissance des païens, si cela était nécessaire, pour la libération des Chrétiens.

Cet Ordre, dans ses commencements, était

composé de deux sortes de personnes : de *Chevaliers*, dont l'habillement ne différait de celui des séculiers qu'en ce qu'ils portaient une écharpe, ou scapulaire, et de *Frères*, engagés dans les saints Ordres, qui faisaient l'office divin. Les chevaliers gardaient les côtes pour empêcher les incursions des Sarrasins, mais ils étaient obligés d'assister au chœur quand ils n'étaient point de service. Grégoire IX mit cet Ordre sous la règle de Saint Augustin, l'an 1235. Sous les pontificats de Clément V et de Jean XXII, les chevaliers furent incorporés à d'autres Ordres militaires. Cet institut, par ses constitutions, n'était point obligé à de grandes austérités corporelles. Le Père Gonzalès du *Saint-Sacrement*, mort en 1618, y introduisit une réforme ; ceux qui la suivent vont nu-pieds et vivent dans la plus exacte pratique de la retraite, du recueillement, de la pauvreté et de l'abstinence. (1)

Pierre de Nolasque partit de Barcelone pour se rendre dans le royaume de Valence où il obtint la liberté d'un grand nombre des prisonniers des Musulmans. Ces Barbares furent singulièrement frappés de l'éclat de ses vertus, et plusieurs d'entre eux ouvrirent les yeux à la lumière de l'Évangile.

---

(1) Voir ci-après, au 24 septembre, la notice sur la fête de Notre-Dame-de-la-Merci.

Le Saint fit encore d'autres voyages sur les côtes d'Espagne, et toujours avec le même succès. Il eut beaucoup à souffrir dans celui d'Alger, où même on le chargea de fers pour la foi de Jésus-Christ. Mais rien ne pouvait lier sa langue : il continuait, malgré la défense qu'on lui en avait faite, d'éclairer les infidèles sur leurs erreurs aussi impies qu'extravagantes. Son courage était d'autant plus invincible que le martyre était l'objet de ses désirs les plus ardents.

Pierre de Nolasque garda toujours exactement le vœu de chasteté perpétuelle qu'il avait fait, et brilla par sa patience, son humilité, sa mortification et d'autres vertus admirables. Célèbre par le don de prophétie, il annonça divers événements futurs, dont le plus éclatant fut la prise sur les Maures de la ville de Valence par le roi Jacques d'Aragon, qui, sur sa promesse, marcha assuré de la victoire. Il était fréquemment favorisé des apparitions de son ange gardien et de la Mère de Dieu.

Enfin, accablé de vieillesse, et averti d'une manière certaine de sa mort prochaine, il tomba malade. Après avoir reçu les sacrements, il exhorta ses confrères à la charité envers les captifs, et en récitant avec dévotion le psaume *Confitebor tibi, Domine, in toto corde meo,* (1) à ces paro-

---

(1) Psaume 110.

les : *Redemptionem misit Dominus populo suo* (le Seigneur a envoyé la rédemption à son peuple), il rendit l'âme à Dieu, à minuit, la veille de Noël de l'an 1256.

Le Pape Alexande VII a ordonné de célébrer la fête de Saint Pierre de Nolasque le 31 janvier, et d'adresser à Dieu cette oraison en son honneur :

« Seigneur, qui, par l'exemple de votre divin
» amour pour racheter vos fidèles avez appris à
» Saint Pierre de Nolasque à enrichir sainte-
» ment votre Église, au moyen d'un nouvel Ordre
» religieux, faites que, délivrés de la servitude
» du péché, nous nous réjouissions d'une éter-
» nelle liberté dans la céleste patrie ; accordez-
» nous cette grâce par son intercession, vous
» qui vivez et régnez avec Dieu le Père en l'unité
» du Saint-Esprit durant tous les siècles.

RÉFLEXION.

L'aspect du Rédempteur sur la croix excite à l'imitation de son sacrifice tous ceux qui le comtemplent, et si leurs mains, comme les siennes, ne sont pas toujours percées de clous, sa grâce les emplit d'un miel ineffable qui distille sur l'humanité. La constance de Saint Pierre de Nolasque à méditer, même au cœur de la nuit, aux pieds de son crucifix, sur les moyens de délivrer, comme a fait Notre-Seigneur Jésus-Christ, ses frères du double esclavage des méchants et du démon, fut favorisée, comme le sera toute prière sainte, utile, humble, persévérante, par la Mère de miséricorde; elle lui obtint l'accomplissement de ses généreux désirs pour le bien-être des hommes. Il avait compris dès son enfance, en donnant tout pour eux, pour l'amour de Jésus-Christ, que c'était tout placer à un gros intérêt, et l'on rapporte qu'en voyant des Chrétiens esclaves il avait coutume de dire : « Voilà de quoi amasser des trésors qui ne périront jamais ! » — Les hommes terrestres qui ne le connaissaient pas et l'entendaient ainsi parler, ne devaient-ils pas penser qu'il avait en tête quelque entreprise; qu'il avait découvert quelque mine d'or ou d'argent, à laquelle il voulait faire travailler ces ouvriers qu'on pouvait employer à peu de frais ? Mais il s'agissait de trésors que la *rouille ne peut ronger*, (1) et qui enrichissent autant ceux qui les rencontrent que celui qui les fait trouver. Ces sentiments le préoccupèrent jusqu'à sa dernière heure.

Faisons comme lui, en adoucissant de tout notre pouvoir les peines qu'éprouvent ceux qui nous entourent; elles leur viennent plus souvent encore de leur servitude dans le péché que des gênes de la vie matérielle. Amenons-les, par cette charité continue, à une véritable libération, à une

---

(1) Matth. 6 — 20.

réelle délivrance, à une sincère conversion, et nous pourrons dire avec Saint Pierre de Nolasque, sur notre lit de mort, au moment de passer dans l'éternité bienheureuse : *Je vous louerai, Seigneur, de tout mon cœur, Confitebor tibi, Domine, in toto corde meo.* (1)

(1) Psaume 110.

SAINT FULGENCE

ÉVÊQUE DE RUSPES

— 3 Février. —

(Tiré du Bréviaire des Augustins.)

Fulgence (Fabius-Claudius-Gordianus-Fulgentius) né d'une famille noble (458), à Leptis (Feriana de Tunisie), en Afrique, et privé de son père dès son enfance, étudia les lettres grecques et latines par les soins de sa mère. Dans sa première jeunesse il suivit le barreau, et s'appliqua à l'éloquence ; plus tard, à l'âge de vingt-deux ans, il fut nommé Procurateur de la Province romaine, c'est-à-dire Receveur-général des impôts de la Bysacène. Mais, homme d'un caractère doux, il se démit de cette charge lorsqu'on lui prescrivit d'exiger les contributions avec rigueur.

Fulgence, visitant les monastères qui, fondés par Saint Augustin, florissaient alors dans toute l'Afrique, conçut l'idée d'embrasser la vie monastique. C'est en se retirant souvent dans la solitude qu'il se prépara à suivre ce genre de vie. Bien que sa mère eût souvent essayé de l'attendrir par ses prières et par ses larmes, il ne changea pas de résolution, et fut admis dans la communauté de l'évêque Faustus.

Extrêmement exact à observer l'abstinence, même dans une grave maladie Fulgence ne voulut jamais goûter de viande ni boire de vin. Revenu en santé, et obligé, à cause de sa faiblesse, à user de vin, il le détrempait d'eau de telle sorte que la saveur en était tout-à-fait évanouie.

Lorsque les Vandales eurent poussé leurs incursions jusque dans la province d'Afrique, persécuté par les Ariens, dépouillé, nécessiteux, Fulgence dut fuir et se cacher de retraite en retraite (490).

Il se retira dans un monastère dont Félix, qui en était l'abbé, voulut lui céder le gouvernement; le Saint refusa cette charge. On parvint toutefois à le déterminer à en partager les fonctions; Félix fut chargé du temporel et Fulgence de l'instruction.

La paix dont les deux abbés jouissaient fut troublée par une incursion des Numides, qui ravagèrent tout le pays. Forcés de sortir de leur monastère, ils se réfugièrent à Sicca Vénéria, ville de la province proconsulaire d'Afrique. Un prêtre arien du voisinage, informé qu'ils enseignaient la consubstantialité du Verbe, les fit arrêter et les condamna à être frappés rudement. Non content de cette barbarie, il fit raser les cheveux et la barbe aux deux confesseurs meurtris de coups, puis les dépouilla ignominieusement et les renvoya dans un état affreux. Les Ariens eux-mêmes en furent indignés, et leur évêque offrit à Fulgence de punir le prêtre, s'il l'exigeait (1). Mais il répondit à ceux qui lui conseillaient de demander vengeance de ces mauvais traitements, que la vengeance n'était pas permise à un Chrétien.

Fulgence se décida à se rendre en Égypte, où il savait que des moines vivaient d'une manière fort austère, et aborda en Sicile, où l'intérêt de la Religion lui fit changer de projet et prendre la route de Rome. Comme il passait un jour sur la place nommée Palma-Aurea, il aperçut Théodoric, roi d'Italie, élevé sur un trône superbement paré; il était environné du sénat et de la cour la plus brillante, Rome n'ayant rien épargné pour recevoir ce prince avec la plus grande magnificence. — « Ah! s'écria Fulgence à la vue de ce spectacle, si Rome terrestre est si belle, quelle doit être la Jérusalem céleste! Si dans cette vie périssable, Dieu environne d'un si grand éclat les partisans et les amateurs de la vanité, quel honneur,

(1) Godescard.

quelle gloire, quelle félicité prépare-t-il donc à ses Saints dans le ciel ! »

Ceci arriva vers la fin de l'année 500, lorsque Théodoric, qui avait toujours fait sa résidence à Ravenne, fit son entrée à Rome (1).

Peu après, Fulgence revint en Afrique, et malgré tous ses efforts, fut élu évêque de Ruspes (Sbéah en Tunisie). Il fonda des monastères où il maintint toujours la règle primitive de Saint Augustin relativement à l'habit et à la nourriture. Il n'avait, soit pendant l'hiver, soit durant l'été, qu'une tunique, et des plus grossières, sans aucun des insignes de l'épiscopat; une ceinture de cuir entourait ses reins amaigris; allant le plus souvent les pieds nus, il ne se servait à l'autel ni d'ornements d'or ou de soie, ni de ceux dont une couleur éclatante aurait pu relever le tissu. Il n'offrait le saint sacrifice qu'avec sa simple tunique, faite en forme de la chasuble qui entourait, à cette époque, le corps tout entier; dans ce vêtement, il prenait encore le peu de sommeil qu'il était forcé d'accorder à son corps épuisé. Il disait que durant le sacrifice, c'était plutôt le cœur que les vêtements qu'il fallait changer. Pour se délasser il faisait, avec des feuilles de palmier, des éventails en grand usage dans ces pays chauds (2).

Ce fut alors (508) que, par un décret rigoureux du roi arien Trasimond, Fulgence fut déporté en

---

(1) Godescard. — (2) *Diacre Ferrand*, chap. 18.

Sardaigne avec d'autres évêques d'Afrique, dont il devint la parole, la plume et l'expression vivante. Il arriva à Cagliari le 11 octobre, chargé des ossements de Saint Augustin et de beaucoup de reliques d'autres Saints, trésors qu'il avait recueillis avant son départ (1).

Le Martyrologe des religieux augustins relate qu'il avait pareillement apporté la mitre et le bâton épiscopal du patriarche de leur Ordre.

Rappelé à Carthage, après dix-huit ans d'exil, par Trasimond lui-même, il y disserta sur la religion catholique avec tant de ménagement et d'autorité tout ensemble, qu'il transporta d'admiration ce tyran. Les Ariens, effrayés d'une si grande puissance d'éloquence, poussèrent Trasimond à le reléguer de nouveau en Sardaigne (520). La réputation de sa sainteté et de son savoir se répandit dans ce pays, où il persuada à plusieurs d'embrasser la vie monastique.

A la mort de Trasimond, on obtint du roi Hunéric le rappel de Fulgence en Afrique (522). Il fut reçu à Carthage par les Catholiques comme un triomphateur et avec les plus affectueuses félicitations, et de retour à Ruspes, il s'occupa attentivement, pendant dix ans, de la conduite de son troupeau.

Un an avant sa mort, il interrompit ses occupations administratives, et pour s'occuper de Dieu

(1) *Fastes sacrés*, 3ᵉ époque livre IIIᵉ, 15ᵉ chapitre.

plus librement, se retira avec quelques personnes dans l'île Circina (Kerkenech en Tunisie). Mais sollicité par les prières de ses ouailles, il revint à Ruspes, où, peu après, il tomba gravement malade. Au milieu de douleurs cruelles, il disait : « Seigneur, donnez-moi la patience ici-bas, et le pardon là-haut ! » Il donna ordre de distribuer aux pauvres tout l'argent qui était disponible dans le trésor de l'église, et sur le point de mourir, il se tourna vers ses confrères et leur dit : « Pendant que j'ai été chargé du salut de vos âmes, si je vous ai paru dur et peu affable, je vous en demande pardon. » Puis, fixant les yeux au ciel, il expira (533), au milieu des pleurs et des gémissements, en la vingt-cinquième année de son épiscopat et la soixante-quinzième de son âge.

Saint Fulgence a laissé beaucoup d'écrits où l'on remarque autant d'érudition que de piété, et qui ont jeté un grand jour sur la doctrine catholique.

L'extrait suivant de son discours sur *les économes du Seigneur,* qui a pour texte le verset 42 du chapitre 24 de l'Évangile selon Saint Matthieu, pourra donner une idée de son éloquence et de sa manière d'exposer les vérités de la Religion. Il commence ainsi :

« Notre-Seigneur, voulant nous apprendre ce
» que sont les fonctions spéciales de ceux d'entre
» ses serviteurs qu'il met à la tête de son peuple,
» dit ces paroles : *Que pensez-vous que doive être*

» cet *économe fidèle et prudent que le Maître*
» *établit dans sa famille pour qu'il y donne à*
» *chacun, au temps opportun, sa mesure de fro-*
» *ment? Bienheureux ce serviteur qui, lorsque*
» *son maître viendra, sera trouvé dans l'exercice*
» *de ses fonctions!*

» Quel est ce *Maître*, mes frères ? C'est Jésus-
» Christ, sans aucun doute, lui qui a dit à ses
» disciples : *Vous m'appelez votre Maître et votre*
» *Seigneur......* (1), *et vous dites vrai, car je le suis*
» *en effet.* — Quelle est encore la *famille* de ce
» *Maître?* Certes, c'est celle que ce *Maître* a ra-
» chetée lui-même des mains de l'ennemi, et
» qu'il a acquise en toute propriété ; cette *famille*
» est la sainte Église catholique, qui est répandue
» par tout l'univers avec une féconde abondance,
» et qui se glorifie d'avoir été rachetée du sang
» de son Seigneur. — Quel est cet *économe*, et
» comment il doit être *fidèle et prudent*, l'Apôtre
» Saint Paul nous l'apprend (2), lorsque, parlant
» de lui-même et de ses collaborateurs, il dit : *Il*
» *faut que tout homme nous regarde comme les*
» *ministres de Jésus-Christ et les économes des*
» *mystères de Dieu.*

» Ici on demandera que tout *économe* soit trouvé
» *fidèle.* Mais pour que nul de nous, négligeant les
» devoirs de la milice spirituelle et, serviteur
» paresseux, s'endormant dans la mauvaise foi et

---

(1) Joan, 13 — 13. — (2) 1 Corinth., chap. 4.

» l'impudence, ne pense que les Apôtres aient été
» seuls établis les économes en question, le saint
» Apôtre lui-même nous apprend que les évêques
» sont aussi ces économes-là, lorsqu'il dit : *Il faut*
» *qu'un évêque ne soit pas soupçonné, comme il*
» *convient à un digne économe de Dieu.*

» Nous sommes donc les serviteurs du Père de
» *famille*, et nous recevons la *mesure de froment*
» que nous vous partageons. Nous donnons à
» chacun de vous sa *part de froment*, au nom du
» Seigneur, lorsque, éclairés par le don spirituel
» de la grâce, nous prêchons suivant les règles de
» la vraie foi; et toutes les fois que vous écoutez
» la parole de vérité que les serviteurs de Dieu
» vous font entendre, vous recevez de la main des
» *économes* du Seigneur cette distribution de
» *froment*. Nous en sommes tous nourris, suivant
» le partage que Dieu nous en fait. Nous y trou-
» vons l'aliment d'une sainte vie pour que nous
» puissions parvenir aux récompenses éternelles.

» Mettons donc notre foi, notre espérance, tout
» notre amour au-dessus de tout et de tous, en
» Celui qui s'offre lui-même à nous comme ali-
» ment, pour que nous ne venions pas à *défaillir*
» *dans la route* (1), et qui nous conserve une
» récompense pour que nous nous réjouissions
» dans la patrie. Car Jésus-Christ est notre nour-
» riture; Jésus sera notre récompense; Jésus est

(1) Matt., 15 — 32.

» le viatique et la consolation des voyageurs dans
» le chemin; il est la satiété et l'allégresse des
» Bienheureux qui jouissent du repos éternel. »

Les ouvrages de Saint Fulgence sont nombreux et presque tous polémiques; on y retrouve le style et la manière de Saint Augustin dont il avait fait une étude particulière. En voici les titres :

1° *Les trois livres des deux Prédestinations*, contre Monème;
2° *Réponse aux dix objections des Ariens* proposées par le roi Trasimond;
3° *Trois livres sur divers points de foi*, adressés au même prince;
4° *Livre de la foi orthodoxe*, à Donat;
5° *Livre de l'Incarnation du Fils de Dieu*;
6° *Livre de la Trinité*, à Félix;
7° *Deux livres de la Rémission des péchés*;
8° *Trois livres de la Vérité de la Prédestination et de la grâce de Dieu*;
10° *Le livre de la Foi*;
11° *Dix Sermons et Homélies* (1).

RÉFLEXION.

Le caractère de sainteté le plus remarquable dans la vie de Saint Fulgence, c'est le désir de la perfection. Cette pensée le préoccupe sans cesse, et rien ne l'arrête dès qu'il entrevoit le moyen de

(1) *Histoire de la Littérature*, par Lefranc. — Littérature sacrée.

la réaliser dans sa conduite. Ce n'est qu'à la faveur de la vie monastique qu'il parvient à ce haut point de perfection que nous admirons en lui. Aussi, du moment qu'il eut compris les puissants secours qu'on y trouve, il s'y dévoua tout entier.

C'est qu'en effet, dans la solitude, dans la vie religieuse est l'arsenal de défense, le refuge tranquille du Chrétien au milieu des périls de la condition humaine. C'est là que notre âme se dépouille et oublie son fardeau terrestre, et s'élève à la félicité pure d'un monde bien autrement réel que celui-ci.

Certainement le cœur peut demeurer fidèle à Dieu dans les embarras du siècle, et pour obtenir la grâce de la persévérance dans son service, quelques instants dignement passés aux pieds des autels, dans les jours prescrits, peuvent suffire ; mais ces courts entretiens ont-ils suffi à tous ceux qui ont sérieusement pensé que leur avenir éternel est de contempler leur Auteur, et plusieurs n'ont-ils pas aspiré à cette conversation divine, que rien ne viendra plus interrompre dans le ciel, en la commençant sur cette terre par une prière plus intime, une oraison plus recueillie dans l'asile assuré du cloître ou du couvent ?

Heureux ceux que Dieu appelle à ce genre de vie ! Bienheureux s'ils répondent à ce bienfait d'élection par une constante coopération à la grâce !

SAINTE MARCIANE

VIERGE ET MARTYRE

A JULIA-CÉSARÉE (CHERCHELL)

— 6 Février. —

(Tiré de l'Africa Christiana de Morcelli.)

Julia-Césarée, en Mauritanie, posséda une illustre martyre, la vierge Marciane, qui fut célèbre par sa naissance et sa beauté, à Russucuru (Dellys), sa ville natale.

Méprisant les plaisirs du monde et ses séductions, Marciane s'était réfugiée à Julia-Césarée (Cherchell), dans l'espoir d'y vivre plus saintement et, cachée dans sa demeure au milieu de cette grande ville, d'y conserver plus religieusement sa virginité, qu'elle avait consacrée à Dieu. Un jour que, par hasard, elle traversait une place publique, elle aperçut au-dessus d'une fontaine une statue de Diane. Indignée de voir l'image de cette fausse divinité, elle en détourna la tête avec empressement. La foule du peuple, qui offrait là ses adorations à l'idole, voyant cette action, l'estima un sacrilége, et chargeant Marciane de coups, la conduisit au magistrat. Cette sainte fille, arrivant en sa présence, commença par lui conseiller de se dépouiller de toute superstition et de mépriser toutes les fables au sujet des dieux mythologiques. Choqué de cette hardiesse, le magistrat la fit frapper de soufflets par les licteurs, et ensuite exposer à l'insolence de gladiateurs dont Dieu enchaîna la licence.

Enfin, elle fut condamnée à être dévorée par les bêtes féroces de l'amphithéâtre, le onze du mois de juillet, durant la persécution de Dioclétien (de l'an 284 à l'an 305). La fureur d'un taureau et celle d'un léopard achevèrent son sacrifice (1).

RÉFLEXION.

Une grande confiance doit rassurer, au milieu des tentations, les serviteurs du Dieu qui leur a dit : *Ne vous laissez pas effrayer.* (2) En effet, n'est-il pas *avec eux dans la tribulation* (3), et n'a-t-il pas promis de *les délivrer et de les glorifier?* Mais, pour qu'ils puissent leur entendre dire : *Pourquoi êtes-vous timides* (4)? il faut qu'ils

---

(1) Godescard. — (2) Marc. 16 — 6. — (3) Psaume 90 — 15. — (4) Marc 4 — 40.

n'aient pas cherché la tempête, ni *aimé le danger où l'on doit périr* (1); qu'ils aient poussé leur barque en pleine mer pour lui obéir, et qu'ils aient toujours Jésus avec eux. C'est le bonheur que ne cessa de conserver Sainte Marciane, du moment surtout où elle eut consacré sa virginité à Dieu par un vœu. Ce lien sacré, qui la défendait contre elle-même des secrets entraînements du cœur, ne lui sembla pas rattacher assez fortement sa jeunesse au devoir. Noble et belle, trop d'occasions dangereuses l'entouraient dans sa ville natale; elle se dérobe à une célébrité importune, qui lui attire d'inutiles hommages, court se cacher dans une cité populeuse, où elle vit obscure dans la foule. Elle fait tout pour éviter l'éclat et le péril de la séduction. Dieu permettra qu'elle soit, par un jugement infâme, offerte en proie à la dépravation; mais comme il est en elle, lorsqu'elle paraîtra en public il lui mettra sur les lèvres des paroles éloquentes qui la rendront plus brillante à tous les yeux; lorsqu'elle sera livrée aux méchants, il frappera d'impuissance la perversité qu'elle redoutait mille fois plus que la dent des bêtes sauvages qui la dévorèrent. En mourant, elle sauve son innocence et gagne la couronne immortelle.

Dieu ne permettra jamais qu'une âme succombe aux tentations qu'elle aura fuies de tout son pouvoir, et il lui paiera au centuple les sacrifices qu'elle aura faits pour son amour.

(1) Eccli. 3 — 27.

SAINT JEAN DE MATHA

CONFESSEUR

Fondateur de l'Ordre des Trinitaires pour le rachat des captifs

— 8 Février. —

(Tiré du Bréviaire romain et de Godescard.)

Jean de Matha, fondateur de l'Ordre des Trinitaires pour le rachat des captifs, naquit à Faucon, en Provence, de parents illustres par leur piété et leur noblesse. Il fit ses études à Aix, ensuite se rendit à Paris, où, après avoir suivi le cours de théologie et obtenu le titre de docteur, il répandit un grand éclat par sa science et ses vertus. L'évêque de Paris, frappé de sa réputation, l'éleva, malgré son humilité, au sacerdoce, dans le dessein de le fixer dans cette ville, pour que, par sa sagesse et sa piété, il fût le modèle de la jeunesse studieuse. Mais au moment où, dans la chapelle même de l'évêque, qui était présent avec d'autres nobles personnages, il offrait à Dieu le saint sacrifice pour la première fois, il mérita d'être favorisé d'une vision céleste : un ange lui apparut, recouvert d'un vêtement blanc et radieux ; sur sa poitrine était fixée une croix rouge et bleue ; ses bras étaient croisés, puis il les étendit sur la tête de deux esclaves placés à ses côtés, l'un Chrétien, l'autre Maure. Ravi en extase à cet aspect, l'homme de Dieu comprit aussitôt qu'il était prédestiné à racheter les captifs des mains des infidèles.

Pour se préparer à agir avec maturité dans une affaire d'une si haute importance, il se retira dans une solitude où il vint à rencontrer, par la permission de Dieu, Félix de Valois, qui, depuis de longues années, y vivait dans un ermitage. Il se joignit à lui, et durant trois ans, s'appliqua à la prière, à la contemplation et à l'exercice de toutes les vertus.

Un jour qu'ils conversaient ensemble des choses de Dieu auprès d'une fontaine, s'approcha d'eux un cerf portant sur sa tête, entre les cornes qui la surmontaient, une croix colorée de rouge et de bleu. Félix s'étonna de cette singularité, et Jean lui raconta alors la vision qu'il avait eue à sa première messe; et depuis ce moment, ils prièrent avec plus de ferveur. Par trois fois conseillés en songe, ils se décidèrent enfin à partir pour Rome, dans le but d'obtenir du Saint-Père la permission de fonder une institution nouvelle appliquée à la rédemption des captifs.

A cette époque (1197), Innocent III venait d'être élu Souverain-Pontife. Il reçut avec bonté Jean de Matha et Félix de Valois, et alors qu'il délibérait dans son esprit sur l'opportunité du projet qu'on lui soumettait, le jour de la seconde fête de Sainte Agnès (28 janvier 1198), durant la messe solennelle, dans l'église de Latran, au moment de l'élévation de la sainte hostie, un ange vêtu de blanc, avec une croix de deux couleurs, lui apparut dans l'exercice du rachat des esclaves. A cette vue, le Pontife approuva l'institution nouvelle, ordonna de l'appeler l'*Ordre de la très-sainte Trinité de la rédemption des captifs*, et prescrivit à ceux qui y feraient profession de porter des habits blancs avec une croix rouge et azurée.

La règle des Trinitaires était fort dure dans son institution primitive. Ces religieux ne devaient jamais manger ni viande ni poisson; ils ne vivaient que de pain, d'œufs, de lait, de fromage, de fruits, d'herbes et de légumes, qu'ils assaisonnaient seulement avec de l'huile. Il leur était défendu de se servir de cheval en voyage. Le pape Clément IV approuva, en 1267, les mitigations qui furent faites à leur règle, qui est celle des chanoines réguliers de Saint Augustin. Ils sont obligés à chanter l'office canonial, dans l'intention d'honorer la très-sainte Trinité. On établit une réforme parmi les Trinitaires en 1576; ceux qui la suivent ne portent point de linge, disent matines à minuit et ne font gras que le dimanche. En

1594, le Père Jean-Baptiste *de la Conception* introduisit une réforme encore plus sévère, c'est celle que suivent les Trinitaires déchaussés (1).

On les appelait en France *Mathurins*, parce que la première église qu'ils ont eue à Paris, et qui leur fut donnée par le Chapitre de la cathédrale, était sous l'invocation de Saint Mathurin (2).

L'Ordre des Trinitaires ayant donc été établi en 1198, ainsi que nous venons de le dire, les saints fondateurs, Jean de Matha et Félix de Valois, revinrent en France. Ils firent bâtir d'abord le monastère de Cerfroid, au diocèse de Meaux, au gouvernement duquel Félix resta attaché. Ensuite, accompagné de quelques confrères, Jean revint à Rome, où Innocent leur donna une maison, l'église et l'hospice de Saint Thomas *de formis*, sur le mont Cœlius, avec des revenus et des domaines considérables. Il leur donna aussi des lettres de recommandation pour l'Émir qui régnait au Maroc (1201), et l'œuvre du rachat des captifs commença ainsi sous les plus heureux auspices.

Jean de Matha délivra lui-même plus de cent-dix esclaves dans un voyage qu'il fit à Tunis en 1202. Il se rendit ensuite en Provence, et de là partit pour l'Espagne, dont une grande partie était sous le joug des Maures. Il excita la commisération dans le cœur des rois, des princes et des au-

---

(1) Godescard.
(2) *Dictionnaire de théologie* de Bergier, article Trinitaires.

tres fidèles envers les captifs et les pauvres. Il bâtit des monastères, éleva des hospices et racheta de nombreux prisonniers, au grand avantage de leur âme.

Il fit un second voyage à Tunis en 1210, où il eut beaucoup à souffrir de la part des Mahométans, irrités de l'ardeur avec laquelle il exhortait les captifs à supporter leurs maux patiemment et à mourir plutôt que de renoncer à leur foi. Lorsqu'ils virent le Saint s'embarquer avec les cent-vingt esclaves qu'il avait rachetés, ils ôtèrent le gouvernail du vaisseau et en déchirèrent les voiles, afin qu'il pérît au milieu des flots.

Jean, plein de confiance en Dieu, ne perdit point courage; il pria le ciel de prendre la conduite du vaisseau; puis, ayant tendu les manteaux de ses compagnons en forme de voiles, il se mit à genoux sur le tillac, le crucifix à la main, chantant des psaumes durant tout le trajet. L'événement prouva qu'une foi vive n'est jamais sans récompense. La navigation fut très-heureuse, et le vaisseau aborda en fort peu de jours au port d'Ostie, en Italie.

Enfin Jean de Matha, revenu à Rome, s'occupa de bonnes œuvres, et, brisé par des travaux continuels autant que par la maladie, brûlant toujours d'une ardente charité pour Dieu et le prochain, il arriva à sa dernière heure. Il réunit ses confrères, il les exhorta puissamment à l'œuvre de rédemption qui lui avait été indiquée par le ciel et s'endormit dans le Seigneur le 17 décembre de l'an du salut 1213. Son corps fut mis au tombeau avec des honneurs bien mérités, dans l'église même de Saint-Thomas *de formis*.

Voici quelle est l'oraison que l'on répète aujourd'hui en mémoire de Saint Jean de Matha :

« O Dieu, qui, par le moyen de Saint Jean de Matha, avez daigné miraculeusement instituer l'Ordre de la très-sainte-Trinité, pour la rédemption des captifs hors des mains des Mahométans, accordez-nous, nous vous en prions, que, par le secours de ses mérites, nous soyons délivrés, votre grâce aidant, de tout esclavage du corps et de l'âme, par Notre-Seigneur Jésus-Christ. »

RÉFLEXION.

C'est la Croix qui s'élance de la terre au ciel, portant Dieu fait homme, par la force du divin Amour, et s'offrant à son Père pour le salut de l'humanité ; voilà le symbole du dogme : (Trinité, Incarnation, Rédemption).

C'est la Croix qui étend les bras de Jésus-Christ protégeant la terre, y répandant une rosée de grâces, une pluie de bienfaits, qui ne sont que les émanations de son sanglant sacrifice ; voilà le type de la morale : (charité envers le prochain, par amour de Dieu).

Vénérons donc les signes sacrés de notre religion ; conservons avec respect ces images mystiques, d'un sens si profond, que nous donne l'Église en les bénissant. Prions Dieu qu'il pardonne à l'ignorance qui ne veut pas les connaître, à la sottise qui en rit stupidement, à l'impiété qui les insulte, — et portons les yeux en haut où apparaîtra un jour, à travers l'azur, cette croix de feu qui viendra juger le monde et consumer tous les cœurs, — ou des ardeurs de son divin amour, ou des flammes de sa justice.

SAINT JULES, SAINT PAUL

SAINTE VICTOIRE, ET LEURS COMPAGNONS

MARTYRS A CARTHAGE

— 11 Février. —

(*Tiré de l'AFRICA CHRISTIANA par Marcelli.*)

La ville d'Abiline, située dans la Province proconsulaire, a fourni une foule de martyrs. Beaucoup de Chrétiens s'y étaient rassemblés dans une maison appartenant à Octave Félix, pour célébrer les solennités saintes, parce que les édifices sacrés étaient fermés ou renversés. Des espions ayant averti les magistrats de cette réunion, on y plaça une sentinelle et l'on prit tous ces fidèles, au nombre de quarante-huit, parmi lesquels étaient Jules, Paul et Victoire.

C'était le prêtre Saturnin avec ses quatre enfants : Saturnin jeune et Félix, Lecteurs ; Marie, jeune vierge consacrée au Seigneur, et Hilarion, encore enfant; puis le sénateur Dativus, Félix, un autre Félix, Émérite, Ampélius, Thélica, Rogatien, Quintus, Maximien, Rogatus, Januarius, Cassien, Victorien, Vincent, Cécilien, Restitute, Prima, Ève, Rogatien, Guinalius, Rogat, Pomponia, Secunda, Januaria, Saturnina, Martin, Dante, Félix, quatrième du nom; Marguerite, Honorine, Régiola, Victorin, Péluse, Fauste, Davin, la dame Cécile, Hérectius, Secunda, la dame Januaria (1) et Bérédine (2).

Ils furent donc conduits de la maison d'Octave au Forum et, devant les magistrats, commencèrent leur martyre de la manière la plus glorieuse, se déclarant tous ensemble Chrétiens avec une admirable unanimité, et prêts à mourir pour la belle cause de leur religion.

On commença par les charger de chaînes et on les envoya à Carthage, au Proconsul Anulinus. Ils firent ce voyage en chantant des hymnes et en louant le Seigneur par des cantiques.

Cette armée de confesseurs de la foi effraya Anulinus. Il crut ne devoir entrer en lice qu'avec chacun d'eux en particulier; mais l'emploi de ses tortures ne lassa point la constance des martyrs et n'eut d'autre résultat que de lui faire perdre un jour entier.

---

(1) *Fastes sacrés*, première Époque, 4ᵉ Livre, 2ᵉ chapitre. — (2) *Vie de Sainte Victoire*, par Louis de Maslatrie.

Il essaya pourtant un dernier effort : « Vous voyez, leur dit-il, en quel état sont ceux qui ont persisté. Vous savez tout ce qu'ils ont souffert et tout ce qu'il leur reste à souffrir, s'ils s'obstinent à maintenir leur déclaration. Que celui donc d'entre vous qui veut obtenir le pardon et conserver la vie, le fasse connaître. »

Nullement ébranlés par ces paroles, ils s'écrièrent tous :

« — Nous sommes Chrétiens ! »

En conséquence, ils furent tous jetés en prison par ordre du Proconsul.

Anulinus chercha, pendant qu'on les y conduisait, de tenter le courage de Victoire, qu'il prit à part.

Les belles qualités de l'esprit et du corps dont Victoire était douée, dit un savant auteur d'après Saint Optat de Milève et Saint Ambroise, — la distinguaient extrêmement parmi les mortels ; mais elle était beaucoup plus relevée aux yeux de Dieu par sa piété solide et son admirable chasteté. Elle appartenait à une des familles sénatoriales de Carthage, et son frère Fortunatien remplissait un emploi élevé auprès du Proconsul romain. Son père, sa mère, comme toute sa famille, avaient conservé le culte des faux dieux ; son frère s'était même signalé par ses rigueurs contre les Chrétiens dans la Province proconsulaire. S'étant fait baptiser, Victoire devint une fervente Chrétienne. Cependant, pour ne pas affliger ses parents, elle ne voulut pas d'abord faire paraître ses sentiments au dehors et se contenta de pratiquer intérieurement les devoirs du Christianisme. Vainement son père essaya de la faire sacrifier aux divinités du paganisme, Victoire refusa et resta inébranlable; en toutes les autres choses, elle demeura obéissante et attachée à ses parents.

Son père la fiança à un jeune homme de Carthage, appartenant à une famille riche et puissante, dans l'espérance que son époux la ramènerait plus facilement à l'idolâtrie. Mais Victoire, soumise tant qu'on n'avait pas contraint sa foi, se révolta à la pensée de s'unir à un ennemi de sa religion. Fortifiée dans ses sentiments, elle échappe de la maison paternelle au jour du mariage, en se précipitant du haut de la fenêtre, et soutenue miraculeusement dans sa chûte, elle se réfugie au milieu d'une famille chrétienne, renouvelle, à la première collecte des Chrétiens, son adhésion à leur religion, et fait le serment de virginité.

Victoire, craignant bientôt que ses parents, dans les recherches qu'ils faisaient pour la retrouver, ne découvrissent le lieu de sa retraite, quitta Carthage et, prenant la route de Numidie, se rendit à Abiline (1), où elle fut un des assistants les plus assidus des collectes, chez Octave Félix (2).

Cette jeune vierge, se disposant à marcher au

---

(1) Ville située dans la région qui sépare Carthage de Constantine. — (2) *Vie de Sainte Victoire*, par Maslatrie.

martyre, semblait porter le lis de l'innocence enlacé à la palme triomphale. Elle répondit d'une voix éclatante au Proconsul qui lui demandait sa déclaration : « — Je suis Chrétienne !... Voici ce que je déclare. »

Le Proconsul n'osa, par égard pour la famille de Victoire, avec laquelle il était lié, la faire soumettre à la torture (1).

Comme Fortunatien, son frère, revêtu de la toge, et qui s'adressait au Proconsul en qualité de défenseur, ajoutait qu'elle ne jouissait pas de toute la liberté de son esprit; qu'elle était depuis assez longtemps sujette à une sorte d'aliénation mentale, elle répondit : « — Ah ! certes, je sais bien » ce que je sens et ce que je dis ! Grâces à Dieu, » je n'ai jamais changé. »

« — Veux-tu aller avec ton frère Fortunatien » qui te réclame ?... lui dit Anulinus. »

« Je ne le veux pas, lui répondit-elle. Je suis » Chrétienne ; je n'ai pas d'autres frères que ceux » qui observent les commandements de Dieu (2). »

Et lorsque Anulinus continuait à l'inviter à prendre garde à elle : « — J'ai été à l'assemblée » chrétienne, répliqua cette fille courageuse, et » j'ai célébré le mystère du Seigneur (l'Eucha- » ristie), avec mes frères, parce que je suis Chré- » tienne ! »

---

(1) De Maslatrie.
(2) *Fastes sacrés*, 1re époque, livre IV, ch. v.

Le juge, irrité de cette fermeté, l'associa au martyre des autres qu'il avait déjà condamnés à mort (304).

RÉFLEXION.

Les hymnes et les cantiques sacrés trouvent dans l'âme un puissant écho que Jules et Paul connaissaient bien, et dont ils voulurent faire parler le retentissement dans le cœur de leurs compagnons, à la veille du martyre. Qui n'a vu souvent les heureux effets des chants religieux sur les natures les plus rebelles ! Un homme, détourné par ses passions, s'est longtemps éloigné des lieux saints? Une occasion, qui lui semble fortuite, un attrait de curiosité peut-être, le place instantanément dans un de nos temples. L'accent des psaumes, le timbre virginal des jeunes filles, la voix mâle et sonore des chantres sacrés, ont frappé son oreille, ils ont retrouvé le chemin de son cœur. Il sent défaillir son orgueil en d'indicibles tendresses ; ses yeux se sont mouillés de larmes dont il a honte...... Mais, qu'il se laisse aller à ces souvenirs des jours lointains de son enfance ! Car Dieu est là ; il vient pour *renouveler sa jeunesse* (1). *Qu'il espère en lui et qu'il chante encore son saint nom ; Dieu est toujours son salut !* (2).

Et nous, prêtons corps à cette angélique har-

---

(1) Psaume 102—5. — (2) Psaume 41—6.

monie par l'union de nos voix à celles qui célèbrent le Seigneur dans ses temples par de pieux cantiques. Le tendre enthousiasme que ces chants souffleront dans nos cœurs nous donnera la force, comme aux martyrs d'Abiline, de crier aux suggestions de l'esprit du mal, avec un accord unanime : *Nous sommes Chrétiens !* Et imitant Victoire, — dont le nom était un gage de triomphe, — puissions-nous être en droit d'ajouter ces mots, qui témoignèrent de sa charité fraternelle aussi bien que de son énergie : *Mes frères sont ceux qui observent la loi de Dieu ; j'ai été à l'assemblée chrétienne, et j'ai célébré le mystère du Seigneur avec mes frères.*

SAINT FÉLIX ET SAINT SATURNIN

MARTYRS A CARTHAGE

— 12 Février. —

(*Tiré des Écrivains ecclésiastiques.*

Le premier des athlètes de Jésus-Christ parmi les citoyens d'Abiline (Saint Jules, Saint Paul, Sainte Victoire et leurs compagnons, dont on célèb . fête le 11 février), fut celui qui présidait à eux tous, le prêtre Saturnin, que les magistrats avaient envoyé à Carthage avec Félix, parce que, contrairement à l'édit des Empereurs et des Césars, ils avaient célébré le dimanche et assisté à la *collecte*, nom par lequel on désignait alors les assemblées sacrées.

A la question du Proconsul Anulinus, demandant qu'on fît connaître celui qui avait fait la convocation, le vénérable vieillard Saturnin s'élança, déclarant sans détour qu'ils avaient célébré le dimanche sans s'inquiéter de rien, « car c'est une fête, dit-il, qu'on ne peut remettre. »

A ces mots, les bourreaux reçurent l'ordre d'étendre sur le chevalet le corps du saint martyr, déjà brisé par l'âge, et de le déchirer cruellement. Il s'écriait, en supportant ce tourment avec un courage invincible :

« Jésus-Christ, je vous en supplie, exaucez-moi! Je vous rends grâces! Ordonnez que je sois décapité. Ayez pitié de moi, ô Christ! Fils de Dieu, venez à mon secours. »

Le Proconsul avait enfin ordonné aux bourreaux de s'arrêter, lorsque s'avança Félix, se montrant prêt à subir toutes les tortures. Anulinus lui dit, ainsi qu'à ses compagnons :

« J'espère que, vous autres, vous préférerez choisir le parti qui peut vous conserver la vie, en obéissant à ce qui a été commandé. » — Mais il répliqua : — « Nous ne pouvons, *nous autres*, faire autre chose qu'obéir aux commandements de Dieu jusqu'à la mort! » — Et dans un moment où le Proconsul ne demandait pas à Félix s'il était Chrétien ou non, mais seulement s'il avait assisté à la collecte, ou s'il avait chez lui quelque livre des Saintes Écritures, il lui répondit qu'on ne pouvait être Chrétien sans célébrer le dimanche, et ajouta : — « Nous avons célébré la collecte en grande pompe; nous y avons lu les passages de l'Écriture marqués pour le dimanche; nous nous rassemblons toujours le dimanche. »

Le Proconsul, blessé de cette manière de lui répondre, ordonna que l'on frappât le martyr avec des bâtons, ce qui fut exécuté avec tant de barbarie qu'il mourut sous les coups.

Pour Saturnin, les flancs déchirés par des ongles de fer, il fut jeté en prison, où il expira aussitôt, ne pouvant plus prononcer que ces mots : « Je suis Chrétien ! Il n'y a qu'un nom adorable, celui de Jésus-Christ (304) ! »

Les prisons de Carthage étaient situées au bas du palais proconsulaire qui s'élevait sur la colline où les Carthaginois, au temps de leur indépendance, avaient construit la citadelle de Byrsa. C'est dans ce cachot que moururent, des suites de leurs blessures ou des tourments qu'ils y endurèrent, tous ceux des Chrétiens d'Abiline qui avaient survécu à la question (1) pour la plupart; ils moururent de faim (2).

Ainsi se termina ce grand combat où le démon fut terrassé et vaincu, où les martyrs de Jésus-Christ ont trouvé dans leur supplice le sujet d'une félicité éternelle au sein de la gloire que nous espérons tous !

RÉFLEXION.

Voici encore des martyrs du Dimanche, comme ceux qui étaient hier l'objet spécial de notre vé-

(1) *Vie de Sainte Victoire*, par Louis de Malastrie.
(2) *Fastes sacrés*, 1re époque, livre IV, chap. 5.

nération, comme Jules, Paul, Victoire et leurs compagnons, dont la ferveur si remarquable était due à leur habitude de sanctifier le jour du Seigneur. Félix, qui prêta sa maison, Saturnin, qui présida l'assemblée, aussi bien que toute cette troupe sacrée de quarante-huit martyrs, pris tous ensemble et jugés les onzième et douzième jours de février, se sont conduits, ont parlé et sont morts de manière à faire rougir, à couvrir de confusion tant de Chrétiens qui ne veulent pas employer une demi-heure, en toute une semaine, pour aller adorer Dieu par un culte nécessaire et indispensable.

Voici quarante-huit personnes de tout sexe, de tout âge, entourées d'ennemis, guettées par des espions, qui se rassemblent résolûment dans une maison particulière, faute d'un lieu saint, et qui, sans crainte, célèbrent le Dimanche, *parce que cette fête ne peut être renvoyée*, dit le vieux prêtre Saturnin. Elles le célèbrent même avec une pompe glorieuse, dans une joie prophétique qui leur est inspirée par l'idée que bientôt elles pourront toutes aller assister à la fête sans fin du jour éternel du Seigneur, à travers les tourments que leur préparent les oppresseurs! Et nous, qui pouvons en toute sécurité fréquenter les temples ouverts de toutes parts, que tardons-nous à nous acquitter d'un devoir qui ne peut être retardé?

La facilité d'assister à un spectacle divin qui fait la joie des anges, semble produire l'indiffé-

rence d'un grand nombre; « Car, dit l'auteur de
» l'*Imitation de Jésus-Christ*, si le saint sacrifice
» n'était célébré que dans un seul lieu et n'était
» offert que par un seul prêtre dans le monde,
» avec quel empressement les hommes se por-
» teraient vers cet endroit et auprès de ce pon-
» tife du Seigneur, pour voir célébrer les divins
» mystères! (1) »

Ceux qui fréquentent le moins les églises sont ceux qui devraient y venir le plus assidument; qu'on en juge, autant par leur manière de vivre que par les choses erronées et ridicules qu'ils disent, lorsqu'ils se permettent de parler de la religion. Soyons empressés à recueillir les leçons qui nous sont données dans les temples, le dimanche surtout, et n'oublions jamais la déclaration de Félix, l'expression de son opinion sévère : *On doit toujours se rassembler chaque dimanche..... Celui qui n'observe pas le dimanche n'est pas Chrétien.*

(1) Livre IV, ch. 1, n° 15.

SAINT POSSIDIUS

ÉVÊQUE DE CALAMA (GUELMAH)

— 20 Février. —

(Tiré du Bréviaire des Augustins et des Écrits de
Saint Possidius lui-même.)

Possidius fut le plus célèbre des disciples de Saint Augustin, ayant vécu avec lui près de quarante ans dans une douce familiarité. Il pratiqua la vie monastique sous sa règle dans le monastère construit par lui, et s'adonna, sous sa direction, à l'étude des Saintes Écritures.

A la mort de Mégalius, évêque de Calama (Guelma), il fut mis à sa place (397), et suivant l'exemple de son illustre maître, il propagea la vie monastique durant son épiscopat.

Il avait, dans un temps, provoqué à une conférence l'évêque donatiste Crispinus. Celui-ci, craignant le combat, voulut, dit Saint Augustin, s'assurer la victoire, non par les arguments de

» l'Écriture et du raisonnement, mais par le fer » et les coups. » Un prêtre, soumis à l'obédience de cet hérétique, dressa, comme un voleur, une embuscade de gens armés contre Possidius, qui visitait alors son diocèse. Pour éviter ce danger, Possidius, avec sa suite, se renferma dans une maison de campagne. Mais le furieux Donatiste en brisa les portes, s'y introduisit avec ses satellites, tua les bêtes de somme qu'il trouva au rez-de-chaussée de l'édifice et, arrachant le saint évêque de l'étage supérieur, ne le laissa libre qu'après l'avoir accablé d'outrages et de blessures (104).

Sant Augustin pressa vivement Possidius d'ouvrir, avec les schismatiques, une conférence où se rencontrèrent les deux évêques de Calama, Possidius, catholique, et le donatiste Crispinus. On y traita de l'unité de l'Église, en trois séances, au milieu d'un grand concours de peuple venu de Carthage et de toute l'Afrique pour connaître la conclusion de la lutte. Le résultat de cette dispute théologique fut que Crispinus, vaincu par l'autorité des Écritures et la force de l'argumentation, fut déclaré hérétique par une sentence proconsulaire, inscrite aux registres, ainsi que Possidius nous l'apprend lui-même. D'ailleurs, la modération et la grandeur d'âme de ce saint homme furent telles qu'il fit des démarches auprès du Procureur impérial en faveur de Crispinus, et obtint qu'on n'exigerait pas de lui une forte amende.

Un jour, les païens qui habitaient Calama commencèrent à célébrer les fêtes de Flore (1er juin 408). Voyant Possidius s'efforcer d'interdire ces coupables cérémonies, ils poussèrent l'excès de leur rage, non-seulement jusqu'à remplir par trois fois l'église d'une grêle de pierres, mais encore jusqu'à lancer des matières enflammées sur la toiture de l'édifice et sur les fidèles. Ils tuèrent un moine et demandèrent la mort de l'évêque par des cris séditieux. Dans le but d'obtenir le secours de l'empereur Honorius contre la fureur de ces idolâtres, Possidius s'embarqua pour Ravenne. Dans ce voyage il visita Mémorius, évêque de Capoue, et Paulin, évêque de Nole, à qui Saint Augustin écrivit, leur recommandant vivement la piété et le grand savoir de Possidius.

Il fut de nouveau envoyé en Italie, de la part de toute l'Afrique, au même empereur, au sujet des Donatistes. Il assista au concile de Milan, où il condamna, avec les autres Pères, l'hérésie de Pélage, qui commençait à s'établir. Il fut choisi, à cause de sa vaste érudition, pour argumenter avec Saint Alype et Saint Augustin, et d'autres évêques catholiques, formant tous ensemble un groupe de sept docteurs, contre un pareil nombre d'évêques donatistes, dans le célèbre concile de Carthage (411).

Enfin, lorsque les Vandales envahirent l'Afrique, Possidius se réfugia à Hippone, auprès de

Saint Augustin, qu'il vit mourir (430), et dont il écrivit l'histoire et annota les œuvres. Il s'échappa d'Hippone avec d'autres serviteurs de Dieu, et aborda en Apulie, où il termina pieusement sa vie (437) (1). Son corps fut transporté, d'abord en Germanie, par l'empereur Louis-le-Débonnaire, ensuite à Rhégio, enfin dans le pays Milanais, l'an 816.

RÉFLEXION.

Nous venons de voir Saint Possidius agir d'une manière fort différente dans deux occurrences où des outrages sont faits à sa personne.

Un méchant, en haine de la foi, le fait poursuivre par des assassins qui l'attaquent à main armée, le blessent après avoir pillé ses bagages, et le laissent pour mort; — Possidius, bien loin de se plaindre de ces indignités, et de demander réparation juridique des mauvais traitements et du dommage qu'il a essuyés, saisit au contraire l'occasion de solliciter une immunité en faveur de cet homme coupable à double titre, et se montre heureux de l'avoir obtenue.

Une foule impudique, dont la licence s'exalte en présence d'un obstacle à ses débordements, insulte Possidius jusque dans le sanctuaire

---

(1) Les Italiens prétendent que Saint Possidius mourut à la Mirandole. — (Godescard).

qu'elle profane ; elle porte des flammes sacriléges dans le lieu saint, massacre un Religieux, demande à grands cris la mort de l'évêque ; — et voici que cet homme si magnanime, si clément, qui a moins personnellement souffert en cette occurence que dans la première, non-seulement réclame la répression des furieux, mais passe la mer pour aller demander à l'empereur lui-même, qu'un châtiment éclatant soit infligé à l'audace d'une multitude idolâtre et délirante.

C'est qu'en effet les circonstances ne sont pas les mêmes et, que si le saint évêque a dû pardonner les coups qu'il a reçus, les pertes qu'il a éprouvées, comme le fait tout Chrétien qui désire que Dieu lui pardonne ses propres offenses, il a dû, dans l'intérêt de la gloire de Dieu et de l'assemblée des fidèles, ne point laisser impunies les souillures au temple du Seigneur, les plaies faites à son troupeau, les vexations souffertes par ceux qui obéissent, et dont tout chef, tout pasteur, doit être la providence visible ici-bas.

Pardonnons les injures qui sont personnelles, mais reconnaissons les droits et les rigoureuses nécessités de la justice contre les crimes qui troublent et déshonorent la société.

TRANSLATION
DU CORPS DE SAINT AUGUSTIN

DE SARDAIGNE A PAVIE

EN L'AN 705

— 28 Février. —

(Tiré du Bréviaire des Augustins et des Écrits de Paul, diacre.)

Le pieux Luitprand, roi des Lombards, ayant appris que les Sarrasins qui occupaient la Sardaigne profanaient les lieux saints de cette île, et notamment la sépulture de Saint Augustin, dont les ossements vénérables et les admirables écrits y avaient été apportés (508) d'Afrique par des ecclésiastiques en fuite, envoya des ambassadeurs de la plus haute distinction pour racheter à tout prix les restes de ce grand docteur de l'Église et les apporter à Pavie. Ces seigneurs remplirent les intentions de leur roi, et après avoir racheté des

Barbares pour une grande somme d'argent les dépouilles sacrées de ce Saint, ils les placèrent sur un navire qui, favorisé d'un bon vent, les apporta à Gênes, après une traversée d'un jour et d'une nuit.

Dès que le roi reçut la nouvelle de leur arrivée, il en ressentit une joie indicible et rendit à Dieu les plus vives actions de grâces. Aussitôt après, ayant fixé le jour de la cérémonie et convoqué les évêques et tout le clergé des villes qui lui obéissaient, il vint recevoir ce présent insigne de la bonté de Dieu, accompagné de toute la noblesse et d'une multitude innombrable de peuple. Lorsqu'il approcha de l'endroit où le saint corps reposait, il quitta les insignes de la royauté, et la tête découverte et les pieds nus, il s'avançait dans une contenance si modeste et si pieuse qu'il fixait sur lui l'attention de toute la foule, admirant de si beaux actes de dévotion. Pour glorifier davantage son serviteur Dieu daigna alors opérer des miracles; plusieurs qui souffraient de diverses maladies se trouvèrent en parfaite santé et revinrent joyeux dans leur demeure.

Les saintes reliques, parvenues aux limites du territoire de Tortone, furent déposées dans un domaine où le roi, avec tout le cortége des évêques et de la noblesse, passa la nuit en prières. Au point du jour, la pompe s'étant déjà déployée vers Pavie, il fut impossible de soulever, par aucun moyen, le précieux dépôt de l'endroit où on l'avait placé. Luitprand déchira ses vêtements, se prosterna contre terre, fit vœu à Dieu, en répandant d'abondantes larmes, que s'il permettait que le corps du Bienheureux Augustin pût être transféré à Pavie, il concéderait, à titre perpétuel, le domaine où l'on était à l'église à laquelle il destinait ces restes sacrés. Alors, s'approchant du cercueil, il essaya de le remuer et le trouva tellement léger que ce coffre, dont plusieurs n'avaient pu soulever le poids, fut facilement emporté par deux personnes. Il arriva donc à Pavie au milieu d'une allégresse universelle. Ce fut dans l'église de Saint-Pierre *au-ciel-d'or*, que Luitprand avait construite avec une royale magnificence, qu'il plaça ces dépouilles bénies, l'an de Jésus-Christ 705.

Dans les siècles suivants, en l'année 1695, cette antique basilique fut démolie et le saint trésor retrouvé. Il fut porté dans l'église cathédrale et enfermé dans un superbe tombeau qui n'est pas indigne de la mémoire de ce grand docteur, et jusqu'à ce jour, il est l'objet de la vénération des peuples et de la jeunesse studieuse.

RÉFLEXION.

L'édification, qui vient des sommités de la société, serait encore de la plus grande utilité pour les grands, par le lustre inviolable qu'elle donne à leur haute position, si déjà elle ne les rendait plus agréables à Dieu, qu'ils représentent à nos yeux ; si elle ne compensait une partie des choses fâcheuses qu'ils croient devoir permettre ou tolérer, au détriment de la gloire de Dieu et nonobstant sa loi sainte. Un homme en place ne saurait rien faire qui ne soit, avec raison, le sujet de l'attention des masses et un objet d'imitation pour ses inférieurs, et surtout pour ses subordonnés.

Le roi Luitprand s'inquiète de la profanation du tombeau de Saint Augustin ; il envoie des grands seigneurs racheter ces dépouilles saintes, et, à leur arrivée en Italie, voici que toute la noblesse le suit à leur rencontre. Il s'agenouille, il prie ; la dévotion générale s'anime au flambeau de la sienne. Le peuple élève sa puissante voix vers le ciel ; les grâces en tombent par torrents, des miracles s'opèrent, des contrées entières se sanctifient ; et l'industrie qui a construit la basilique, l'art qui l'a décorée, le courtisan qui a vu son maître prosterner son manteau royal, le prêtre qui a reçu en garde la châsse sacrée, — tous vénèrent, bénissent le roi Luitprand, prient Saint Augustin, adorent et servent Dieu. C'est à une bonne pensée, produisant un bon exemple dans un seul homme, que l'amélioration religieuse de la foule est due ; et en cela, il n'a fait que le devoir imposé à sa charge et dont il devra rendre un compte exact. Mais encore, honneur à lui ! car en est-il beaucoup qui élèvent leur vie jusqu'au niveau de leur dignité !

Chacun de nous, dans la position même la plus modeste, a la mission d'influer sur quelque autre, ne fût-ce que sur un seul. Ne manquons pas à cette vocation nécessaire de l'humanité, dont la condition est de recevoir et de donner sans cesse, dans l'enchaînement des choses actuelles ici-bas. Notre-Seigneur l'a dit : *Que votre lumière brille de telle sorte qu'on en glorifie votre Père qui est dans le ciel* (1); et aussi : *Malheur à celui par qui vient le scandale* (2)*!*

1) Matth. 5 — 16. — (2) Matth. 18 — 7.

SAINTE PERPÉTUE

SAINTE FÉLICITÉ ET LEURS COMPAGNONS

MARTYRS A CARTHAGE

— 7 Mars. —

(Tiré du Bréviaire propre au diocèse d'Alger.)

Durant la persécution de l'empereur Sévère (201), on arrêta en même temps, à Tuburbo (Henchir Kasbat, en Tunisie), ville de la province proconsulaire, peu éloignée de Carthage, Révocatus et Félicité, esclaves du même maître, Saturnin et Secundulus (qui mourut dans la prison), auxquels vint se joindre spontanément Satur, et avec eux Vivia Perpétua, issue d'une famille riche et puissante. Elle avait été élevée avec soin et bien mariée; elle était âgée d'environ vingt-deux ans et avait un enfant qu'elle nourrissait de son lait. Elle-même a écrit de sa main l'histoire de son martyre (1), ainsi qu'il suit :

(1) Ruinart. — *Acta primorum Martyrum sincera et selecta.*

« Comme nous étions avec les persécuteurs,
» et que mon père, poussé par la tendresse qu'il
» avait pour moi, redoublait ses efforts pour ébran-
» ler ma constance, nous fûmes baptisés. Je ne
» songeais, au sortir de l'eau, qu'à demander la
» patience dans les peines corporelles. Peu de
» jours après, on nous mena en prison à Car-
» thage; j'en fus effrayée, car je n'avais jamais
» vu de telles ténèbres. Oh! que ce jour me dura!
» Quelle chaleur! On étouffait à cause de la foule;
» puis des soldats nous poussaient avec brutalité;
» enfin je séchais d'inquiétude pour mon enfant.
» Alors les bénis diacres, Tertius et Pompone,
» qui nous assistaient, obtinrent à prix d'argent
» que, pour nous rafraîchir, nous pussions passer
» en un lieu plus commode de la prison. Pendant
» que chacun avisait à ce qui le regardait,
» j'allaitai mon enfant, qui mourait de faim.

» J'étais pénétrée de douleur en voyant celle
» que mes parents ressentaient à cause de moi.
» Je passai plusieurs jours dans de grandes inquié-
» tudes, puis je me trouvai tout-à-coup fortifiée,
» et j'aimai mieux être en prison qu'ailleurs.

» Un jour, mon frère me dit : « Je sais, ma sœur
» vénérée, que vous avez beaucoup de pouvoir
» auprès de Dieu : demandez-lui donc qu'il vous
» fasse connaître par quelque vision si vous devez
» souffrir le martyre ou être rendue à la liberté.
» Comme je savais que je m'entretenais familière-

» ment avec le Seigneur, dont j'avais reçu tant de
» grâces, je répondis avec confiance à mon frère :
» Vous saurez demain ce qui en sera. Je priai
» donc, et voici ce qui me fut montré.

» Je vis une échelle d'or d'une prodigieuse
» hauteur qui s'élevait de la terre jusqu'au ciel,
» mais si étroite, qu'il n'y pouvait monter
» qu'une personne à la fois. Les deux côtés étaient
» hérissés de toutes sortes d'instruments de fer : il
» y avait des épées, des lances, des crocs, des
» faux, des poignards, en sorte que quiconque y
» serait monté négligemment, ou sans regarder
» en haut, aurait été déchiré par ces armes et y
» aurait laissé une grande partie de sa chair. Au
» pied de l'échelle était couché un dragon d'une
» énorme grandeur, qui dressait des embûches à
» ceux qui voulaient monter, et leur faisait peur
» pour les en détourner. Le premier qui monta
» fut Satur, qui n'était point avec nous, quand
» nous fûmes arrêtés, et se livra depuis volontai-
» rement à cause de nous ; c'était lui qui nous
» avait instruits. Lorsqu'il fut arrivé au haut de
» l'échelle, il se tourna vers moi et me dit : Per-
» pétue, je vous attends ; mais prenez garde que
» ce dragon ne vous morde. Je lui répondis : Au
» nom du Seigneur Jésus-Christ, il ne me fera
» point de mal. Le dragon leva doucement la tête
» de dessous l'échelle, comme s'il eût eu peur de
» moi, et je marchai sur sa tête ; elle me servit de
» premier échelon. Lorsque je fus parvenue au

« haut de l'échelle, je vis un jardin très-spacieux,
» au milieu duquel était assis un homme d'une
» grande taille, habillé en pasteur, dont les che-
» veux étaient tout blancs. Il tirait le lait de ses
» brebis et était environné d'une multitude
» innombrable de personnes vêtues de robes blan-
» ches. Il leva la tête, me regarda et me dit : Ma
» fille, vous êtes la bien venue. Puis il m'appela
» par mon nom et me donna une bouchée de
» caillé fait de ce lait qu'il tirait. Je le reçus, en joi-
» gnant les mains, et le mangeai. Tous ceux qui
» étaient là présents répondirent : Amen. Je
» m'éveillai à ce bruit, mangeant encore, ce me
» semblait, je ne sais quelle nourriture délicieuse!

» Je racontai cette vision à mon frère, et nous
» comprîmes que nous devions mourir, et nous
» commençâmes à n'avoir plus aucune espérance
» dans le siècle.

» Peu de jours après, le bruit se répandit que
» nous devions être interrogés. Mon père arriva
» de Tuburbo, consumé de tristesse. Il vint à la
» prison pour me faire tomber dans l'apostasie,
» me disant : Ma fille, ayez pitié de mes cheveux
» blancs ! ayez pitié de votre père, si je suis digne
» que vous m'appeliez de ce nom. S'il est vrai
» que je vous aie élevée moi-même de mes mains
» jusqu'à cette fleur de l'âge, et que vous ayez
» eu toujours dans mon cœur la préférence sur vos
» frères, ne me rendez pas l'opprobre des hom-
» mes. Regardez vos frères, regardez votre mère

» et votre tante; regardez votre fils, qui ne pourra
» vivre après vous! Quittez cette fierté qui nous
» perdrait tous, car aucun de nous n'osera plus
» dire un mot s'il vous arrive quelque malheur!
» — Ainsi me parlait mon père, me baisant les
» mains, se jetant à mes pieds et m'appelant avec
» larmes, non plus sa fille, mais sa dame. Et moi
» je pleurais sur les cheveux blancs de mon père,
» je gémissais de ce que, seul de toute ma famille,
» il ne se réjouirait pas de mon martyre.

» Le lendemain, comme nous dînions, on vint
» tout d'un coup nous enlever pour être interro-
» gés, et nous arrivâmes sur la place. Le bruit s'en
» répandit aussitôt dans les quartiers voisins et
» l'on vit accourir une foule immense. Nous mon-
» tâmes sur l'échafaud. Mes compagnons furent
» interrogés et confessèrent. Quand mon tour
» vint, mon père se présenta tout-à-coup avec
» mon fils; il me fit descendre d'un degré et me
» dit d'une voix suppliante :

« — Ayez pitié de cet enfant!... »

» Le Procurateur Hilarianus me disait de son côté:

« — Épargnez les cheveux blancs de votre père!
» Épargnez l'enfance de votre fils! Sacrifiez pour
» la prospérité des empereurs! »

« — Je n'en ferai rien, répondis-je! »

« — Êtes-vous chrétienne, me dit-il? »

» Je lui répondis : « — Je suis chrétienne. »

» Cependant comme mon père se tenait toujours
» là pour me faire succomber, Hilarianus com-

» manda de le chasser, et un huissier le frappa de
» sa baguette. Je ressentis le coup porté à mon
» père comme si j'eusse été frappée moi-même, à
» le voir ainsi maltraité dans sa vieillesse.

» Hilarianus prononça la sentence et nous con-
» damna tous aux bêtes, et nous descendîmes
» joyeux à la prison.

» Comme mon enfant était accoutumé à rece-
» cevoir de moi le sein et à demeurer avec moi
» dans la prison, j'envoyai aussitôt le diacre Pom-
» pone pour le demander à mon père; mais mon
» père ne voulut pas le donner, et il plut à Dieu
» que l'enfant ne demandât plus à téter et que je
» ne fusse pas incommodée de mon lait, de sorte
» que je restai sans inquiétude et sans souffrance.

« Nous fûmes transférés à la prison du camp,
» étant destinés à servir aux spectacles qu'on de-
» vait y donner pour l'anniversaire de la procla-
» mation du César Géta (que l'empereur Sévère,
» son père, avait élevé à cette dignité, lorsque
» Caracalla eut été reconnu Auguste). Tandis que
» j'étais dans les entraves, j'eus une nouvelle vision.

» Comme le jour marqué pour le spectacle ap-
» prochait, mon père revint me trouver. Il était
» accablé de tristesse; il commença à s'arracher
» la barbe, puis il se jeta à terre et, la face tour-
» née vers le sol, il se mit à maudire ses années
» et à se plaindre en des termes qui cussent ému
» la créature la plus insensible. Et moi, je gémis-
» sais sur sa malheureuse vieillesse.

« Enfin, la veille de notre combat, j'eus cette
» vision : il me sembla que le diacre Pompone
» était à la porte de la prison, qu'il y frappait bien
» fort, et que j'y étais accourue pour la lui ouvrir.
» Il était vêtu d'une robe blanche, brodée d'une
» infinité de petites grenades d'or. Il me dit :
» Perpétue, nous vous attendons, venez ! En
» même temps il me prit par la main, et nous
» commençâmes à marcher par un chemin rude
» et tortueux. Enfin nous arrivâmes à l'amphithéâ-
» tre à grand'peine et tout hors d'haleine. Il me
» conduisit au milieu de l'arène et me dit : Ne
» craignez point ; je serai avec vous dans un mo-
» ment et je partagerai votre combat. A ces mots
» il se retira, et j'aperçus un grand peuple qui
» regardait ébahi. Comme je savais que j'étais
» destinée aux bêtes, je m'étonnais de ce qu'on ne
» les lâchait point. Alors parut un Égyptien fort
» laid qui s'avança pour me combattre avec plu-
» sieurs autres aussi difformes que lui. Mais il
» vint aussi vers moi, pour me secourir, une trou-
» pe de beaux jeunes gens qui me frottèrent d'huile,
» et je me sentis changée en un athlète fort
» et vigoureux. Aussitôt parut un homme d'une
» stature prodigieuse, en sorte qu'il était plus
» haut que l'amphithéâtre, et vêtu d'une robe traî-
» nante, avec deux bandes de pourpre pardevant,
» toute semée de petits ronds d'or et d'argent. Il
» tenait une baguette semblable à celle du maître
» des jeux, et un rameau vert d'où pendaient des

» pommes d'or. Ayant fait faire silence, il dit : Si
» l'Égyptien remporte la victoire sur cette femme,
» il la tuera par le glaive ; mais si elle vient à le
» vaincre, elle aura ce rameau ; et il se retira.
» Nous nous approchâmes, l'Égyptien et moi, et
» le combat s'engagea. Mon ennemi voulait me
» prendre par les pieds, mais je lui en donnais des
» coups dans le visage, étant enlevée dans l'air, et
» le foulant comme si j'eusse frappé la terre.
» Voyant que cela durait trop, je joignis mes
» deux mains, passant mes doigts les uns
» dans les autres, et, lui pressant la tête, je le
» fis tomber sur la face et lui marchai sur le crâne.
» Le peuple se mit à applaudir, et mes défenseurs
» se mirent à chanter. Je m'approchai du maître
» qui me donna le rameau avec un baiser, en di-
» sant : La paix soit avec vous, ma fille ! et je me
» mis à marcher, glorieuse, vers la porte Sana-
» Vivaria de l'amphithéâtre. Je m'éveillai, et je
» compris que je ne combattrais pas contre les
» bêtes, mais contre le démon, et je me tins
» assurée de la victoire.

» Voilà ce que j'ai fait et vu jusqu'à la veille du
» spectacle ; quelque autre écrira, s'il veut, ce qui
» s'y passera. »

Ainsi finit la relation de Sainte Perpétue. Un pieux auteur a dit : (1)

« La littérature humaine n'a rien d'approchant.

---

(1) Rorbacher, liv. XXVIII, *Hist. univ. de l'Église cath.*

Une jeune femme d'une naissance distinguée, chérie de tous les siens, et à qui rien ne manque pour être heureuse dans le monde, se voit séparée de sa mère, de ses frères, de son jeune enfant, pour aller être dévorée par les bêtes à la vue de tout un peuple; elle voit son vieux père qu'elle aime lui baiser les mains, se jeter à ses pieds pour la fléchir et lui faire dire un mot qui la sauverait du péril; elle compatit à la douleur de son père, mais elle ne dira pas ce mot, car ce mot serait un mensonge... Et elle écrit tout cela, la veille de son supplice, avec une candeur, avec un calme au-dessus de l'humanité! Non, cette paix que l'homme ne saurait exprimer ni même concevoir, Dieu seul peut la donner. »

Le Bienheureux Satur eut aussi une vision qu'il écrivit en ces termes : « Je rêvai que nous venions
» de périr. Nous sortîmes de nos corps, et nous
» commençâmes à être portés vers l'Orient par
» quatre anges, dont les mains ne nous touchaient
» point. Nous allions, non pas à la renverse regardant en haut, mais comme montant une
» douce colline. Quand nous eûmes passé le premier monde, nous vîmes une lumière immense,
» et je dis à Perpétue, car elle était à côté de
» moi : Voici ce que le Seigneur nous promettait!
» Les quatre anges nous portant toujours, nous
» nous trouvâmes dans un grand espace, comme
» un jardin, où il y avait des rosiers et toute sorte
» de fleurs; les arbres étaient hauts comme des

» cyprès, et leurs fruits tombaient sans cesse.
» Dans ce jardin il y avait quatre anges plus
» éclatants que les autres. Quand ils nous virent,
» ils nous saluèrent avec honneur et dirent avec
» admiration aux autres anges : Les voici, les
» voici ! Alors les quatre anges qui nous portaient
» nous déposèrent avec respect. Nous fîmes, à
» pied, un stade de chemin par une large avenue.
» Là nous trouvâmes Jocondus, Saturnin et
» Artaxius, qui avaient été brûlés vifs dans la
» même persécution, et Quintus, qui était mort
» martyr dans la prison. Nous leur demandions
» où étaient les autres; mais les anges nous di-
» rent : Venez auparavant adorer le Seigneur.

» Nous nous approchâmes d'un lieu dont les
» murailles étaient comme bâties de lumière.
» Devant la porte étaient debout quatre anges qui
» revêtaient de robes blanches ceux qui devaient
» entrer. Nous entrâmes donc ainsi vêtus, et nous
» vîmes une lumière immense, et nous entendî-
» mes la voix réunie d'un grand nombre qui
» disait sans cesse : Saint ! Saint ! Saint ! et nous
» vîmes au milieu comme un homme assis, ayant
» les cheveux blancs comme la neige et le visage
» d'un jeune homme. A sa droite et à sa gauche
» étaient debout vingt-quatre vieillards, et der-
» rière eux une multitude d'autres. Nous entrâ-
» mes saisis d'admiration et restâmes debout
« devant le trône; quatre anges nous saluèrent, et
« nous embrassâmes celui qui était assis; il nous

» passa la main sur le visage. Les autres vieillards
» nous dirent : Arrêtez-vous ici! Nous nous arrê-
» tâmes en leur donnant le baiser de paix, après
» quoi ils nous dirent : Allez et reposez-vous.
» Alors je dis à Perpétue : Vous avez à présent ce
» que vous désiriez. — Dieu soit loué, répondit-
» elle! J'étais heureuse sur la terre, je le suis en-
» core bien plus ici ! — Nous étions tous nourris
» d'une odeur délicieuse qui nous rassasiait. »
Telle fut la vision de Satur, écrite par lui-même.

Quant à Félicité, sachant que le jour du spectacle où elle devait être exposée aux bêtes approchait, et se trouvant au huitième mois de sa grossesse, elle pleurait, dans l'incertitude d'être gardée pour un autre temps; car les lois défendaient de supplicier les femmes enceintes. Mais sa délivrance fut accélérée par les prières de ses compagnons de martyre, et elle mit au monde une fille qu'une sœur éleva comme son enfant.

Lorsqu'elle était dans les douleurs de l'enfantement et qu'elle se plaignait, un des geôliers lui dit :

« — Si tu te plains à présent, que feras-tu quand tu seras devant les bêtes féroces ? »

Elle lui répliqua : « A présent, je souffre pour mon compte ; mais là, il y en aura un Autre en moi, qui souffrira pour moi, parce que j'irai souffrir pour Lui. »

Deux jours après la délivrance de Félicité, la veille de leur combat, on leur donna, suivant l'usage, le *repas libre*, c'est-à-dire le dernier avant la mort, qui avait lieu en public. Les martyrs parlaient au peuple avec leur fermeté accoutumée, exaltant le bonheur qu'ils avaient de souffrir pour le nom de Jésus-Christ. Satur disait à la foule : « Le jour de demain ne vous suffit donc pas pour voir à votre aise ceux que vous haïssez ! Vous paraissez aujourd'hui avoir pitié de nous, et vous applaudirez demain à notre mort ! Regardez donc bien nos visages pour nous reconnaître au jour du jugement ! » Les curieux se retirèrent interdits, et il s'en convertit un grand nombre.

Enfin parut le jour (7 mars 203) de la victoire de ces saintes femmes et de leurs compagnons d'héroïsme et de souffrance. Ils sortirent de la prison pour l'amphithéâtre, comme pour le ciel. Leurs visages étaient rayonnants ; ils étaient émus, non de crainte mais de joie. Perpétue suivait, calme dans ses traits et dans sa démarche, comme l'épouse chérie du Christ ; elle tenait les yeux baissés pour en dérober la vivacité. Félicité se réjouissait de s'être assez bien relevée de sa couche pour combattre les bêtes. Lorsqu'ils furent arrivés à la porte de l'amphithéâtre, on voulut forcer les hommes à revêtir le costume des prêtres de Saturne, et les femmes celui de prêtresses de Cérès. Tous s'y refusèrent avec une fermeté invincible, disant : « — Nous étions libres de ne pas venir ici : nous y venons volontairement sacrifier notre vie pour ne rien faire de semblable à ce que vous demandez maintenant. »

L'iniquité reconnut le droit : le tribun consentit à ce qu'ils entrassent avec les vêtements qu'ils portaient. Perpétue chantait.

Révocatus, Saturnin et Satur semblaient dédaigner le peuple qui regardait. Étant arrivés à la vue d'Hilarianus, ils lui disaient par signes de la main et de la tête : Tu nous juges, mais Dieu te jugera ! — Le peuple en fut irrité et demanda qu'ils fussent fouettés en passant devant les veneurs. Les martyrs se réjouirent de participer ainsi en quelque chose à la Passion du Seigneur.

Les jeunes femmes furent dépouillées et mises dans des filets pour être exposées à une vache furieuse. Le peuple en eut horreur, voyant l'une si délicate et l'autre encore malade de ses couches. On les retira donc et on les couvrit d'habits flottants. Exposée la première, Perpétue fut jetée en l'air et retomba sur les reins. Elle se mit sur son séant, et voyant sa robe déchirée sur le côté, elle la rejoignit, plus occupée de la décence que de la douleur. On la reprit, et elle renoua ses cheveux qui s'étaient détachés, car il ne convenait pas qu'une martyre souffrît les cheveux épars, de peur de paraître affligée dans sa gloire. Elle se leva, et voyant Félicité toute froissée par terre, elle lui donna la main et l'aida à se relever. Elles se tenaient debout toutes deux l'une contre l'autre; mais le peuple, dont la dureté avait été vaincue, ne voulut pas qu'on les exposât de nouveau, et on les reconduisit à la porte Sana-Vivaria. Perpétue y fut reçue par un catéchumène qui lui était attaché. Alors elle s'éveilla comme d'un profond sommeil, tant elle avait été ravie en esprit et en extase, et commença à regarder autour d'elle en disant, au grand étonnement de tout le monde :

« — Quand donc, comme on l'a dit, serons-nous exposées à une vache ? »

On lui dit ce qui s'était passé ; elle ne le crut que lorsqu'elle vit sur son corps et sur ses vêtements les marques de ce qu'elle avait souffert, et qu'elle reconnut le catéchumène. Elle lui dit, ainsi qu'à son frère qu'elle fit appeler : « Demeurez fermes » dans la foi ; aimez-vous tous les uns les autres, » et ne soyez pas scandalisés de nos souffrances.

Saturnin et Révocatus, après avoir été attaqués par un léopard, furent encore maltraités par un ours. Satur fut seulement traîné par un sanglier. Étant sain et entier, il fut rappelé pour la seconde fois. Aussitôt, (on était à la fin du spectacle), il fut présenté à un léopard qui, d'un seul coup de dent, le couvrit de sang. Le peuple s'écria : « Voilà le baptisé sauvé ! » Mais lui, se tournant vers le soldat Pudens, qui avait été favorable aux martyrs dans leur prison, lui dit : « Adieu ! souvenez-vous de ma foi ! que ceci ne vous trouble point, mais au contraire vous confirme dans votre désir d'être Chrétien. » Puis il lui demanda l'anneau qu'il avait au doigt, le trempa dans son énorme blessure, et le lui rendit comme un gage héréditaire de son amitié et un souvenir de son sang. On l'exécuta au lieu où l'on avait coutume d'égorger ceux que les bêtes n'avaient pas achevés. Ainsi Satur périt le premier, suivant la vision de Perpétue. Le peuple demanda alors qu'on ramenât les Chrétiens au milieu de l'amphithéâtre pour les voir frapper et s'associer ainsi par les regards à l'homicide. Les martyrs se levèrent et y allèrent d'eux-mêmes, après s'être donné le baiser, afin de consommer le martyre par un acte solennel de paix. Ils reçurent le dernier coup, immobiles et en silence. Quant à Perpétue, elle tomba entre les mains d'un gladiateur inexpérimenté qui la piqua entre les os et la fit crier. Elle fut obligée de conduire elle-même la main tremblante de son bourreau.

RÉFLEXION.

C'est Dieu qui opère tout dans la sanctification de l'âme, et pourtant l'homme coopère librement à cette œuvre de salut. Dieu nous prévient de sa grâce, il nous accompagne de son appui, et couronne en nous ses bienfaits d'élection. Pour agir, nous en recevons tous une part de lumière et de force; en acquiesçant, en agissant suivant la mesure du don qui nous est fait, nous arrivons à la foi, nous évitons le péché, nous pratiquons le bien surnaturel, nous résistons aux tentations et nous obtenons le don de la persévérance finale.

Ceux qui ne seront pas sauvés sont ceux qui ne l'auront pas voulu.

Quel exercice énergique et tranquille de cette coopération à la grâce dans les deux saintes catéchumènes Perpétue et Félicité! Elles venaient d'être baptisées, et leur instruction ferait la gloire d'un docteur! Dieu, par des communications mystérieuses, soutient leur esprit dans l'espoir du baptême qui les confirme en grâce et leur donne la force de résister aux puissantes tentations de l'amour filial, de l'amour maternel, aux angoisses de la souffrance dans les incommodités les plus douloureuses. C'est alors que la confiance en la grâce éclate dans une parole sublime de Félicité, parole de foi et d'espérance en Celui qui est fidèle, et qui ne permet pas que nous soyons tentés au-dessus de nos forces, parce qu'il nous donne, à l'instant, le supplément nécessaire pour résister victorieusement à l'épreuve, quelque formidable qu'elle puisse être.

Chaque jour demandons-lui, « (1) pour nous, pé-
» cheurs, mais ses serviteurs, qui espérons en la
» multitude de ses miséricordes, de daigner nous
» donner quelque part de la grâce dont il a favorisé
» Félicité, Perpétue et tous ses Saints, dans la com-
» pagnie desquels nous le prions de nous recevoir,
» non en considérant nos mérites, mais en nous
» pardonnant, par Notre-Seigneur Jésus-Christ. »

(1) Canon de la Messe.

SAINT CYRILLE

ÉVÊQUE EN AFRIQUE

ET SES COMPAGNONS, MARTYRS

— 8 Mars. —

Saint Cyrille était évêque; il fut martyrisé en Afrique, en compagnie de neuf Chrétiens dont les noms seulement sont parvenus jusqu'à nous, savoir : Félix, Sylvain, Urbain, Mamellus, les deux Rogatus et les Saintes Béata, Hérenia et Félicité. Les uns avaient passé jusque là leur vie dans l'exercice des pratiques saintes, les autres furent heureux de donner leur vie pour Dieu en témoignage du repentir de leurs péchés. *Dieu les éprouva et les trouva dignes de lui* (1). *Il les a éprouvés comme l'or dans la fournaise, il les a*

(1) Sag., 3—6.

reçus comme une hostie d'holocauste, et il glorifiera leurs corps quand le temps sera venu. Ils périrent tous dans les flammes, avec cette espérance que *les justes brilleront un jour, revêtus d'une grande lumière, et étincelleront,* suivant l'expression du Livre de la Sagesse, *comme des feux qui courent au travers des roseaux* (1).

RÉFLEXION.

Apprenons, par l'exemple de ces martyrs, à mériter une sainte mort par l'heureuse habitude de pieuses observances, et faisons, dès maintenant, de dignes fruits de conversion en sacrifiant au Seigneur tout ce qui pourrait devenir en nous un sujet de remords. Offrons-nous à lui dans un esprit d'humilité et dans des sentiments de componction qui lui rendent notre oblation agréable aujourd'hui même (2) : nous savons qu'une larme d'amour pour Dieu est plus précieuse aux yeux de la foi que les perles et les diamants, et qu'aux regards de Dieu, elle est aussi plus belle que l'hommage des pierreries et de tous les trésors. Répétons-lui avec l'Église :

« Dieu, qui avez reçu comme un holocauste
» agréable le Bienheureux Cyrille, évêque, sa-
» crifié avec ses compagnons pour la confession

---

(1) Sag., 3 — 7. — (2) Offertoire de la messe.

» de votre nom, accordez-nous la grâce, nous
» vous en supplions, de vous offrir toujours l'en-
» cens d'une pieuse dévotion et de vous immoler
» les victimes d'un cœur contrit, par Notre-Sei-
» gneur Jésus-Christ. »

SAINT MARCEL

CENTURION

MARTYR A TANGER

— 16 Mars. —

(*Tiré de l'AFRICA CHRISTIANA par Marcelli.*)

Dans la province de Mauritanie, dont la métropole portait le nom de Tangis (Tanger), et dans cette ville capitale même, la légion Trajane, qui gardait les frontières romaines, avait dressé de tous côtés des banquets et organisé des sacrifices, à la manière des païens, pour célébrer l'anniversaire de l'élévation d'Herculius à l'empire. Marcel, un des centurions de cette légion, regardant ces festins comme sacriléges, jeta son ceinturon militaire devant les enseignes de la légion, qui étaient placés là, et s'écria d'une voix retentissante :

« — Je suis soldat de Jésus-Christ, le Roi éternel ! »

Il jeta encore ses armes et son bâton de vigne (insigne de son grade), en ajoutant :

« — A partir de ce moment, je cesse de servir vos empereurs. Quant à vos dieux de pierre et de bois, je les méprise comme des mannequins sourds et muets! Si l'on ne peut être soldat qu'à la condition de sacrifier de force à ces dieux-là et aux empereurs, je renonce aux drapeaux, je refuse de porter les armes. »

Cette conduite, de la part d'un centurion, parut une impiété horrible, et blessa profondément les prêtres des idoles qui étaient présents. Ils le firent arrêter et portèrent la cause devant le Président Fortunatus, qui ordonna de conduire Marcel en prison.

Le lendemain des cérémonies de cette fête il le fit venir et lui parla ainsi :

« — Quelle idée vous a donc passé par l'esprit, de vous révolter ainsi contre la discipline militaire et de jeter votre baudrier et votre armure ? »

« — Il est très-vrai, répondit Marcel, que le douzième jour des calendes du mois d'Auguste (21 juillet), devant les enseignes de la légion, lorsque vous avez célébré la fête de l'empereur, j'ai déclaré publiquement que j'étais Chrétien et que je ne pouvais être militaire qu'à la condition de n'adorer que Jésus-Christ, Fils de Dieu le Père Tout-Puissant. »

A ces mots, le Président déclara qu'il ne pouvait plus excuser la témérité de Marcel, et le défèra au tribunal d'Agricolanus, remplissant dans la ville les fonctions de Préteur pour les Préfets.

Le martyr, retenu dans les chaînes jusqu'au 30 octobre, confirma alors bravement, devant le Préfet, tout ce qui était consigné aux procès-verbaux de son affaire.

Agricolanus, sur cette affirmation, prononça la sentence ainsi libellée :

« — Marcel, centurion, qui, dans un service
» commandé, a renoncé à son serment militaire,
» disant que c'était un sacrilége, et tenant d'au-
» tres propos pleins d'une fureur insensée, est
» condamné à être décapité. »

Le généreux Chrétien, marchant aussitôt au supplice, lui dit : Que Dieu te donne sa grâce ! Et livrant enfin sa tête au bourreau il reçut la couronne du martyre (298).

RÉFLEXION.

Le conduite du centurion Marcel pourrait paraître blâmable à des esprits légers. Il faut croire pourtant qu'il était convenable de se comporter ainsi, puisque, dans cette période de dix à quinze ans, qui embrasse les dernières années de la neuvième persécution et les premières de la dixième, Saint Victor, à Marseille, Saint Nabor et Saint Félix à Milan, Saint Maurice et toute sa légion de cinq mille cinq cents hommes en Helvétie, firent de même. Cela devrait nous suffire. Mais il est évident qu'il s'agissait pour eux, ou de faire acte d'idolâtrie, ou de protester, dût la mort suivre la protestation? C'est ce que nous démontrent les paroles de Marcel. Il ne cède pas à une effervescence passagère, à laquelle Fortunatus peut-être eût trouvé des excuses. Marcel raisonne sa démarche avec ce magistrat, il lui dit :

« — *Je ne peux être soldat qu'à la condition de n'adorer que Jésus-Christ, Fils de Dieu le Père Tout-Puissant.* » Il avait servi jusque là, il était même parvenu au grade de centurion; il avait passé sur tout ce qui ne contrariait pas manifestement sa foi, et il nous apprend ainsi qu'il est convenable de ne point brusquer certains commencements, si l'on peut y accommoder charitablement ses convictions, mais aussi, qu'il arrive parfois un moment où tout ménagement devient impossible ou criminel. La conscience va être compromise; préférera-t-on à Dieu les faiblesses ou les intérêts du respect humain? Craindra-t-on l'appareil martial, l'esclandre d'une sortie soudaine, la sévérité des chefs, la perte de son emploi, de ses moyens d'existence? Rien du tout! Nous sommes Chrétiens : il faut se l'avouer, et au besoin savoir mourir!

Oh! quelle généreuse leçon! La comprend-on bien à notre époque de mobilité et de lâcheté de conscience?

SAINT MARCELLIN

COMTE DE L'EMPIRE ROMAIN, MARTYR A CARTHAGE

— 20 Mars. —

(Tiré du Bréviaire propre au diocèse d'Alger.)

Flavius Marcellinus, comte de l'empire romain, tribun et notaire impérial, homme d'une grande prudence et d'une équité reconnue, fut choisi par l'empereur Honorius pour présider, à Carthage, l'assemblée des Catholiques et des Donatistes (411), devant apporter une fin tant désirée au schisme qui durait depuis si longtemps.

Le moyen qui paraissait le plus propre aux évêques catholiques pour faire cesser le schisme et amener la réconciliation, était une conférence générale entre les évêques de l'un et de l'autre parti. Les Donatistes s'y refusèrent longtemps. Enfin quelques-uns de leurs évêques étant allés à la cour de Ravenne, témoignèrent eux-mêmes la désirer.

Aussitôt les évêques catholiques la demandèrent plus instamment que jamais. L'empereur l'accorda par un rescrit du 14 octobre 410, adressé à Marcellin, tribun et notaire, c'est-à-dire Général et Conseiller d'État, Chrétien aussi distingué par ses vertus que par son rang, et ami particulier de Saint Augustin qui lui a dédié son grand ouvrage de la *Cité de Dieu*, l'ayant entrepris d'après ses instances. Le rescrit ordonnait que les évêques donatistes s'assembleraient à Carthage dans quatre mois. Marcellin indiqua la conférence au premier jour de juin 411. Dès lors il fit cesser toute poursuite à l'égard des Donatistes, et leur promit de choisir un autre juge à leur gré, pour être avec lui l'arbitre de cette dispute. Enfin il leur protesta avec serment qu'il ne leur ferait aucune injustice, qu'ils ne souffriraient aucun mauvais traitement, et retourneraient chacun chez soi en pleine liberté. Sa parole inspirait une telle confiance que tous les évêques donatistes se mirent en route (1).

Quand ils furent tous arrivés, Marcellin publia une seconde ordonnance où il avertit les évêques d'en choisir sept de chaque côté pour conférer, et sept autres pour leur servir de conseil en cas de besoin, à la charge de garder le silence tandis que les premiers parleraient (2).

(1) *Histoire universelle de l'Église catholique*, par Rohrbacher, liv. XXXVIII, vol. 7.
(2) Fleury, *Histoire ecclésiastique*, liv. v.

En général, dans toute cette affaire, Marcellin fit voir un calme, une patience, une impartialité, une politesse achevée. Les Donatistes eux-mêmes ne purent s'empêcher de lui en faire plus d'une fois compliment.

On lit dans les documents contemporains que les Donatistes ne purent répondre aux arguments de leurs adversaires.

Marcellin, qui voyait avec peine les détours et les équivoques employés par les hérétiques, et qui ne désirait rien tant que la manifestation de la vérité et cette satisfaction générale que tout le monde éprouve de l'uniformité des opinions, rédigea un arrêt célèbre renfermant un récit exact de tout ce qui s'était passé et avait été dit dans cette longue conférence, dont la durée avait été de trois jours.

Cette sentence ne fut proposée en public que le 26 juin. Les Donatistes se déclarèrent appelants, sous prétexte qu'elle avait été rendue de nuit et que les Catholiques avaient corrompu Marcellin par argent, ce qu'ils avançaient au hasard et sans aucune preuve. Ils disaient aussi que Marcellin ne leur avait pas permis de dire tout ce qu'ils voulaient, et qu'il les avait tenus enfermés dans le lieu de la conférence comme dans une prison; mais Saint Augustin réfuta ces calomnies par un traité qu'il fit ensuite. Il y eut une loi donnée à Ravenne le 3 janvier 412, qui les condamne à de fortes amendes, suivant leur condition, et ordonne que leurs clercs seront bannis d'Afrique et de toutes les églises rendues aux Catholiques.

D'ailleurs, la lumière de la vérité triompha de tous les mensonges de leur mauvaise foi. Saint Augustin nous apprend que presque tous les Donatistes, par le dégoût même des intrigues de leurs partisans, rentraient dans le sein de l'Église catholique. Marcellin, de son côté, pour refréner l'audace des méchants, prenait soin de publier les crimes des hérétiques pour que chacun connût ce qu'ils étaient.

Deux ans à peine s'étaient écoulés depuis la conférence de Carthage, que les Donatistes profitèrent, pour se venger, de la rébelion du comte Héraclien et des désordres qui la suivirent. (1)

Le comte Marinus, vainqueur d'Héraclien, poursuivit avec rigueur ses complices, vrais ou prétendus. Le tribun Marcellin et son frère le Proconsul Apingrius, qui avait encouru l'inimitié d'un certain Cécilien, ami intime de Marinus, furent arrêtés et jetés dans un cachot.

Cependant un synode avait été tenu par l'évêque Aurélius, à Carthage, où Saint Augustin s'était rendu, lorsqu'on apprit que Marcellin était conduit en prison par ordre du comte Marinus. Il n'y eût aucun des Pères du synode qui ne gémît, qui ne pleurât sur un homme aussi éminent, à qui l'Église devait tant, et qu'on voulait mener au supplice, au

---

(1) *Afrique Chrétienne*, par Yanosky.

lieu de lui donner les plus grandes récompenses qu'il avait méritées à si juste titre et plus que personne. Saint Augustin parle d'une manière fort touchante des dispositions où il le trouva lorsqu'il alla le voir dans la prison pour le consoler, et il rend un témoignage authentique à ses vertus et à son innocence. Un jour qu'il lui demandait s'il n'avait jamais commis aucun de ces péchés qui s'expiaient par la pénitence canonique, il lui répondit, en lui serrant la main : « Je vous jure, par les sacrements que cette main m'a administrés, que je ne me suis jamais rendu coupable de pareils péchés (1). »

Saint Augustin et d'autres évêques intercédèrent pour Marcellin. Marinus leur conseilla d'envoyer à l'empereur l'un d'entre eux, promettant de surseoir à l'instruction du procès jusqu'à son retour. Les évêques suivirent ce conseil. Peu de jours après, Cécilien vint trouver Saint Augustin et lui protesta avec serment que Marinus s'était enfin rendu à ses instances, et que, sans aucun délai, il allait élargir les deux accusés. — Dès le lendemain, ils furent jugés et exécutés sur-le-champ (413).

Saint Augustin ne voulut plus avoir de commerce avec Marinus qui devint l'objet de l'exécration publique et qui se vit obligé de faire une pénitence proportionnée à son crime.

(1) Godescard, *Vie de Saint Augustin.*

Il s'excusait sur un ordre exprès qu'il prétendait avoir reçu de la cour. Il en reçut un en effet, mais après l'exécution, c'était un ordre de mettre en liberté les deux frères dont l'empereur avait reconnu l'innocence. Quand Honorius apprit leur supplice, il en fut si indigné qu'il rappela Marinus et le dépouilla de toutes ses charges. Il donna le titre d'*homme de glorieuse mémoire* à Marcellin, qui avait été injustement mis à mort par la malice des Donatistes.

Saint Augustin dit, en payant à Marcellin son tribut d'amitié, et comme traçant son épitaphe :
« Ce qu'il y avait de sincérité dans sa piété, et
» quelle était sa retenue dans l'union conjugale !
» Combien sa charité était grande envers tous, et
» combien il aimait à pardonner ; tout ce qu'il avait
» appris d'utile, avec quelle modestie il le disait ;
» quel mépris, chez lui, pour les choses de ce
» monde, quelle espérance dans les biens éter-
» nels ; voilà ce qui recommande à la postérité le
» souvenir de ce grand homme. »

RÉFLEXION.

On a dit souvent que le courage civil était aussi grand que le courage militaire, mais qu'il était plus difficile à rencontrer, — parce qu'on ne s'y exerce point et que les occasions en sont plus rares. Saint Marcellin rencontra sur le chemin de sa vie une de ces occasions, et il s'y montra digne de Dieu et de l'Évangile. Il ne voulait que le triomphe du vrai, du juste, du bien, et travaillait activement à démasquer le mensonge, à redresser l'iniquité, à frapper le mal; il devait avoir pour adversaires tous les esprits faux, tous les intérêts cupides, tous les cœurs mauvais. La pureté de sa vie était sa consolation, parce qu'il la croyait ainsi agréable à Dieu, à qui il voulait plaire bien plutôt qu'être en crédit à la cour ou en faveur dans les masses populaires. Ses devoirs étaient sa seule étude; il trouvait dans leur accomplissement le solide bonheur que les grands ne rencontrent point quand ils le cherchent ailleurs.

Combien dans le monde, même le plus élevé, souffrent aussi, qui, ne souffrant pas avec l'intention de plaire au souverain Modérateur des choses humaines, auront perdu leurs peines et leur récompense! Combien de ces hommes éminents pourront, au moment de la mort, dire au Seigneur, avec un regret qu'ils pourraient se rendre fructueux encore, s'ils savaient le vouloir, ces mots d'un vieux cantique que chantent les humbles habitants de nos campagnes :

> Ce que j'ai souffert pour le monde,
> Si je l'avais souffert pour vous!

LE BIENHEUREUX
PIERRE ARMENGAUD

CONFESSEUR

Religieux de l'Ordre de Notre-Dame-de-la-Merci pour la rédemption des Captifs

— 27 Mars. —

(Tiré du Bréviaire propre au diocèse d'Alger.)

Pierre Armengaud, né de parents nobles, en Catalogne, au diocèse de Tarragone (1238), après avoir passé dans le monde une jeunesse coupable, entra, par une inspiration céleste, dans l'Ordre de Notre-Dame-de-la-Merci pour la rédemption des captifs.

Exactement fidèle à la règle de cette institution, Armengaud répara admirablement sa vie passée par la prière, les jeûnes, et mainte autre austérité, et brilla par l'éclat de ses vertus, surtout par son amour pour Dieu et pour le prochain. Aussi, dans le but de remplir le mandat qui lui avait été donné de racheter les esclaves, il se rendit plusieurs fois aux plages occupées par les Sarrasins. Quelle moisson spirituelle, due à la semence de sa parole aussi bien qu'au saint exemple de sa vie, il fit parmi les nombreux Chrétiens délivrés des chaînes d'un cruel esclavage, et quelle abondance n'en rapporta-t-il pas dans les greniers célestes du Seigneur !

Revenu en Afrique, et après avoir renvoyé de là en Espagne beaucoup d'esclaves, Armengaud, désolé de ne pouvoir, faute d'argent, délivrer quelques enfants chancelants dans la foi, se donna en gage de leur rachat, à Bougie. En attendant, on le retint les fers aux pieds. Au jour marqué, le prix convenu pour sa rançon n'arrivant pas, ce saint homme, bien connu d'ailleurs par son mépris pour les superstitions mahométanes, fut pendu à une traverse de bois.

Pourtant Guillaume, son compagnon, revenait d'Espagne en Afrique avec l'argent pour son rachat. Passant par l'endroit où on l'avait laissé suspendu, il le trouva encore vivant. Ce fut avec une joie impossible à décrire qu'il le détacha de cette potence, au milieu d'une foule de ces barbares émerveillés et n'en croyant pas leurs yeux. Pleins de reconnaissance, Pierre Armengaud et Guillaume regagnèrent leur patrie, en compagnie de plusieurs de leurs compatriotes rendus à la liberté. Mais depuis ce temps, le Bienheureux Pierre, dont le cou avait été tordu dans son supplice, conserva tant qu'il vécut une pâleur cadavéreuse. Désirant la solitude, il choisit pour sa retraite le monastère de Sainte-Marie-des-Champs, à Tarragone, où il se mortifiait par de longues prières, ne vivant que de pain et d'eau. On le surprit souvent ravi en extase et soulevé de terre; on l'entendait alors prononcer des paroles pleines d'amour de Dieu. En souvenir de son martyre, il avait coutume de dire à ses confrères : « Quant à moi, croyez-le bien, il me semble n'avoir vraiment vécu que dans ces moments bienheureux où, pendu à cette poutre, je m'estimais déjà mort au monde. »

Enfin, pris d'une grave maladie et muni de la sainte Eucharistie, Pierre Armengaud rendit son âme à Dieu le 27 avril, ainsi qu'il l'avait prédit, l'an 1304, en prononçant ces paroles : *Je serai agréable à Dieu dans la région des vivants.* (Placebo Domino in regione vivorum (1).

Glorifié par des miracles, il est devenu l'objet d'une grande vénération de la part des fidèles.

RÉFLEXION.

Si les Saints avaient tous donné, dès leur enfance, des exemples de piété et de fidélité à la loi de Dieu, ceux qui, livrés aux entraînements de leurs passions, disent qu'ils ne sauraient y résister, et que la vertu est aussi bien dans le tempérament de quelques-uns que le vice est dans le

---

(1) Psaume 114.

leur, auraient quelque fondement à leur mauvaise excuse. Mais les élus de Dieu, qui sont partout, sont venus aussi de toutes parts pour nous donner modèle et confiance; et le mot de *conversion*, qui s'applique à l'acte décisif par lequel ils se sont tournés du mal au souverain bien, prouve que leur essor vers la vie éternelle n'a pas toujours eu son point de départ d'une jeunesse exempte de tout reproche. Mais voyez combien un cœur généreux, dès le moment où il s'est donné à Dieu, s'efforce de compenser par de plus nobles sacrifices, en union avec celui du Rédempteur, les pernicieux exemples d'une vie désordonnée ! Celui qui dépouillait naguère les voyageurs dans les défilés des montagnes, passe les mers pour racheter les captifs et se donne lui-même en ôtage pour hâter l'instant de leur liberté ! Il compromet même sa vie dans cet acte de dévouement ! Et voyez encore le changement qui s'est opéré dans cet être humain, devenu une *nouvelle créature en Jésus-Christ* (1) ! Le supplice qu'Armengaud aurait pu souffrir jadis pour ses crimes, Dieu permet qu'il en voie tous les détails horribles ; mais au lieu d'y ressentir les angoisses d'un scélérat qui se sent suspendu au-dessus des abîmes de l'éternité, il éprouve une joie indicible; et depuis il dira, jusqu'à l'heure de sa mort retardée, qu'il n'a cru réellement vivre qu'*en ces moments où il semblait*

---

(1) II. Cor. 5 — 17.

n'avoir plus rien qui le retint au monde, parce qu'en effet, de cœur il n'y tenait plus depuis longtemps.

Heureux qui, jadis coupable, peut, comme Pierre Armengaud, dire à bon titre et avec un juste espoir, à l'instant suprême du terme de sa vie : *Placebo Domino in regione vivorum. Je serai agréable à Dieu dans la région des vivants.*

SAINT MARIEN

SAINT JACQUES ET LEURS COMPAGNONS

MARTYRS A CONSTANTINE

— 30 Mars. —

(Tiré des Écrivains ecclésiastiques.)

En l'an 259, la Numidie était inondée du sang des martyrs qu'on immolait de toute part. Deux jours après que les saints évêques Agapius et Secundinus (1) eurent embrassé, en les quittant, ceux de leurs frères qu'ils laissaient à Muguas (village non loin de Constantine, alors nommée Cirta), ces derniers furent dénoncés aux magistrats de la ville, arrêtés pour la plupart, chargés de liens,

(1) Voir le martyre des saints évêques Agapius et Secundinus et des saintes jeunes vierges Tertulle et Antonie au 16 décembre.

jetés sur des chariots et conduits à leur tour dans les prisons. Il paraît que Jacques et Marien n'avaient point d'abord été compris dans cette seconde répartition des victimes sacrées destinées au Seigneur; mais comme ils suivaient les chariots sur lesquels leurs frères étaient entassés, ne cessant de les exhorter à persévérer avec courage jusqu'à la fin dans leur fidélité à Jésus-Christ et à ne pas craindre les menaces et les supplices des tyrans, ils ne tardèrent pas à leur être associés, et tous ensemble ne formèrent plus alors qu'une seule troupe (1).

Ils comparurent devant les magistrats urbains et le commandant militaire. Jacques, singulièrement recommandable par la chasteté et par l'austérité de sa vie, déclara qu'il était diacre, sans redouter les suites de la loi portée par Valérien en 258, laquelle condamnait à mort les diacres, les prêtres et les évêques, quand bien même ils renonceraient à leur foi. Marien était Lecteur et enrichi d'une abondance extraordinaire de grâces (2).

Les juges, soupçonnant que celui-ci leur cachait, par une fausse déclaration, sa dignité plus élevée dans l'Église, ordonnèrent qu'il fût aussitôt appliqué à la question la plus cruelle. Un de ceux qui partageaient la prison des martyrs, raconte ainsi

(1) *Fastes sacrés de l'Église chrétienne en Afrique*, 1re époque, liv. III, ch. 3. — (2) Godescard.—*Vies des Martyrs*.

le supplice atroce de Marien, dont il fut témoin :

« On suspendit Marien pour le frapper, et certes, la grâce ne manqua pas au martyr en ce moment affreux. Les nœuds qui le soulevèrent n'attachèrent pas ses mains, mais les phalanges de ses pouces, afin que les os menus de ces doigts-là souffrissent de tout le poids des autres membres de son corps. On fixa aussi à ses pieds des pesanteurs inégales, pour que l'enchaînement des parties osseuses, disloqué par des tortures contrariant leur violence et détraqué par la convulsion des organes intérieurs, fût maintenu en l'air par les nerfs seuls.

« Marien revint comme d'un triomphe, avec Jacques, dans son cachot, où il fut consolé par une vision qui lui annonçait son trépas tant désiré. Il la raconta ainsi lui-même à ses compagnons de captivité :

« Frères, je vis comme un tribunal d'une hauteur prodigieuse ; il était éclatant de blancheur, et au sommet s'asseyait je ne sais quel personnage qui ressemblait à un président. On y montait par une quantité de degrés magnifiques. Chacun des confesseurs y comparaissait à son tour, et ce juge mystérieux les dévouait au glaive. *Soumettez-y Marien !* s'écria tout-à-coup une voix tonnante.

« Je me présentai aussitôt, et je n'étais pas encore parvenu au sommet de ces degrés res-

» plendissants, que j'aperçus, au moment où je
» m'y attendais le moins, le Bienheureux Cyprien
» assis à la droite du président. Il me tendit la
» main, me fit monter jusqu'au plus haut de ce
» tribunal et me dit en souriant : Viens ! assieds-
» toi avec moi.

» Je m'assis. De nouvelles troupes de confes-
» seurs comparurent ; puis, le juge se leva de son
» siége semblable à un trône, et nous l'accompa-
» gnâmes jusqu'à son prétoire. Chemin faisant,
» nous traversions des prairies émaillées de
» fleurs, des bosquets d'une verdure éternelle ;
» nous marchions sous des cyprés aux cimes élan-
» cées, sous des pins dont le front semblait tou-
» cher les cieux. Au fond du paysage, de limpides
» fontaines jaillissaient, et de leur bassin s'échap-
» paient des nappes écumantes.

» Nous n'y étions pas encore arrivés que le
» personnage mystérieux disparut subitement à
» nos regards. Alors Cyprien s'inclina, prit une
» fiole qui était placée au bord de ces eaux si
» pures, l'y plongea, la retira pleine et la vida
» d'un seul trait. Il l'y plongea de nouveau, me
» l'offrit ; j'en approchai mes lèvres ardentes, et
» bus à mon tour avec délices.

» Je rendais grâces, quand je m'éveillai en sur-
» saut. »

« Il ne se passa que quelques jours, et Marien
» fut de nouveau amené devant le tribunal, et dé-
» posé enfin, pour quelques temps, dans une

» prison qu'on nommait la *prison de Lambèsa*. »

Le Seigneur daigna visiter de nouveau les confesseurs par des visions de plus en plus significatives, et ils ne tardèrent pas à connaître de cette manière que le jour tant souhaité allait luire enfin. Rien n'est touchant comme d'entendre Jacques faire ce récit à ses compagnons :

« Cette nuit, j'apercevais notre évêque Agapius
» qui semblait rayonner d'une félicité plus grande
» que tous ceux avec lesquels nous avons d'abord
» partagé notre captivité dans la prison de Cirta, et
» qui l'entouraient en chœur à l'autel où il offrait
» le sacrifice.

» Lorsqu'il eut fini les saints mystères, il con-
» versa quelque temps encore avec ces habitants
» des cieux; puis, avec Secundinus, Antonie et
» Tertulle, il nous convia, me semblait-il, à un
» joyeux banquet. Et comme Marien et moi nous
» nous hâtions, pour les aller rejoindre et partici-
» per avec eux à l'agape fraternelle, voici que
» tout-à-coup je vis accourir au-devant de nous
» un petit enfant semblable aux anges de Dieu; il
» portait au cou une couronne de roses dont les
» fleurs semblaient avoir été fraîchement teintes
» de son sang, et à la main, il tenait une palme
» d'une verdure éblouissante, avec laquelle il
» jouait, comme font les enfants de son âge. Je le
» reconnus aussitôt pour l'un des deux petits en-
» fants jumeaux qui, il y a trois jours, ont mérité
» cette couronne gracieuse et cueilli cette palme,

» en mourant avec leur mère. Dès qu'il me vit, il
» me cria de sa voix enfantine : Ou allez-vous ? où
» courez-vous si vite ? Réjouissez-vous ! Demain
» nous souperons tous ensemble.

» O admirable piété du Seigneur Jésus envers
» les siens ! O bonté incomparable, qui ne se con-
» tente pas de réserver aux siens de pareilles
» récompenses, mais qui daigne les leur annoncer
» ainsi d'avance ! »

Le lendemain de cette révélation divine, la sentence capitale du juge vint en réaliser la promesse. Avant le déclin de ce jour, les confesseurs furent donc conduits vers le lieu de *leur couronnement triomphal*, comme le dit leur historien.

C'était auprès de la ville, sur un rocher élevé au-dessus du fleuve qui roulait à ses pieds ses eaux rapides. Des deux cotés de ses rives s'élevaient de hautes collines; mais celles qui formaient au midi la vallée dans laquelle il coulait, s'éloignaient davantage de lui et s'échelonnaient comme les degrés d'un vaste cirque, amphithéâtre naturel où se pressait un peuple immense.

Lorsque les martyrs eurent les yeux bandés, la plupart reçurent du ciel divers pressentiments de leur prochaine félicité. On les entendait réciter à l'envi leurs mystiques visions. C'étaient des coursiers d'une blancheur de neige dont les freins étaient d'or et sur lesquels s'élançaient de jeunes guerriers revêtus d'armures éblouissantes, qu'ils croyaient voir.... Quelques-uns de leurs frères, qui les écoutaient, crurent même entendre comme un cliquetis d'armes et le retentissement des pas impatients de ces invisibles coursiers.

Marien prédit les maux qui accablèrent l'empire peu de temps après : la prise de Valérien par les Perses en 260, et la fin tragique de ce prince; la guerre des trente tyrans, la peste, les suites déplorables de ces diverses calamités, — et que bientôt la paix serait rendue à l'Église et à ses Saints.

« Les martyrs à immoler étaient en très-grand
» nombre, rapporte le témoin oculaire de leurs
» derniers instants; aussi le bourreau au bras
» duquel on avait abandonné la tête de ces Saints,
» qui désiraient en foule le coup suprême, mit à
» exécution une invention de férocité inouïe. Il
» rangea en ligne leur troupe disposée par file,
» de sorte qu'en s'élançant comme dans un trans-
» port de fureur, il frappait l'un après l'autre de
» son glaive sacrilége; il leur tranchait la gorge,
» et leur sang tombait dans le lit même du
» fleuve.

» La mère de Marien, à l'aspect du corps mutilé
» de son fils, tressaillit de joie, comme celle des
» Machabées; et embrassant en lui la gloire de
» ses entrailles, transportée par les sentiments
» d'une piété pleine de vénération et de foi, elle
» couvrit de baisers multipliés la coupure énorme
» d'où la tête venait d'être détachée. »

Les dépouilles mortelles des athlètes de Jésus-Christ furent transportées par la Providence de Dieu en Ombrie, où elles reposent avec les plus grands honneurs dans l'église cathédrale d'Eugubio dans le duché d'Urbain.

On voit encore à présent, à Constantine, auprès de la rivière de Roumel, sur un rocher taillé à pic, un témoignage authentique du martyre de Marien, de Jacques et de leurs compagnons, en une inscription gravée que nous reproduisons ici d'après la lecture qui en est donnée par M. Cherbonneau, dans l'*Annuaire de la Société archéologique de Constantine* (1853, page 79).

```
† IIII NONAS SEPTEMBRIS PASSIONE MARTVR
ORVM    HORTENSIVM    MARIANI    ET
JACOBI  DATI  JAPINI  RVSTICI  CRISPI
TATI  MELTVNI  BICTORIS  SILBANI  EGIP
TINI SANCTI DIEI MEMORAMINI IN CONSPECTV DOMINI
QVORVM NOMINA SCIT IS QVI FECIT IN DIE XV
              + ——————— +
```

Dans ce moment, il est à remarquer qu'à Marien et à Jacques sont adjoints d'autres saints confesseurs dont le sculpteur ne nomme que neuf : Datus, Japin, Rusticus, Crispus, Tatius, Meltunus, Victor, Silvain et Egiptin; — que les noms, ou surnoms, de quelques-uns d'entre eux semblent indiquer des hommes de la campagne, et qu'ils sont tous désignés par le titre de *jardinier* (hortensium) ou d'*habitants des jardins*, au milieu desquels le hameau de Maguas était assis.

RÉFLEXION.

Le martyr se présente sans insolence et sans crainte devant le magistrat. Sa contenance modeste paraîtrait de la timidité à celui qui se prépare à exercer sur sa conscience une pression à laquelle il croit ne devoir guère rencontrer de résistance. Mais le Chrétien déclare ce qu'il est ; il le dit sans forfanterie ni sans mensonges ; la torture ne lui fera dire ni plus ni moins que la vérité. — Le Chrétien déclare ce qu'il est ; il grandit à vue d'œil, il étonne celui qui le tourmente ; il voit sans tristesse ses pieds enchaînés dans la prison ; son front rayonne déjà des splendeurs du ciel ! — De nouveaux supplices le retrouvent aussi constant, mais plus héroïque encore. Il ne pâlit point au bruit répété que fait dans sa chute au fleuve la tête de ses frères qu'on immole à ses côtés ; il ne frissonne pas quand dans sa chevelure s'enlacent les doigts du bourreau suspendant le glaive sur son front ; — et la mère de Marien décapité saisira le tronc sanglant de son fils, et pressant dans ses bras ce corps mutilé, qui lui répondra peut-être par une convulsive étreinte, le proclamera la *gloire de ses entrailles !*

Que cette conduite extraordinaire, que ce saint enthousiasme ne soit point flétri du mot de *fanatisme*, dont il a été fait si faussement application en ces derniers temps. Si le fanatisme est une rage, une frénésie du zèle qui veut attirer dans son temple ceux qui veulent rester en dehors, lesquels furent donc alors les fanatiques, — ou des païens, qui employaient le fer et le feu pour forcer les Chrétiens à venir, dans les édifices de leur culte, sacrifier à leurs idoles (restes des fétiches sauvages), — ou des Chrétiens, qui ne voulaient adorer que le Dieu vivant, et mouraient sous la hache de ces païens?

Mais il n'est rien de tout cela. Le Chrétien n'éprouve pas un délire au gré d'une passion aveugle; sa force tranquille et invincible est puisée en Dieu même; elle consiste en cette pensée simple, exacte et bien comprise : il n'y a rien à faire au monde qu'aimer Dieu et mériter le ciel. Devant cette grande pensée, la vie elle-même nous paraît d'un vil prix, et la mort même la plus cruelle est un gain.

SAINTE MONIQUE

VEUVE

— 4 Mai. —

(Tiré du Bréviaire romain.)

Monique fut la mère de Saint Augustin à double titre, puisqu'elle l'enfanta sur la terre et pour le ciel.

Sainte Monique naquit en 332, d'une famille où régnaient la piété et la crainte de Dieu. Lorsqu'elle fut en âge d'être mariée ses parents lui firent épouser Patrice, bourgeois de Tagaste, homme d'honneur, mais païen de religion. Elle eut toujours pour lui une soumission parfaite et travaillait de toutes ses forces à le gagner à Jésus-Christ. Le principal moyen qu'elle employait pour le retirer de ses vices était une conduite irréprochable, qu'elle soutenait constamment. Elle supportait ses infidélités avec patience, sans jamais les lui reprocher avec amertume, espérant toujours que Dieu aurait pitié de lui. En général, Patrice était d'un excellent caractère, mais en même temps, il était violent et emporté. Lorsque Monique le voyait en colère, elle observait de ne le contredire ni par ses actions ni par ses discours. La fougue étant passée, elle lui parlait avec douceur. Quand des femmes maltraitées par des maris violents ou débauchés venaient lui faire part de leurs peines, elle avait coutume de leur répondre : « Vous ne devez vous en prendre qu'à vous-mêmes et à vos propres paroles. » Son mari embrassa le christianisme un an avant de mourir (371). Il renonça à ses débauches et passa le reste de sa vie dans la pratique de la vertu. Elle gagna aussi sa belle-mère à Jésus-Christ, après l'avoir fait revenir des préventions qu'elle avait conçues contre elle. Elle mettait au nombre de ses principaux devoirs le soin de soulager les pauvres; elle assistait tous les jours au saint sacrifice de la messe; elle allait à l'église le matin et le soir, afin de se trouver à la prière publique et d'entendre la parole de Dieu. Mais son exactitude à remplir les devoirs de la religion était réglée sur les vrais principes; elle ne l'empêchait point de veiller au soin de sa maison, et surtout à l'éducation de ses enfants. La Sainte avait deux fils, Augustin et Navigius, et une fille dont on ignore le nom (1).

(1) Godescard, *Vies des Pères*.

Après la mort de son époux, elle passa son veuvage dans la chasteté et l'exercice des œuvres de miséricorde. Elle ne cessait de répandre d'abondantes larmes dans ses prières à Dieu pour son fils, qui avait été séduit par la secte des Manichéens. Elle le suivit pourtant à Milan, où elle l'exhortait souvent à fréquenter Saint Ambroise, qui en était évêque. Cédant à ses désirs, il reconnut la vérité de la foi catholique, par suite des discours publics et des entretiens particuliers de ce saint docteur, et reçut le baptême de ses mains (387).

Elle lui ménagea alors un bon parti, dans l'espérance que le mariage le fixerait et le préserverait du malheur de la rechute. Mais Augustin lui apprit qu'il était résolu de vivre le reste de ses jours dans la continence. Elle le suivit dans une maison de campagne où il alla passer les vacances avec quelques-uns de ses amis. Elle eut part aux entretiens les plus relevés qu'ils eurent ensemble, et y montra un jugement et une pénétration extraordinaires. Saint Augustin nous a conservé plusieurs de ses réflexions, qui décèlent beaucoup d'esprit et de piété.

Peu après, la mère et le fils, revenant en Afrique, s'arrêtèrent au port d'Ostie, où Monique fut prise de la fièvre. Un jour qu'elle perdit connaissance, elle revint à elle en disant : « Où étais-je ?.. » Et regardant ceux qui l'entouraient, elle ajouta : « Vous enterrerez ici votre mère. Je vous demande seulement de vous souvenir de moi à l'autel du Seigneur. »

Cette sainte femme rendit son âme à Dieu en 387, à la cinquante-sixième année de son âge, après neuf jours de maladie, et fut inhumée dans l'église d'Ostie. Plus tard, sous le pontificat de Martin V, ses restes furent transportés à Rome et placés avec honneur dans l'église qui porte le nom de Saint Augustin.

Au Livre IX de ses Confessions, chapitre 12, Saint Augustin, parlant de la mort de sa mère, s'exprime ainsi :

« Nous ne pensâmes pas qu'il fût convenable de
» célébrer ses funérailles par des plaintes, des
» pleurs et des gémissements, parce que ce n'était
» point dans la peine qu'elle mourait, et qu'elle
» ne mourait pas non plus tout entière. C'était
en conséquence de sa vie innocente et de sa foi
sincère que nous avions raisonnablement cette
» pensée. Ensuite, j'étais ramené insensiblement
» à ma première douleur au sujet de cette ser-
» vante du Seigneur ; je me rappelais sa dévotion
envers Dieu, envers nous sa piété, sa tendresse,
» ses bons avis, dont je me trouvais tout-à-coup
» privé ; et ce fut pour moi un amer plaisir de
» pleurer sur elle et pour elle. Si quelqu'un venait
» à trouver blâmable que, durant quelques ins-
» tants, j'eusse pleuré ma mère..., ma mère que
» j'avais vue morte devant mes yeux !... elle qui,
» pendant tant d'années, m'avait tant pleuré pour

« que je fusse vivant devant les siens!… qu'il ne se
« rie pas de moi; mais que plutôt, s'il a quelque
« charité, il pleure aussi pour mes péchés devant
« vous, Seigneur, qui êtes le Père de tous les
» frères de votre Christ Jésus ! »

RÉFLEXION.

Sainte Monique a eu à remplir la mission la plus commune et, le plus souvent, la plus efficace : celle de l'édification domestique ; et cette mission n'a pas moins de dégoûts à essuyer et d'épreuves à subir que celle de l'apôtre qui va, sur des plages lointaines, annoncer Jésus-Christ à des peuplades sourdes et féroces. Malgré les constants exemples de vertus de cette sainte femme et ses douces exhortations à prendre le joug du Seigneur, ne voyons-nous pas son époux s'y soustraire jusqu'aux tristes jours de son extrême vieillesse, et ne consentir à offrir son cœur à Dieu que lorsqu'il ne savait plus à quelle idole de sa jeunesse il pourrait le consacrer encore ? — Ne voyons-nous pas son fils Augustin ne se donner à Dieu qu'à l'appel d'une mystérieuse voix, et non à l'accent de ses gémissements et de ses larmes, qui obtinrent sans doute cette heureuse conversion, mais ne semblèrent point ici-bas en avoir le mérite, non plus qu'elle ne jouit guère des admirables résultats dont ce changement miraculeux illustra l'Afrique et toute l'Église ? Au moins vit-elle fleurir l'espoir arrosé de ses pleurs.

Mais n'y a-t-il pas encore des épouses et des mères qui pleurent dans la même intention ? Que de Moniques, hélas ! et qu'il y a peu d'Augustins ! Mais que ces mères désolées se demandent si elles vivent comme Monique a vécu, dans la piété, dans la modestie, la modération, dans le calme de la retraite et de l'oraison...... et qu'elles répètent avec l'Église cette confiante prière :

« O Dieu, consolateur des affligés et salut de
» ceux qui espèrent en vous, qui avez reçu avec
» miséricorde les pieuses larmes de Sainte Mo-
» nique pour la conversion de son fils Augustin,
» donnez-nous, par l'intercession de l'un et de
» l'autre, la grâce de pleurer nos péchés et d'ob-
» tenir l'indulgence de votre bonté, par Notre-
» Seigneur Jésus-Christ. »

CONVERSION DE SAINT AUGUSTIN

— à nuit. —

(*Tiré du Livre des Confessions de Saint Augustin*).

Pour donner une idée du triomphe de la grâce dans la conversion de Saint Augustin, il semble utile de le laisser parler lui-même, comme il l'a fait au livre de ses Confessions. Il s'exprime ainsi, déplorant devant Dieu toute la première période de sa vie :

« Ma mère ne m'eût pas plustôt mis au monde
» (13 novembre 354), qu'agissant comme une
» personne qui avait une ferme espérance en
» vous, ô mon Dieu, elle eut soin de me faire
» marquer du signe de la croix sur le front, en
» me mettant au nombre des catéchumènes, et
» de me faire goûter ce sel divin et mystérieux
» qui est une figure de la vraie sagesse (1).

(1) Liv. 1, ch. 11.

« Mon Dieu, mon Dieu ! que j'ai éprouvé de
» peines et de déceptions quand, dans mon en-
» fance, on ne me proposait pour règle de bien
» vivre que d'obéir aux maîtres qui devaient me
» faire briller dans le monde par le talent de
» l'éloquence dont on espère de fausses richesses
» et de l'honneur parmi les hommes ! (1)

» En quel temps et en quel lieu ai-je pu jamais
» avoir été innocent ? (2) Je péchais, Seigneur mon
» Dieu, en agissant contrairement aux ordres de
» mes parents et de mes maîtres. J'étais désobéis-
» sant, entraîné par la passion des amusements
» qui me faisait aimer à triompher de mes ca-
» marades dans leurs jeux, et à entendre raconter
» de fausses historiettes excitant de plus en plus
» ma curiosité à voir les spectacles du théâtre (3).

» Vous savez, Seigneur, que lorsque j'étais en-
» core enfant, je me trouvai un jour surpris d'une
» douleur d'estomac et pressé d'un étouffement
» si soudain qu'on me croyait près de rendre
» l'esprit. Vous savez, mon Dieu, vous qui dès lors
» m'aviez pris sous votre garde, avec quel élan
» de l'âme et quelle foi je demandai à recevoir
» le baptême de Jésus-Christ, votre Fils, mon
» Seigneur et mon Dieu ; comment j'en conjurai
» la tendresse de ma mère et comme elle se hâ-
» tait de me faire recevoir le sacrement salutaire

(1) Liv. 1, ch. 9. — (2) Liv. 1, ch. 7. — (3) Liv. 1, ch. 9.

» qui m'eût purifié de mes péchés quand je fus
» guéri tout-à-coup. Mon baptême fut donc dif-
» féré, parce qu'on croyait qu'il était comme im-
» possible que, recouvrant la santé, je ne me
» couvrisse encore des taches de péchés graves.
» Oh ! qu'il eût bien mieux valu que mon âme
» fût guérie dès lors !

» Je reconnais, mon Dieu, et je confesse devant
» vous, avoir trompé par de nombreux menson-
» ges mon précepteur, mes maîtres et mes pa-
» rents, par suite de mon amour du jeu, de ma
» curiosité pour les spectacles, et du désir
» d'imiter ensuite les niaiseries que j'y avais
» vues.

« Je dérobais du cellier et de la table de mon père,
» ou pour satisfaire ma gourmandise, ou pour
» avoir de quoi jouer. Souvent je gagnais dans
» les jeux par tromperies, entraîné par la vanité
» de surpasser les autres. Cependant je ne vou-
» lais pas souffrir qu'ils me trompassent de même,
» et lorsque je les y prenais, je les accablais de
» reproches. Quand, à mon tour, j'étais pris à
» faire la même chose, j'aimais mieux me battre
» que de céder (1).

» Il faut maintenant que je raconte les corrup-
» tions charnelles qui avaient défiguré mon âme ;
» car dès ma première jeunesse, j'ai maintes fois
» brûlé du désir de me rassasier des voluptés ter-

(1) Liv. I, ch. 19.

» restres, et j'ai osé me laisser aller, en amours,
» comme un arbuste qui jette des branches
» capricieuses et désordonnées (1). Ainsi, lorsqu'en
» la seizième année de mon âge, la nécessité de
» quelques affaires domestiques me contraignit
» d'interrompre mes études et de rester chez mes
» parents (370), des idées impures s'élevèrent
» comme des ronces autour de ma tête, et je me
» précipitai à travers si aveuglément que, parmi
» mes camarades, j'étais honteux d'avoir fait des
» choses moins honteuses qu'eux-mêmes, lorsque
» je les entendais se vanter de leurs infamies, et
» je prenais plaisir à faire le mal, non-seulement
» pour la volupté que j'y trouvais, mais plus en-
» core pour la louange que j'en espérais (2).

» J'ai dérobé des choses dont je ne manquais
» pas, et dont j'avais déjà les pareilles en grand
» nombre et bien meilleures. Je ne voulais pas
» jouir de ce que je me procurais ainsi par le vol,
» mais du larcin même. — Il y avait un poirier
» près de la vigne de mon père, dont les poires
» n'étaient ni fort belles ni fort bonnes. Pour se-
» couer cet arbre et en voler les fruits, nous profi-
» tâmes de la nuit, méchants espiègles que nous
» étions, sortant de nos jeux, que nous avions la
» pernicieuse habitude de prolonger jusqu'à mi-
» nuit. Nous revînmes chargés de ces poires, non
» pour nous en régaler, mais pour les jeter aux

(1) Liv. II, ch. 1 — (2) Liv. II, ch. 3

» pourceaux, après en avoir mangé quelques-
» unes. — C'était seulement pour le plaisir d'avoir
» fait une chose qui n'était pas permise. Je me
» souviens fort bien de la disposition d'esprit dans
» laquelle j'étais alors, et je vois clairement que je
» n'aurais jamais fait cette faute étant seul (1).

» Je vins à Carthage, où murmurait autour de
» moi un essaim de coupables amours. Je cher-
» chais à être épris, et les chemins les plus tran-
» quilles, où ne se rencontraient pas de piéges,
» m'étaient devenus odieux (2).

» J'étais ravi des spectacles dramatiques, qui
» étaient pleins des images de mes misères et en-
» tretenaient le feu qui me dévorait. Je prenais
» part à la joie de ces amants de théâtre, lorsqu'ils
» parvenaient à se réunir à la suite d'intrigues
» criminelles, auxquelles je m'intéressais d'une
» manière coupable, bien qu'elles ne fussent
» qu'imaginaires et rien que des représentations
» scéniques (3).

» J'ai osé aller jusqu'à ce point, que dans l'une
» de vos fêtes les plus solennelles, ô mon Dieu, et
» dans l'enceinte même de votre saint temple, j'ai
» osé concevoir des désirs blâmables, et traiter d'un
» accord qui ne pouvait produire que des fruits de
» mort. Vous m'en avez châtié après très-sévère-
» ment, mais non pas à proportion de mon cri

(1) Liv. II, ch. 4. — (2) Liv. III, ch. 1. — (3) Liv. , ch. 2.

» me, tant vous êtes grand en miséricorde, ô
» mon Dieu !

» Je tenais déjà le premier rang dans les écoles
» de rhétorique, ce qui me causait une joie mêlée
» de présomption, et me rendait tout bouffi
» d'orgueil (1).

» Je résolus de m'appliquer à lire les Écritures
» Saintes pour connaître ce qu'elles étaient. Je
» n'étais pas capable d'entrer dans leurs secrets si
» sublimes, ni de m'abaisser pour étudier le
» chemin qu'elles tracent. Mon orgueil en méprisait le style et mon génie n'en pénétrait pas les
» mystères (2).

» Étant en cet état (374), je tombai dans les
» erreurs d'une secte d'hommes orgueilleux,
» charnels et grands parleurs. Ils ne disaient
» que des choses fausses, non-seulement de vous,
» mon Dieu, qui êtes véritablement la vérité,
» mais aussi des éléments de ce monde et de vos
» autres créatures (3).

» Depuis il s'est passé presque neuf années durant lesquelles je suis demeuré dans cet abîme
» de fange et dans ces ténèbres de l'erreur, tâchant
» souvent de me relever, et retombant plus lourdement (4).

» Durant ce temps de neuf ans, qui s'écoula
» depuis la dix-huitième année de mon âge jus-

---

(1) Liv. III, ch. 3. — (2) Liv. III, ch. 5. — (3) Liv. III ch. 6. — (4) Liv. III, ch. 11.

« qu'à la vingt-huitième, j'étais séduit et je sé-
» duisais les autres ; j'étais trompé, et je trompais
» les autres dans le dérèglement de mes différentes
» passions. Je les trompais en public par ces
» sciences qu'on nomme les belles-lettres, et je les
» trompais en particulier, par le vernis d'une
» fausse piété; orgueilleux au dehors, supersti-
» tieux au dedans et vaniteux en tout (1).

« J'enseignais alors la rhétorique (376), et es-
» clave moi-même de la cupidité, je vendais l'art
» de vaincre par la puissance de la parole (2).

» Durant le cours de ces années, je vivais avec
» une femme qui ne m'était pas unie par ce ma-
» riage qu'on nomme légitime, mais que mon
» ardeur volage et imprudente avait recherchée,
» et je lui restais fidèle (3).

» Je ne cessais de consulter les astrologues (379)
» pour acquérir par leur moyen la connaissance
» des choses à venir, science que la véritable
» piété chrétienne repousse et condamne aussi
» avec raison (4).

» Dans les premières années où j'avais com-
» mencé à enseigner, en la ville où je suis né, la
» conformité des mêmes études m'avait acquis un
» ami, qui était en la fleur de sa jeunesse et de
» même âge que moi. Cet ami, malade des fiè-
» vres, demeura longtemps sans sentiment dans

(1) Liv. iv, ch. 1. — (2) Liv. iv, ch. 2. — (3) Liv.
iv, ch. 5. — (4) Liv. iv, ch. 3.

» une sueur mortelle, et lorsqu'on désespérait de
» lui, on le baptisa sans qu'il en eût connaissance ;
» ce qui ne m'inquiéta point, présumant que les
» opinions que je lui avais inspirées auraient plus
» de pouvoir sur son esprit que la cérémonie faite
» sur son corps à son insu. Il en était tout autre-
» ment. S'étant mieux porté, et se trouvant
» guéri, sitôt que je pus lui parler (ce qui arriva
» aussitôt qu'il put me parler lui-même), j'es-
» sayai de plaisanter avec lui, croyant qu'il se mo-
» querait avec moi du baptême qu'il avait reçu sans
» connaissance ; mais il me prit en horreur com-
» me un ennemi, et me dit aussitôt, avec une ad-
» mirable franchise, que si je voulais être son
» ami, j'eusse à cesser de lui tenir un tel langage.
» Je fus surpris et troublé de ces paroles, et je
» différai de lui en témoigner mes sentiments jus-
» qu'à ce qu'il fût guéri et que sa santé fût assez
» forte pour me permettre d'agir avec lui en la
» manière que je désirais. Vous le délivrâtes,
» Seigneur, de l'importunité de mes folies, en le
» retirant du monde ; car peu de jours après
» et en mon absence, la fièvre le reprit et il mou-
» rut (1).

» Durant neuf ans environ, durant lesquels
» avec un esprit errant et volage, j'écoutais les
» Manichéens, je désirais ardemment voir le
» fameux Fauste. Ceux de ces sectaires que j'avais

(1) Liv. IV, ch. 4.

» rencontrés jusqu'alors, qui ne pouvaient ré-
» pondre à mes questions sur leur doctrine, me
» promettaient toujours qu'aussitôt qu'il serait
» arrivé et que je serais entré en conférence
» avec lui, mes objections seraient facilement
» résolues (1).

» Lorsqu'il fut enfin venu (383), et dès que
» j'eus pu me faire entendre de lui, je recon-
» nus qu'il était inhabile dans les subtilités où
» j'avais cru qu'il excellait, et je commençai à
» désespérer de le voir m'expliquer et m'éclaircir
» ce qui me tourmentait. Mais ne trouvant rien
» de meilleur que ce système dans lequel je
» m'étais jeté, je résolus de m'en contenter, en
» attendant que je vinsse à en rencontrer quel-
» qu'autre qui me parût préférable (2).

» Je me rendis à Rome. Atteint des fièvres per-
» nicieuses, j'allais mourir; et où eusse-je été
» alors, sinon dans le feu et les tourments méri-
» tés par mes péchés ! Néanmoins, dans un si
» grand péril, je ne désirais pas recevoir le bap-
» tême. J'étais donc meilleur dans mon enfance,
» quand je demandais de la piété maternelle le
» bonheur de le recevoir, comme je m'en suis
» souvenu tout-à-l'heure. Je voyais alors souvent
» dans Rome les hypocrites Manichéens. Non-seu-
» lement je fréquentais les disciples de ces héréti-
» ques, du nombre desquels était celui chez qui

(1) Liv. v, ch. 6. — (2) Liv. v, ch. 7.

» j'avais été malade, mais encore ceux à qui ils
» donnent le nom d'*Élus* (1).

» Je soupirais après les honneurs, les richesses
» et le mariage (2).

» Cependant mes péchés se multipliaient (385).
» J'avais souffert, à Milan, que l'on éloignât de moi
» la personne que j'entretenais, parce qu'elle était
» comme un obstacle à mon mariage. Elle s'en
» retourna en Afrique, me laissant un fils que j'a-
» vais d'elle, et vous fis vœu de continence, ô mon
» Dieu. Mais moi, malheureux! non-seulement
» je n'imitai pas l'exemple de cette femme, mais,
» impatient du retard de deux ans qu'il me fallait
» subir pour me marier, je me liai avec une
» autre, sans pourtant l'établir chez moi (3).

« En ce même temps vous révélâtes en songe à
» l'évêque Ambroise en quel lieu étaient cachés les
» corps des martyrs Gervais et Protais, que vous
» aviez gardés depuis tant d'années sans se cor-
» rompre. Lorsqu'on les portait dans la grande

(1) Liv. v, chap. 9, 10.
(2) Liv. vi, ch. 6. — A cette époque, Augustin s'habillait à l'orientale. Il avait l'esprit tour à tour enjoué, inquiet et rêveur. Son humeur était vive, son tempérament tout de feu. Bien qu'il eut le teint fort brun, son visage était beau, ses traits d'une délicatesse extrême, sa taille était bien prise, sa stature au dessous de la moyenne. — C'est ce que rapporte une ancienne tradition du peuple de Milan. — *(Confessions*, édition de Florence, 1757.)
(3) Liv. vi, ch. 15.

» église avec l'honneur qui leur était dû, non-seu-
» lement les possédés étaient délivrés des démons
» s'avouant vaincus, mais un citoyen de Milan,
» très-connu dans toute la ville, et qui était aveugle
» depuis fort longtemps, ayant obtenu permission
» de toucher avec un linge le cercueil où étaient les
» corps de ces Saints, il n'eut pas plustôt porté ce
» linge à ses yeux qu'ils s'ouvrirent à l'heure
» même. Le bruit s'en répandit : vos louanges en
» devinrent plus éclatantes, ô mon Dieu ! et ce-
» pendant, alors où s'exhalait ainsi *l'odeur de vos*
» *parfums*, je ne courais pas à vous ! Je pleurais
» pourtant avec plus d'abondance au chant de vos
» hymnes ; après avoir tant soupiré vers vous,
» enfin je respirais votre esprit, autant que ma
» misérable chaumière pouvait lui donner en-
» trée vers moi (1).

» Le fruit qu'on peut tirer de ces confessions,
» c'est qu'elles touchent le cœur de ceux qui les
» lisent et les entendent ; qu'elles les empêchent
» de tomber dans le sommeil du désespoir et de
» dire : Je ne puis pas ! — mais qu'au contraire
» elles les réveillent dans l'amour de votre misé-
» ricorde, ô mon Dieu, et la douceur de votre
» grâce, qui donne de la force aux plus faibles en
» leur faisant reconnaître leur faiblesse. Les justes
» eux-mêmes apprennent avec intérêt la vie pas-
» sée des convertis, non que des péchés confessés

(1) Livre ix, ch. 7.

» leur plaisent comme étant des péchés, mais
» comme des actes consommés ne devant plus se
» reproduire (1).

Voici comment le Bréviaire propre au diocèse d'Alger présente la commémoration de la conversion de Saint Augustin, empruntant, comme nous venons de le faire, les paroles mêmes de ce grand Saint au livre de ses Confessions (2).

» Déjà ma première jeunesse, si coupable, si
» détestable, était passée; j'approchais de l'âge
» mûr, j'avais trente-trois ans, et n'en étais que
» plus blâmable, à cause de ma légèreté.

» Je vins à Milan, auprès d'Ambroise, qui en
» était l'évêque, universellement connu par tous
» les gens de bien comme un pieux adorateur de
» Dieu. J'étais mené à lui sans vous connaître, ô
» mon Dieu! afin que je vinsse à connaître que
» par lui je devais être mené à vous. Il me reçut
» paternellement, cet homme de Dieu! et, comme
» un digne évêque, il fut heureux de ma démar-
» che. Je commençai à m'affectionner à lui, non
» point tant d'abord comme à un docteur de la
» véritable Église — dans laquelle je désespérais
» tout-à-fait d'entrer, — mais comme à un homme
» qui était bon pour moi. Je l'étudiais avec soin
» prêchant à son peuple, j'étais tout attentif à ses
» paroles, j'étais charmé de son éloquence. Car il
» enseignait la science du salut par des instruc-

(1) Livre 10, chap. 3. — (2) VIII, chap. 8.

» tions pratiques; et tandis que je prêtais l'oreille
» pour écouter comme il discourait bien, en
» même temps je comprenais comme il disait vrai.

» Déjà je commençais à croire que ses paroles
» étaient probables, et j'estimais qu'on pouvait,
» certes, avec raison, professer la foi catholique;
» mais je ne pensais pas pourtant à en embrasser
» la morale.

» J'avais été rejoint par ma mère, à qui sa piété
» avait donné la force de me suivre à travers les
» flots et les montagnes. Déjà elle m'avait redit
» ces paroles d'un évêque qu'elle avait supplié de
» prier pour moi : — *Allez ! il ne peut se faire*
» *que l'enfant de tant de larmes périsse !* — et
» lorsque je lui eus fait voir que je n'étais plus
» Manichéen, non-seulement elle tressaillit d'al-
» légresse mais, le cœur plein de joie, elle me
» répondit qu'elle croyait que, par la grâce de
» Jésus-Christ, elle me verrait Catholique avant
» qu'elle ne quittât cette vie.

» Cependant, je soupirais, lié, — non par des
» chaînes étrangères, mais par ma propre volon-
» té, — comme par une chaîne de fer. J'étais
» charmé, j'étais vaincu, je ne trouvais rien à ré-
» pondre aux paroles par lesquelles vous émouviez
» mon cœur, ô mon Dieu, sinon ces mots : — *Un*
» *moment, un moment encore... attendez encore*
» *un peu !* Mais ces *un moment.... un moment...*
» n'arrivaient jamais au dernier moment.

» J'étais un homme qui veut et ne veut pas.....

» ainsi j'étais torturé, m'accusant moi-même,
» lorsqu'il arriva un jour que Pontilien vint me
» visiter, et me dit avoir trouvé un livre où était la
» vie de Saint Antoine, qu'il commença à nous lire
» à Alype et à moi; et en écoutant ces choses si ex-
» traordinaires, nous fûmes émerveillés et enflam-
» més d'une sainte ardeur. Alors, avec un visage
» aussi troublé que l'était mon cœur, je m'écriais,
» en regardant Alype : — *Qu'est-ce que tout cela?*
» *Que viens-tu d'entendre? Des ignorants se lè-*
» *vent, s'emparent de la couronne, et nous.....*
» *avec tout notre savoir, nous nous vautrons*
» *dans la fange comme des êtres sa   cœur ! Où*
» *voulons-nous arriver ? Que cherchons-nous ?*

» Mais sentant qu'une grande tempête, grosse
» d'un déluge de larmes, s'élevait en moi, je
» m'éloignai d'Alype plus qu'il n'était nécessaire
» pour ne pas être importuné de sa présence. Je
» me couchai sous un arbre, je laissai couler mes
» pleurs, et ils se répandirent à torrents de mes
» yeux. Alors je priai beaucoup, à peu près en ces
» termes : — *Quand, Seigneur, quand cesserez-*
» *vous d'être irrité*(1) ?... — Et voici que j'entendis
» comme la voix d'un enfant qui répétait en chan-
» tant : — *Prends et lis ! prends et lis !* — J'arrê-
» tai l'abondance de mes larmes; je me levai, n'y
» comprenant rien, sinon qu'il m'était ordonné
» de Dieu d'ouvrir un livre et d'y lire. Je saisis les

(1) Psaume 78 — 5.

» Épîtres de Saint Paul, et dans le silence, je lus
» au chapitre où tombèrent mes yeux : — *Ne vivez*
» *pas dans les excès de table ni dans les orgies,*
» *mais revêtez-vous de Notre-Seigneur Jésus-*
» *Christ, et ne vous préoccupez pas d'une pré-*
» *voyance charnelle pour la satisfaction de vos*
» *concupiscences* (1). Je ne voulus pas en lire da-
» vantage, et de fait, il n'en était pas besoin.

» Je fus trouver ma mère, lui annonçant ce qui
» avait eu lieu; et elle, heureuse, frémissante de
» joie, bénissait Dieu, parce qu'elle voyait enfin
» ce qu'elle lui demandait assidument tous les
» jours, depuis si longtemps.

» Telle fut l'œuvre de Dieu, et j'en suis dans
» l'admiration! car c'est vous, Seigneur, qui m'avez
» regardé mort au fond de l'abîme. C'est vous
» qui desséchâtes le gouffre de ma corruption. *Je*
» *vous offrirai un sacrifice de louanges, et je*
» *chanterai votre saint nom* (2).

» Mais quelle consolation soudaine m'inonda !
» C'était déjà pour moi un bonheur de repousser
» ces vains jouets du plaisir, dont j'avais craint
» d'être privé. Vous les rejetiez, ô mon Dieu,
» vous les rejetiez par votre main hors de moi, et
» à leur place vous entriez en moi vous-même !
» Vous, plus délicieux que toute volupté, plus ra-
» dieux que toute clarté, plus mystérieux que tout
» mystère, plus glorieux que toute gloire ! Déjà

(1) Rom. 13 — 13 14. — (2) Psaume 115 — 17.

» mon esprit était libre des soins déchirants de
» l'ambition et de l'avarice. Je me donnais tout
» entier à vous, ô mon Dieu, ma gloire et mon
» trésor ! J'avouai tout cela à votre saint évêque,
» le vénérable Ambroise. Je lui confessai mes er-
» reurs passées et ma résolution présente, pour
» qu'il m'indiquât ce que je devais lire dans les
» Saintes Écritures, afin d'être mieux préparé et
» plus apte à recevoir le don de la grâce céleste.
» Alype voulut aussi prendre une nouvelle vie avec
» moi. Nous nous adjoignîmes encore mon jeune
» fils Adéodat, et nous fûmes baptisés (387 (1).

» Depuis, l'inquiétude des remords de notre vie
» passée s'éloigna de nous et, dans ces premiers
» temps, je ne pouvais me rassasier d'une félicité
» ineffable en considérant la profondeur des des-
» seins de votre miséricorde pour le salut de
» l'homme. »

Au Livre VIII de ses Confessions, chapitre 3, Saint Augustin, pénétré de reconnaissance au souvenir de sa bienheureuse conversion, dit encore :

---

(1) Alors Saint Ambroise, — à ce qu'il rapporte lui-même, — s'écria : *Te Deum laudamus....*, et Augustin répondit : *Te Dominum confitemur*, — de sorte que, se répondant ainsi, ils composèrent cette hymne tout entière, ce que raconte aussi Honorius dans son livre intitulé *le Miroir de l'Église*. (Jacques de Voragine. — *Légende dorée*).

Adéodat mourut à l'âge d'environ dix-huit ans (388). C'était une espèce de prodige pour l'esprit et le génie.

« Dieu de bonté ! que se passe-t-il donc dans
» l'homme, qu'il se réjouisse davantage du salut
» d'une âme qui semblait perdue et de ce qu'elle
» est revenue d'un plus grand péril, — que si
» elle avait toujours eu espoir ou, qu'elle eût
» couru de moins grands dangers ? Et vous, Père
» des miséricordes, vous vous réjouissez davantage
» de me voir faire pénitence que de voir persévé-
» rer quatre-vingt-dix-neuf justes qui n'en ont
» pas besoin ! et c'est avec bonheur que nous en-
» tendons, nous tous, que nous entendons dire
» combien les anges sont dans l'allégresse quand
» la brebis errante est rapportée sur les épaules
» du bon Pasteur ; quand la drachme est restituée
» dans votre trésor, aux félicitations des voisins
» de la femme qui l'avait égarée. La joie que res-
» sent toute votre maison en fête arrête nos lar-
» mes, lorsque nous lisons ce qui est dit de votre
» plus jeune fils, *qui était mort et revient à la
» vie, qui avait péri et qui est retrouvé* (1).

» Que se passe-t-il donc dans l'âme, qu'elle soit
» plus contente de trouver ou de récupérer les ob-
» jets de son amour que si elle les avait toujours
» possédés ? Tout prouve cette disposition de l'es-
» prit, et des témoignages nombreux crient de
» toutes parts : C'est ainsi. — Le général victo-
» rieux triomphe. Il n'aurait pas vaincu s'il n'a-
» vait combattu ; et c'est d'autant que le péril fut

(1) Luc. 15 — 32.

» plus grand dans le combat que la gloire est
» plus grande dans le triomphe! — La tempête
» ballotte les matelots, les menace du naufrage....
» tous pâlissent en présence de la mort... mais
» voici que le ciel et la mer s'apaisent, et les no-
» chers se réjouissent beaucoup, parce qu'ils ont
» éprouvé beaucoup de crainte. — Un être qui
» nous est cher est-il malade? l'agitation de son
» pouls dénote-t-elle son mal? Tous ceux qui dé-
» sirent le voir guéri sont malades dans leur cœur.
» Éprouve-t-il quelque mieux? Il ne marche pas
» encore avec ses forces d'autrefois, et déjà on
» ressent une joie qu'on n'avait pas lorsqu'il était
« fort et en bonne santé. — Voilà ce qui se passe
» dans les relations de bienveillance d'une sincère
» et pure amitié; voilà aussi ce qui a lieu pour
» celui *qui était mort et revient à la vie, pour*
» *celui qui avait péri et qui est retrouvé.*

Finissons par ces derniers mots du même saint docteur, expliquant le psaume 88ᵉ :

« Dans tout ce qui retire l'homme de la perdi-
» tion, dans la justification des pécheurs, que
» pouvons-nous louer, sinon les merveilles de
» Dieu? Nous le louons de ce que des morts sont
» ressuscités! Louons-le davantage de ce qu'il a
» racheté ceux qui étaient perdus. Quelle bonté!
» quelle miséricorde de Dieu! Celui que vous avez
» vu hier être un gouffre d'ivrognerie, est aujour-
» d'hui l'honneur de la tempérance; celui qui était
» hier un bourbier de luxure, est aujourd'hui un

» modèle de continence ; le blasphémateur chante
» les louanges de Dieu; l'esclave de la créature
» adore le Créateur ! Les hommes sont tirés de
» ces abîmes de telle sorte qu'ils ne puissent rien
» attribuer à leur propres mérites. *Que la lumière
» soit* donc *faite* (1), et que la lumière annonce la
» splendeur de Celui par qui la lumière a été
» faite ! »

O pécheurs, pécheurs ! lirez-vous sans émotion ces lignes touchantes, et ne voudrez-vous pas enfin partager comme Alype le retour et les joies d'Augustin ?

(1) Genèse. 1 — 5.

SAINTE RESTITUTA

VIERGE ET MARTYRE

— 17 Mai —

(Tiré du Bréviaire propre au diocèse d'Alger.)

Restituta, vierge et martyre, originaire de la deuxième Hippone, surnommée Diarrhite (aujourd'hui Bizerte), située dans la Proconsulaire, au bord de la mer, souffrit divers tourments sous le juge Proculus, en Afrique, du temps de l'empereur Valérien. Placée sur une barque remplie de poix et d'étoupes, pour qu'elle y fût brûlée en mer, elle rendit l'esprit en priant Dieu, lorsqu'on eût mis le feu à ces matières et que la flamme faisait d'elle-même comme le foyer d'un incendie. Le doigt de Dieu poussa la barque où étaient ses restes jusqu'à l'île Enaria, (Ischia, près de Naples), où ils furent reçus par les Chrétiens avec une grande vénération. Plus tard, l'empereur Constantin fit bâtir à Naples une basilique en son honneur.

Elle ne fut pas seulement illustre à Naples, mais aussi à Carthage, où elle a souffert l'an 256. On pense que cette grande basilique, où furent célébrés plusieurs Conciles et où Saint Augustin prêcha souvent, se nommait *Restituta* à cause d'elle.

L'île d'Ischia a dû sa renommée aux saintes reliques de Restituta, et sa mémoire y est conservée jusqu'à ce jour avec les plus grands honneurs.

RÉFLEXION.

La patience est le dernier effort de la charité; elle devient, aux yeux de Dieu, un holocauste si précieux qu'il se hâte de lui donner une récompense glorieuse dès ici-bas, où l'humanité ne peut se défendre d'un tendre sentiment de respect pour celui qui a su noblement souffrir. Oui, le martyre est la plus belle des gloires aux yeux de tous, même de ceux qui ne savent admirer que les vanités, car ils trouvent aussi des larmes pour des célébrités touchantes. Plus le supplice imaginé par le persécuteur fut atroce et inouï, plus la victime en est recommandée au pieux attendrissement de la postérité; des contrées diverses s'honorent de ses restes, et de saints pontifes préconiseront la mémoire de Sainte Restituta.

Sans se nourrir de la pensée d'obtenir jamais

d'aussi grands hommages, le Chrétien arrivera à l'édification de ses frères, s'il souffre sans se plaindre, en s'humiliant sous la main de Dieu, qui ne frappe et n'abaisse que pour relever et pour guérir.

SAINT CANION ET SES COMPAGNONS

ÉVÊQUES ET CONFESSEURS

— 28 Mai —

(Tiré de Dom Ruinart et de l'ITALIA SACRA d'Ughellini.)

Canion fut un de ces évêques ou prêtres qui, durant la persécution des Vandales, subirent différents tourments pour la foi catholique. Enfin, mis sur un vieux navire, en Afrique (437), des bords de Carthage ils furent poussés en Campanie. Dispersés dans ce pays et placés à la tête de diverses Églises, ils propagèrent admirablement la religion chrétienne.

Ceux qui souffrirent avec Saint Canion furent, savoir :

1° Rosius, évêque, le premier embarqué, — inhumé à Bénévent ;

2° Secundinus, le deuxième embarqué, — dont le corps est en vénération dans la Pouille ;

LES SAINTS DE L'ALGÉRIE. 163

3° Héraclius, qui répandit parmi les nations les lois sacrées du Christ avec une merveilleuse audace. C'est dans l'Ombrie, à Foligni, qu'Héraclius est honoré dans l'église cathédrale;

4° Adjutor (ou Bénignus), qui est en grand renom à Cava, où l'on conserve encore ses reliques. Bien jeune, Adjutor avait traversé d'Espagne en Afrique, à la suite des troupes de Genséric, dans lesquelles il servait. Mais ayant bientôt pu voir de quelle manière ces impies Ariens traitaient les Orthodoxes, il quitta les drapeaux du roi des Vandales et se retira dans la ville d'Habenza, dont il devint plus tard évêque;

5° Priscus, l'un des plus célèbres, douzième évêque de Mantoue;

6° Elpidius, évêque d'Atelle; on prétend que ses reliques se conservent dans l'église de Salerne;

7° Marcus, évêque de Bénévent ou d'Ecana;

8° Auguste, qui occupa la chaire épiscopale de Concordia;

9° Vendonius, l'un des moins connus, qui dut se retirer dans les environs de Capoue;

10° Castrensis, évêque, préposé à la défense de la poupe du navire désemparé où on les embarqua, qui se retira dans les environs de Suessa, sous le toit de la plus humble chaumière. Il y menait une vie angélique qu'il plut bientôt au Seigneur de rehausser par l'éclat des miracles ;

11° TAMMARUS, à qui la proue avait été confiée, et qui est honoré dans le diocèse de Capoue. Il y mourut dans une bourgade appelée aujourd'hui Pontanus (1).

Pour Canion, après avoir rempli toutes les obligations d'un bon pasteur, il s'endormit paisiblement dans le Seigneur à Achérontie (Acirenza), sa ville épiscopale. Le Bienheureux Elpidius d'Atelle, son compagnon d'exil et son collègue, le mit au tombeau dans la grande église, où son corps est honoré jusqu'à ce jour par un grand concours de peuple et les hommages d'une grande vénération.

RÉFLEXION.

Nous avons renoncé, dans le baptême, aux plaisirs de ce monde, et nous ne devons ressembler qu'à Jésus-Christ, qui fut un homme de douleurs. Comme Chrétiens, nous devons être prêts à souffrir et à mourir tous les jours pour lui.

« — Triste perspective ! dira l'homme charnel, qu'un voyage sur une barque sans cesse agitée, et qui peut à chaque instant finir par un naufrage !..... »

« — Le voyage n'a qu'un temps, répondra-t-on ; et le naufrage apparent pousse au port du salut. »

(1) *Fastes sacrés de l'Afrique chrétienne*, 3ᵉ époque, liv. III, chap. 17.

« — Mais ces hommes dont la mort est l'espoir, s'écrieront les amis de la félicité terrestre, auront ainsi passé la vie sans plaisir!.... »

« — Ah ! *le plaisir de mourir sans peine vaut bien la peine de vivre sans plaisir!* »

SAINT SÉVÉRIEN ET SAINTE AQUILA

MARTYRS A CHERCHELL

— 3 Juin. —

(*Tiré du Bréviaire propre au diocèse d'Alger.*)

D'après d'antiques martyrologes, il convient de mentionner ici Saint Sévérien et Sainte Aquila. Ces deux jeunes époux chrétiens, retirés dans leur médiocrité, partageaient leurs jours et leurs nuits entre la prière, la lecture des lettres sacrées, le soin des pauvres et la furtive visite de quelques-uns de leurs frères. Ils furent saisis, chargés de liens, jetés dans les cachots infects, et furent interrogés tantôt ensemble, tantôt séparément (1).

Il souffrirent pour Jésus-Christ, l'an 304, dans la ville de Julia Césarée (Cherchell), et périrent par le feu l'un et l'autre. — Galésius leur adjoint Flo-

(1) *Fastes sacrés*, — Ire époque, liv. IV, chap. 12.

rus, leurs fils, et se trompe en désignant Néocésarée, en Macédoine, pour théâtre de leurs tourments.

M. Berbrugger, conservateur du musée d'Alger, a récemment découvert à Cherchell, dans une ancienne mosquée qui a succédé à une antique chapelle chrétienne, une inscription sur marbre qui a dû être placée sur le tombeau de Saint Séverien et Sainte Aquila. Voici ce monument épigraphique, tel qu'il l'a reproduit dans la *Revue africaine* — (1ʳᵉ année, n° 2, page 119) :

AREAM AT SPVLCHRA CVLTOR VERBI CONTVLIT

ET CELLAM STRVXIT SVIS CVNCTIS SVMPTIBVS

ECLESIÆ SANCTÆ HANC RELIQVIT MEMORIAM

SALVETE FRATRES PVRO CORDE ET SIMPLICI

EVELPIVS VOSSATO SANCTO SPIRITV

ECLESIA FRATRVM HVNC RESTITVIT TITVLVM M-A-I SEVERIANI C. V.

EXINGASTERI

Il résulte de ce texte, dont les cinq premières lignes auraient été gravées durant la persécution, que le chrétien Evelpius, prenant le titre de *Cultor Verbi* (qui signifie *adorateur du Verbe* aussi bien que *homme qui s'exerce à la parole*), comme pour donner le change aux païens, — a fondé un cimetière, dont il a construit les tombeaux et la chapelle ; il les céda à l'Église et à ses frères, au cœur simple et pur, qu'il salue du nom d'enfants du Saint-Esprit. Cette inscription aurait été plus tard, et durant la paix de l'Église, restaurée à l'honneur de Saint Sévérien et de son épouse, par le sculpteur Aster, qui l'enjoliva d'ornements, ainsi que les deux dernières lignes ajoutées le témoignent, en même temps qu'elles font croire qu'en cet endroit même ont pu reposer les restes des deux martyrs.

D'anciens Chrétiens avaient composé avec soin les actes de leur martyre; mais après la destruction des églises, après le pillage des livres, la captivité et la proscription des évêques, des prêtres et des diacres, le plus grand nombre des documents ecclésiastiques disparut dans les flammes. Ainsi la haine ingénieuse des païens est parvenue à faire oublier les particularités de la mort de beaucoup de martyrs.

RÉFLEXION.

Saint Sévérien et Sainte Aquila, unis par les liens du mariage, ne furent pas séparés dans la mort, non plus que dans leur triomphe céleste. Comme ils avaient mêlé leurs sentiments d'affection sainte, ils mêlèrent leurs cendres au jour suprême de leur holocauste à Jésus-Christ, qu'ils aimaient au-dessus de tout.

Ainsi le nœud béni qui joint deux enfants de Dieu retient l'un par l'autre dans le chemin du ciel. Le fardeau de la vie est plus facilement porté sur les traces de Jésus-Christ par les efforts simultanés de deux serviteurs de Celui qui daigna aussi accepter un aide sous le poids de sa croix. L'exemple mutuel enflamme l'émulation de parvenir à la montagne du Seigneur; les exhortations réciproques attisent l'ardeur de plaire uniquement au divin amour, et l'attachement des cœurs se consomme dans la charité.

SAINT OPTAT

ÉVÊQUE DE MILÈVE (MILAH)

— 4 Juin. —

(*Tiré du Bréviaire propre au diocèse d'Alger.*)

Optat, né en Afrique, fut évêque de Milève (Milah) en Numidie; il florissait au quatrième siècle, et s'il ne nous est parvenu aucun détail sur sa vie, au moins ses écrits nous restent et prouvent admirablement le génie, l'érudition et l'invincible vigueur de ce saint homme à défendre la foi catholique contre les Donatistes.

Il écrivit vers l'an 370, sous l'empire de Valens et Valentinien, et le pontificat du pape Damase, ses six Livres contre Parménien; il vécut jusqu'au pontificat de Siricius et au règne de Théodose (379). Sa mémoire fut toujours en honneur parmi les Chrétiens, à cause de son courage à défendre l'Église. Saint Augustin l'appelle « un évêque di- » gne du souvenir de toute la communion catho- » lique, » et ne craint pas de s'appuyer sur ses assertions autant que sur celles de Saint Ambroise.

Déjà, dès le commencement du sixième siècle, on voit que le titre de *Saint* lui était donné, ainsi qu'on le lit dans les œuvres de Fulgence, évêque de Ruspes, qui joint l'autorité d'Optat à des citations de Saint Ambroise et de Saint Augustin. On lit encore dans le Martyrologe : « A Milève, en Numidie, fête de Saint Optat, évêque, célèbre par son savoir et sa sainteté. »

Son ouvrage contre Parménien est fort connu, et dans les anciens monuments à peine en trouverait-on un autre, je ne dis pas de la même autorité, mais plus développé, et qui contienne autant de choses aussi importantes sur la doctrine catholique et sur la discipline de l'Église.

Pour ce qui regarde le dogme, il enseigne que tous les Chrétiens n'ont qu'une même foi, qu'un symbole ; qu'il n'y a qu'une seule Église catholique répandue par tout l'univers, qu'il ne peut y en avoir une autre ; qu'on ne peut la circonscrire dans aucune limite ; qu'elle se compose des évêques, des prêtres, des diacres et de la foule des fidèles, et que l'Église romaine est la mère et le centre de toutes les autres, à cause de Saint Pierre, qu'il reconnaît pour avoir été le premier des Apôtres. Il enseigne que personne n'est exempt de péché dans cette vie, et que le sacrement du baptême donné une seule fois, au nom de la Sainte Trinité, ne doit pas être réitéré. Relativement à la présence réelle du corps et du sang de Jésus-Christ dans l'Eucharistie, et l'adoration qui lui est due, il nous montre son sentiment en paroles tellement claires qu'on ne peut rien désirer de plus explicite.

Quant à la discipline, il note un grand nombre de cérémonies appartenant à la célébration de l'Eucharistie, qu'il désigne du nom de *sacrifice*, et en conséquence de ce qu'il dit, il est évident que de son temps, le saint sacrifice était offert pour toute l'Église; qu'on avait coutume d'y réciter l'Oraison dominicale; que les saints mystères étaient célébrés sur un autel de bois, paré et recouvert, pour la plus grande révérence, de tissus de lin; que les calices étaient d'or et d'argent, et que l'on portait les plus beaux ornements. Il dit que l'Église possède une juridiction pour punir les crimes et soumettre à la pénitence ceux qui ont commis des fautes graves, qui s'en avouent coupables ou en sont convaincus. Il donne des louanges à la virginité, mais ne veut qu'on soit tenu à la garder qu'autant qu'on s'y est astreint par une promesse. Il fait connaître qu'à son époque les vierges qui se consacraient à Dieu en faisaient le vœu publiquement, et qu'elles portaient sur la tête des espèces de mitres, indices de l'obligation qu'elles avaient contractée. Il prouve assez la vénération qu'on mettait de son temps dans le culte des reliques des Saints, lorsqu'il parle du tombeau des Bienheureux Apôtres Pierre et Paul. Il nous apprend que la prédication de la parole de

Dieu était la charge spéciale de l'évêque, et que c'était un usage solennel que tout discours, fait dans l'Église de Dieu, commençât et fût terminé par l'invocation de son saint nom.

Pour prendre une idée des autres coutumes de l'Église d'Afrique, écoutons Tertullien nous racontant l'initiation des premiers catéchumènes et certaines cérémonies sacrées en usage dès les premiers temps :

« Les catéchumènes sont initiés par un triple
» sacrement : leur chair en est baignée, lavée,
» afin que leur âme en soit purifiée (le Baptême);
» elle en est ointe, afin que leur âme en soit con-
» sacrée; elle est marquée, signée, afin que l'âme
» soit saintement armée et munie. L'imposition
» des mains l'ombrage, en quelque sorte, afin
» que l'âme soit illuminée par le divin Esprit (la
» Confirmation); elle est nourrie, engraissée du
» corps et du sang du Christ, afin que l'âme
» soit à son tour engraissée de Dieu (la sainte Eu-
» charistie). — Les noces ne se contractent qu'en
» face de l'Église; les nouveaux époux ne se reti-
» rent pas du pied de l'autel avant que le saint
» sacrifice n'y ait été offert pour eux à Dieu, et
» que sur eux n'aient été répandues ses bénédic-
» tions (1). »

---

(1) *Fastes Sacrés de l'Afrique chrétienne*, par Mgr Dupuch, 1re époque, liv. 1er, ch. 3, 22, 23; liv. 2, ch. 12, 15; liv. 4, ch. 19.

Dans ces temps de ferveur et de foi, des jeûnes étaient d'usage, chaque semaine, la quatrième et la sixième férie (mercredi et vendredi); la neuvième heure du jour (trois heures après midi) terminait le jeûne. — Les calices peints de figures naïves... étaient de verre et uniquement remarquables par la miséricordieuse et tendre image du bon Pasteur et de la brebis qu'il rapportait sur ses épaules. — Le chœur des prêtres ne s'avançait jamais vers l'autel ni autour du pontife que revêtu de vêtements éclatants de blancheur.

Tertullien dit encore : « Quant au sacrement de
» l'Eucharistie, nous le recevons dans nos assem-
» blées avant le lever de l'aurore, et toujours de
» la main de celui qui y préside, et non point d'un
» autre. — Nous ne prions pas continuellement à
» genoux; nous jouissons, d'ailleurs, en signe de
» joie, du même privilége depuis le jour de Pâques
» jusqu'à la Pentecôte. — Dans toutes nos démar-
» ches, dans l'habitude entière de notre vie, nous
» marquons, nous signons sans cesse nos fronts
» du signe de la croix.

» Quand nous prions, nous n'élevons pas seule-
» ment nos mains, mais nous les étendons, en mé-
» moire et en figure de la passion du Seigneur, la
» tête nue et le front découvert, parce que nous
» n'avons pas à rougir. »

Saint Cyprien recommandait aux fidèles, toutes les fois qu'ils assistaient au saint sacrifice, d'y garder un silence profond vis-à-vis les uns des autres, et d'y prier Dieu à voix si basse qu'ils ne fussent incommodes à personne. En Afrique, on ajoutait à l'Épître, que nous lisons seule ordinairement, un chapitre ou leçon de l'Ancien Testament qu'on lisait auparavant. — A l'Oraison dominicale, que les fidèles récitaient avec le sacrificateur, et à ces paroles : *Pardonnez-nous nos offenses,* tous se frappaient humblement la poitrine. Au moment où ils s'approchaient eux-mêmes de la sainte victime, ils s'arrêtaient à la grille du chœur; les néopyhtes étaient admis les premiers à y participer.

L'usage de donner l'Eucharistie aux plus petits enfants consistait surtout dans quelques gouttes du précieux Sang que les diacres leur présentaient dans le calice sacré. Les fidèles pouvaient conserver ce divin trésor dans leurs maisons; ils le recevaient à la main, même les femmes et les enfants.

Déjà dans les églises il y avait des cippes creux, ou troncs, dans lesquels chacun déposait son offrande, soit pour les pauvres, soit pour les besoins de ces églises et le service des autels. Chacun aussi avait coutume alors d'apporter, en venant au sacrifice, le pain et le vin nécessaires à sa célébration.

Un des plus anciens monuments où l'on trouve le nom de *Messe* pour signifier les prières publiques que l'Église fait en offrant l'Eucharistie, est le troisième canon du second concile de Carthage, tenu en 390.

Citons quelques passages du livre de Saint Optat qui donneront une idée de son genre d'éloquence, et prouveront que si l'Église est toujours la même dans sa doctrine, le schisme et l'hérésie, si variables dans leurs erreurs, sont aussi toujours semblables par un caractère de révolte insensée, un esprit de parti qui leur conserve, à travers les siècles, un air de famille.

« Nous vous avons prouvé, Parménien, que
» l'Église catholique était celle qui est répandue
» par tout l'univers. Maintenant nous devons vous
» rappeler ce qui en fait la gloire. Si vous l'igno-
» rez, apprenez-le ; si vous le savez, rougissez-
» donc. Car, ne savez-vous pas bien que la chaire
» épiscopale a d'abord été fondée dans la ville de
» Rome par Saint Pierre ; que Saint Pierre,
» comme le chef de tous les Apôtres, s'est assis
» dans cette chaire, dans laquelle chaire seule
» l'unité dût être respectée par tous, pour que
» les autres Apôtres ne cherchassent point chacun
» à se faire des sectaires, et de sorte que quicon-
» que élèverait une autre chaire pour ses parti-
» sans dût être réputé schismatique et pé-
» cheur? Donc, dans cette chaire, qui est uni-
» que, — et c'est là le premier de ses priviléges,
» — s'est assis le premier Pierre, à qui a succédé
» Lin, à Lin succéda une série non interrompue
» de Souverains-Pontifes, jusqu'à Siricius, au-
» jourd'hui notre collègue dans l'épiscopat, avec
» lequel, et aussi avec nous, tout l'univers s'ac-

» corde dans la société d'une même commu-
» nion.

« Racontez-nous maintenant l'origine de vos
» diverses chaires, vous qui voulez vous arroger
» le privilége de l'Église. Ceux qui s'y sont placés
» pourraient-ils nous dire avoir siégé dans la
» chaire de Saint Pierre ? Je ne sais pas même s'ils
» pourraient dire avoir vu son tombeau; s'ils ont
» osé même entrer dans la basilique où il est con-
» servé ! L'auteur de votre secte était donc un fils
» sans père, un soldat sans général, un disciple
» sans maître ! Enfin, s'il avait à dire où il s'est
» assis, il nous donnerait la preuve que ce fut là
» où personne n'était avant lui, à moins qu'il ne
» nous montrât *la chaire de corruption* (1). Or
» la corruption frappe de mort les hommes et les
» envoie en enfer, dont ils ont habité ici-bas les
» portiques, et c'est pour nous délivrer de ces
» portes de l'enfer, que des clefs libératrices ont
» été données à Pierre notre chef, à qui le Christ
» a dit, ainsi que nous le lisons : *Je te donnerai
» les clefs du royaume des cieux et les portes de
» l'enfer n'y résisteront pas* 2.

RÉFLEXION.

Les luttes puissantes des grands génies qui ont illustré l'Église catholique contre ces esprits de ténèbres, orgueilleux d'une science vaine, qui

---

(1) Psaume 1 — 1. — (2) Matth. 16 — 18.

ont été les premiers auteurs des schismes et des hérésies, doivent nous inspirer une grande défiance de nos propres forces dans les discussions qui pourraient naître entre nous et les partisans de ces vieilles erreurs, tant de fois anéanties, et pourtant sans cesse renaissantes. Ces sortes de conversations, qui, le plus souvent, ne mènent à rien, et où l'amour-propre, armé de mauvaise foi, combat avec fureur contre la docilité chrétienne, ne convertissent personne, et compromettent, jusqu'à un certain point, l'honneur de la vérité au détriment de l'inexpérience en pareilles matières. Qu'il nous suffise, en ces occasions, d'avoir pour nous le dépôt inviolable de la foi, légué par les siècles et les pasteurs; de savoir que nous possédons ainsi le titre irréfragable de l'antiquité dans la révélation, de la légitimité dans la tradition, et sans nous obstiner à endurcir le cœur du pécheur, qui rugit quelquefois en trouvant la lumière; renvoyons ces dissertateurs malencontreux et passionnés à ceux dont les *lèvres gardent la science* (1) et qui sont chargés d'éclairer les *hommes de bonne volonté* (1) et de résister à ceux dont l'intention est mauvaise.

Quoi qu'il en soit, en dehors des formules précises du dogme catholique que pourrions-nous dire, que pourrions-nous entendre? Où l'esprit humain peut-il aller, sans ce fil conducteur, dans

---

(1) Malach 2 — 7. — (2) Luc 2 — 14.

l'incommensurable domaine de la spiritualité ?
Les philosophes les plus éminents, les plus subtils
moralistes savent à peine définir ce qui se passe
dans leur âme, au sujet des opérations internes les
plus communes, et, on voudrait scruter les mystères de la sagesse divine, les arcanes de l'essence
de Dieu, les profondeurs de son Verbe, l'action de
son Esprit et les paroles de sa révélation !

Il y aurait folie ! Mais il y a, hélas ! pire que
cela, car, — sans parler de l'orgueil satanique,
principe de toute hérésie comme de toute impiété, — c'est presque toujours le *cœur qui fait mal à la tête*, et l'immoralité est toujours au fond de la révolte contre la foi, sinon à ses débuts, que révendique la superbe, au moins dans sa suite, que flétrit la corruption.

SAINT FORTUNAT ET SAINT LUCIEN

MARTYRS

— 18 Juin. —

Il est advenu à ces deux martyrs ce que tous les Saints ont désiré et ce que Dieu ne leur a pas toujours accordé, dans les intérêts de sa gloire : l'obscurité dans cette vie avant le bonheur éternel dans l'autre.

Nous ne savons rien autre chose de Saint Fortunat et de Saint Lucien, si ce n'est qu'ils ont été martyrisés en Afrique.

Eh quoi ! dira-t-on ; rien que cette simple inscription au Martyrologe : *En Afrique, les saints martyrs Fortunat et Lucien !*

Rien de plus. Mais n'est-ce pas assez pour intéresser des cœurs chrétiens ? Comme nous, Fortunat et Lucien ont vécu sur cette plage africaine ; comme nous, ils ont reçu le baptême, renonçant à Satan, aux vanités coupables du monde, au péché; comme nous, ils ont été confirmés en grâce par l'imposition des mains pontificales et l'huile sainte; comme nous, ils ont refleuri sous la rosée purifiante du sang divin, dans le sacrement de pénitence; comme nous, ils se sont incorporés au divin Jésus dans le mystère eucharistique; comme nous, ils ont résisté aux tentations, ils ont évité les piéges du démon, ils se sont sanctifiés en prêtant leur cœur aux invitations de la grâce, qui prévient, accompagne et couronne. Au jour du combat, ils ont généreusement donné leur vie pour le Maître bien-aimé.

Telle fut leur histoire; puisse-t-elle être la nôtre! Qu'importe de laisser un nom sur la terre, pourvu qu'il soit écrit dans le livre de vie! Cela seul est essentiel, cela suffit à la plus haute ambition.

SAINT PAULIN

ÉVÊQUE ET CONFESSEUR

— 22 Juin. —

(Tiré du Bréviaire romain.)

Nous ne pouvons laisser passer sous silence la mémoire de Saint Paulin, évêque de Nole, troisième du nom et surnommé le *Jeune*, qui, à l'époque d'une invasion des Vandales dans la Campanie (520), employa tout ce qu'il possédait, jusqu'à se dépouiller des choses nécessaires à la vie, pour nourrir les pauvres et racheter les captifs. Une veuve vint lui demander encore de payer la rançon de son fils, et le bon évêque, qui n'avait plus rien à dépenser en bonnes œuvres, se livra lui-même en échange à la place de ce jeune homme.

Arrivé en Afrique, Paulin fut chargé de mettre en culture les propriétés de son maître, qui était gendre du roi Trasimond. Mais favorisé du don de prophétie, il prédit à ce seigneur un événement menaçant la vie du prince, qui lui-même vit dans un songe Paulin, assis entre deux juges, lui enlever un fléau des mains. Ce saint homme, enfin reconnu pour être l'évêque de Nole, fut renvoyé en Italie avec les plus grands honneurs, accompagné, sur sa demande, de tous ses compatriotes qui avaient été réduits en captivité. (1)

RÉFLEXION.

Voici un riche prélat qui, pour marcher plus léger dans le chemin de la perfection, pour être plus semblable au divin Maître, dont la pauvreté n'eut pas même, sur cette terre, *une pierre pour y reposer sa tête* (2), à plusieurs reprises donna tout aux indigents et, quand il n'eut plus rien, se donna lui-même. Voilà, riches, comme les choses se font quand on est Saint ! Le peuple n'exaltera, n'aimera, ne canonisera jamais que celui qui lui donne ; et heureux celui d'entre vous qui, dans les angoisses suprêmes pour entrer par cette porte étroite qui ouvre accès dans la Jérusalem céleste, pourra dire comme le premier Saint Paulin : « *Seigneur, que je ne sois pas tourmenté pour de l'or ni de l'argent ! Vous savez bien où j'ai placé tout ce que j'avais !* » Ses pareils, avant d'être puissants dans le ciel, l'au-

---

(1) Saint-Grégoire-le-Grand, *Dialogues*, liv. 5, ch. 1. — Muratori, *Ann. Ital.*, t. 3, 1re partie. — P. Papebroch, 4 juin. — Godescard, 22 juin. — (2) Luc, 9 — 58.

ront été comme lui sur la terre ; ils auront réellement arraché le fléau des mains du méchant, en comblant les malheureux de bienfaits ; et quand le doigt de la mort viendra les toucher pour les appeler là où le cœur ne désire plus le bien, mais où il le possède dans sa plénitude et le déverse sur le monde, la terre semblera trembler aussi, car les pauvres frémiront dans la crainte d'avoir perdu pour toujours un père bien-aimé qu'ils reverront dans la gloire !

SAINT ROMULUS ET SAINT SECUNDUS

FRÈRES ET MARTYRS

— 28 Juin. —

Saint Romulus et Saint Secundus naquirent en Afrique. Ils étaient frères, et peut-être jumeaux. Quoi qu'il en soit, il est probable que Romulus était l'aîné, et Secundus, ainsi que l'indique son nom, le puîné; du moins il est certain qu'ils donnèrent tous deux leur vie pour Jésus-Christ et subirent la mort le même jour.

Le nom de Romulus avait été porté par un homme célèbre qui tua son frère pour s'assurer la royauté dans Rome, qu'ils venaient de fonder ensemble. Mais dans l'édification de la Jérusalem céleste, les frères ne veulent que s'attirer l'un l'autre jusqu'au trône où ils doivent régner avec Jésus-Christ. *Dans leur fidélité au Seigneur et à leurs traditions de famille, ces hommes de Dieu persistèrent dans leur amour fraternel, parce* qu'ils eurent toujours en eux le même esprit et la même foi. Dieu, qui les avait élus, les prédestinait à devenir semblables à l'image de son Fils, qui fut lui-même l'aîné d'une foule de frères (1). Ils furent égorgés, ils tombèrent tous les deux sous le fer comme deux victimes jumelles, et l'Église chante à leur gloire :

« Voici une véritable fraternité, qui n'a jamais
» pu être brisée dans le combat où ces saints mar-
» tyrs versèrent leur sang en suivant le Seigneur.
» En méprisant les faveurs du palais des rois, ils
» sont parvenus au royaume céleste. C'est là qu'ils
» goûtent combien il est heureux, combien il est
» doux pour des frères d'habiter ensemble et d'a-
» voir méprisé les palais pour arriver à la cou-
» ronne des cieux ! Gloire au Père et au Fils et
» au Saint-Esprit, qui leur ont donné la force
» de mépriser les faveurs du monde pour parve-
» nir au ciel (2) !

(1) Rom. 8 — 29.
(2) Sixième et septième Répons, à Matines, de l'Office de plusieurs Martyrs, frères.

SAINT EUGÈNE

ÉVÊQUE DE CARTHAGE

ET SES COMPAGNONS

PAREILLEMENT ÉVÊQUES ET MARTYRS

— 13 Juillet. —

(Tiré de Saint Grégoire de Tours, livre deuxième.)

A la mort de Genséric (477), l'aîné de ses fils, Hunéric, lui succéda. Il devint fameux par sa cruauté envers les Orthodoxes, et surtout contre les évêques. On ne peut imaginer combien de Chrétiens furent immolés de son temps pour le nom de Jésus-Christ. Cependant il en est deux témoins : la terre d'Afrique, qui engendra tant de glorieux martyrs, et Jésus-Christ lui-même, dont la main les a couronnés d'un diadème qui ne se flétrira jamais.

Parmi eux un grand homme brilla plus que tous les autres : c'était un prêtre d'élite, Eugène, le saint évêque de Carthage, proclamé le dixième jour des Calendes de juin 479, après vingt-quatre ans de vacance de ce siège épiscopal, depuis la mort du Bienheureux Deo-Gratias (1).

Par sa piété, sa science, sa grandeur d'âme, il défendit, comme un athlète invincible de Jésus-Christ, la foi catholique contre la perfidie d'un tyran. Le jour où l'on célébrait la fête de l'Ascension, le quatorzième des Calendes de juin 483, parut sur le seuil du temple un messager porteur d'un édit du roi qui ordonnait, pour la fin de janvier de l'année suivante, que tous les évêques catholiques de ses États eussent à se trouver rassemblés à Carthage pour y conférer avec les évêques ariens et y rendre raison de leur foi. Mais le jour de l'Épiphanie 484, un aveugle du nom de Félix, que toute la ville connaissait pour tel, ayant miraculeusement recouvré la vue par l'entremise d'Eugène, Cyrillas, le chef, le coryphée des Ariens, ne s'occupa que des moyens de décliner cette périlleuse conférence.

Eugène fut relégué à Tamallumène, ville de l'extrême frontière de la province de Byzacène, où commençait la région désolée du désert.

Resserré dans une si étroite prison que nul n'y pouvait être admis pour le saluer, couchant sur la terre humide de ce cachot, et augmentant encore cette torture par l'âpreté de son cilice et

---

(1) *Fastes sacrés*, 3ᵉ époque, livr. II, chap. 3, 5, 6, 8, 9.

par les macérations, il y fut frappé de paralysie. Antoine, l'évêque arien de l'endroit, feignit de vouloir le soulager et, se donnant pour médecin, lui fit prendre de force une potion abondante du vinaigre le plus astringent, dont l'action corrosive ne fit qu'augmenter son mal ; c'était tout ce qu'on désirait. Mais presque aussitôt son corps débile sembla reprendre une vigueur nouvelle, sans qu'il fût possible de ne pas y reconnaître une assistance céleste.

Guntamond, en 485, rappela de leur long bannissement tous les évêques. En 498, à peine Trasimond, son successeur, avait-il quitté Carthage pour parcourir son royaume, que Cyrillas fit arrêter le vénérable Eugène et le fit mener au roi, pour disputer en sa présence sur la foi catholique avec les Ariens.

Dans le temps qu'on l'emmenait, il adressa à son Église de paternelles exhortations dans la lettre qu'on va lire :

« Mes chers confrères, mes fils et mes filles en
» Notre-Seigneur !
» Que mon absence ne vous contriste pas ; car
» tant que vous tiendrez à la foi de l'Église, je ne
» vous oublierai pas dans l'éloignement ni je ne
» serai pas séparé de vous par la mort même. Sa-
» chez que toute violence qu'on me fera pour nous
» diviser ne peut qu'augmenter ma récompense.
» Si je suis envoyé en exil, j'aurai l'exemple de
» Saint Jean l'Évangéliste ; si l'on me mène à la

» mort, *pour moi, vivre c'est être en Jésus-Christ,*
» *et je ne puis que gagner à mourir* (1); si je reviens,
» mes chers Frères, Dieu aura rempli votre désir.
» Pour le moment, il suffit que j'aie pu vous
» écrire, vous avertir et vous prémunir autant
» que possible : en conséquence, je ne serai pas
» responsable du sang de ceux qui pourraient pé-
» rir. Si je reviens avec vous, mes Frères, je vous
» reverrai dans cette vie; si je ne reviens pas, je
» vous reverrai dans la vie future. En attendant,
» je vous dis à tous adieu. Priez pour nous et
» jeûnez, car le jeûne et l'aumône inclinent tou-
» jours Dieu à la miséricorde. N'oubliez pas qu'il
» est écrit : *Ne craignez pas ceux qui tuent le*
» *corps et qui ne peuvent tuer l'âme, mais crai-*
» *gnez celui qui a la puissance, après qu'il aura*
» *tué le corps, de perdre encore l'âme et de*
» *l'envoyer dans les flammes de l'enfer* (2). »

Lorsque Eugène eut puissamment réfutés les Ariens au sujet du mystère de la Sainte Trinité, et que Notre-Seigneur eut fait par lui de nombreux miracles, Trasimond et ses satellites, enflammés d'envie, s'emportèrent aux excès de la rage la plus insensée; mais le saint homme, après avoir souffert plusieurs tourments, n'était pas effrayé de la menace de la mort la plus cruelle.

(1) Philip. 1 — 21. — (2) Matth. 10 — 28.

Le roi barbare voulut éprouver une dernière fois cette constance héroïque dans la foi dont Eugène avait donné tant de témoignages depuis vingt-cinq ans ; le bourreau reçut l'ordre de lui demander encore une fois, avant de laisser tomber le fer déjà levé sur la tête inclinée du martyr, si c'était bien pour la justice qu'il voulait et croyait mourir et, dans le cas de quelque hésitation, de la lui trancher aussitôt, afin de le faire mourir apostat et de pouvoir publier, avec quelque apparence de vérité, qu'il était mort comme tel ; tandis que, dans le cas où il demeurerait aussi intrépide qu'on l'avait toujours vu, de lui laisser la vie, afin qu'il ne fût pas couronné comme un martyr et qu'il pût avoir à souffrir plus longtemps dans les rigueurs de l'exil. — Quelques jours après, Eugène était jeté à bord de l'un des navires du roi et arrivait dans les Gaules.

Au moment où Eugène avait comparu devant le roi, il y avait vu traduire Vindémialis, évêque de Capsa, dans la Byzacène, qui naguère ressuscitait un mort, et Longinus, évêque de Pomaria, dans la Mauritanie césarienne. Ces deux hommes, d'une grande sagesse et d'une grande sainteté, ses égaux par la dignité autant que par la vertu, défendirent admirablement leur cause sacrée. Après les chevalets, après les bûchers, après les ongles de fer, ils furent égorgés. Telle fut la fin glorieuse de Longinus et de Vindémialis.

Quant à Eugène, exilé dans les Gaules, il se réfugia dans un bourg du diocèse d'Alby, auprès du tombeau de Saint Amaranthus, martyr. Brisé par les fatigues autant que par les tortures, il éleva un monastère en cet endroit.

Il connut enfin, par une révélation particulière du Seigneur, le moment précis où il serait invité par lui à entrer dans sa joie, à être associé au bienheureux martyr Amaranthus. Il se dirigea vers son sépulcre vénéré, et là, prosterné sur la terre durant fort longtemps, il répandit sa prière devant le Seigneur, avec plus de ferveur que jamais. Puis, il étendit ses bras en forme de croix sur le pavé du sanctuaire, et son esprit, libre enfin, prit son essor vers les célestes demeures. Il mourut l'an 505, et son tombeau fut glorifié.

Les corps de Saint Eugène, de Saint Vindémialis et de Saint Longinus, d'abord déposés dans la chapelle souterraine de Saint Amaranthus, en furent retirés par les soins pieux de Louis d'Amboise, évêque d'Alby et, au quinzième siècle, transférés dans l'église cathédrale au titre de Sainte-Cécile, où ils sont encore religieusement conservés.

Voici l'oraison qu'on adresse à Dieu en leur souvenir :

« Dieu tout-puissant et éternel, qui avez donné
» la grâce au Bienheureux Eugène et à ses com-
» pagnons de combattre avec force et de souffrir
» pour la justice, faites que, par leurs mérites,
» nous rejetions l'amour de cette vie périssable et

» que nous parvenions à vous, qui êtes la seule
» vraie vie, par Notre-Seigneur Jésus-Christ. »

RÉFLEXION.

Éblouir les yeux par l'éclat d'une pompe orgueilleuse; vaincre à grand bruit ses ennemis confondus; courir avec succès dans la carrière de l'ambition, des lettres ou de la fortune, qui n'a souvent d'autre aiguillon que l'envie; satisfaire son avarice en amassant par tous les moyens les biens de la terre; s'étourdir sur la pensée importune des choses de l'éternité, et parvenir à ce repos trompeur qui laisse goûter sans remords les perfides appâts de la volupté, — si c'est là vivre dans le monde des corps, et ce que l'on appelle *vivre bien*, que celui qui jouit de cette vie-là, dont un rien peut déconcerter les fragiles ressorts, porte le deuil de son âme, car elle est morte! et l'existence qu'il montre n'est qu'un spectacle coupable et menteur.

Mais qu'il se réjouisse, celui qui marche à la suite de Jésus, *qui est la voie, la vérité et la vie* (1); celui qui est *toujours prêt à donner sa vie pour Jésus, afin que la vie de Jésus soit manifestée en sa chair mortelle* (2); *celui qui mange la chair et boit le sang du Fils de l'Homme, qui est lui-même le pain vivant descendant du ciel, sans la communion duquel la vie n'est pas en nous* (3);

---

(1) Jean. 14 — 16. — (2) 2 Cor. 4 — 10 — 11. — (3) Jean. 6 — 41, 50, 54.

qu'il se réjouisse, celui-là! car malgré le voile épais des sens qui lui dérobe encore l'aspect du soleil de justice dans toute sa splendeur; malgré les tissus matériels qui entravent peut-être ses pas, comme Lazare au sortir du tombeau, la plénitude de la vie est en lui!

SAINT SPÉRAT ET SES COMPAGNONS

LES MARTYRS SCILLITAINS

— 17 Juillet. —

(Tiré de Baronius et de Dom Ruinart.)

Voici la narration simple et complète qu'on trouve dans Baronius et dans Ruinart, calquée sur les actes proconsulaires des martyrs de Scilla (Kossarin de Tunisie) :

Sous le consulat de Claudius, dans la ville métropolitaine de Carthage, l'an 200 de Jésus-Christ, la cour de justice étant assemblée, les magistrats firent comparaître devant eux Spérat, Narzal, Cittinus, Donata, Secunda et Festina.

Lorsqu'ils furent présents, le proconsul Saturninus s'adressant aux femmes : — « Honorez notre souverain et sacrifiez aux dieux. »

Donata lui répondit : — « Nous rendons honneur à César; mais quant à l'adoration et au culte religieux, nous ne le rendons qu'à Jésus-Christ, qui est mon Dieu. »

Festina dit à son tour : — « Moi aussi, j'adore Jésus-Christ. »

Secunda fit une semblable déclaration en ces termes : — « Moi aussi j'adore Jésus-Christ, qui est mon Dieu, et je veux rester en lui. Quant à vos dieux, nous ne les honorons point, nous ne les adorons point. »

Le proconsul Saturninus, après avoir entendu ces paroles, ordonna qu'on gardât ces femmes.

Il fit venir les hommes, et dit à Spérat : — « Veux-tu persister à être Chrétien ? »

Spérat lui répondit : — « Cette persistance chrétienne, ce n'est point par mes propres forces que j'ai la confiance de la conserver, mais par la grâce divine. Entendez tous que je déclare être Chrétien ! »

Tous ceux qui étaient pris avec lui, l'entendant, adhérèrent à sa confession en s'écriant : — « Nous aussi, nous sommes Chrétiens comme lui ! » (C'étaient les femmes chrétiennes Januaria et Generosa, et les martyrs Veturius, Félix, Acyllinus et Lætantius, avec ceux que nous avons nommés plus haut.)

Saturninus fit alors cette question : — « Quels sont les livres que vous lisez avec vénération ? »

Il lui fut répondu : — « Les quatre Évangiles de Notre-Seigneur Jésus-Christ, les Épîtres de l'Apôtre Saint Paul, et toutes les Écritures inspirées de Dieu. »

Saturninus, voyant la constance de leur courage et la fermeté de leur foi, rendit contre eux la sentence de mort. Aussitôt qu'elle eut été prononcée, on les emmena.

S'étant mis à genoux, les martyrs rendirent grâce à Dieu tous ensemble, et furent décapités l'un après l'autre le dix-septième jour du mois de juillet. Ils intercèdent à présent pour nous auprès de Notre-Seigneur Jésus-Christ, à qui soit honneur et gloire, avec le Père et le Saint-Esprit, dans tous les siècles des siècles!

RÉFLEXION.

Une des choses admirables dans les Chrétiens de l'Afrique, à l'époque des persécutions, fut la précision de leurs réponses, révélant une complète instruction religieuse, et quelquefois laissant entrevoir en eux les mystères de la spiritualité la plus profonde, habituellement cachés par ce que l'on appelait alors la *discipline du secret*. Combien y a-t-il de Chrétiens, dans nos temps de paix, qui puissent aujourd'hui répondre, je ne dis pas sur la difficile question de la grâce, comme Spérat, mais simplement sur la nomenclature des livres saints qui devraient être à notre usage journalier? Y a-t-il beaucoup de jeunes filles, de par le monde, qui, questionnées sur leur profession de foi, trouveraient comme Secunda, une formule aussi profondément sentie : *J'adore Jésus-Christ, qui est mon Dieu et je veux rester en lui?* Toute la conscience de la présence de Jésus-Christ respire là ; c'est un mot inspiré par l'instinct eucharistique : *Je veux rester en lui!* Ne semblerait-il pas entendre une sainte Religieuse arrachée à son action de grâces, après une communion fervente, et entraînée, toute frémissante encore, au milieu des méchants? Et en effet, n'était-ce pas cela? — Et cet état d'action de grâces perpétuel ne devrait-il pas être la situation constante de notre âme, puisque nous portons réellement Jésus-Christ en nous, au milieu des embarras de la vie, comme le prêtre le porte ostensiblement à travers nos villes, au jour de la solennité pompeuse qui est plus spécialement décorée du nom de la Fête de Dieu!

Le Chrétien doit être un autre Jésus-Christ; il sent en lui-même commencer l'union de la créature avec son Dieu. Que se passe-t-il donc en nous, Seigneur, que les expressions nous manquent pour le décrire...... et que nous ne trouvions plus de termes pour dire que nous ne sommes plus nous-mêmes,... que nous ne vivons plus du tout de la vie d'autrefois, mais que c'est Jésus-Christ qui vit intimement en nous!... O incorporation divine, transformation sublime où notre esprit se confond! Mystère de foi! mais qu'il est rare aujourd'hui! On vit de tout, excepté de Dieu : on vit d'intrigues, on vit de plaisirs coupables, on vit d'argent, on vit de projets le plus souvent stériles, et l'on est mort à vous, ô mon Dieu, qui seul êtes la vie ! O aveuglement, de tous les aveuglements le plus déplorable, parce qu'il est le plus funeste ; il aboutit à la mort éternelle ! Pensons-y.

SAINT VINCENT-DE-PAUL

CONFESSEUR

FONDATEUR DES PRÊTRES DE LA MISSION (LAZARISTES)

— 19 Juillet. —

(Tiré du Bréviaire romain, de l'histoire de sa vie, par Abelly, évêque de Rhodez, et de ses propres écrits.)

Vincent-de-Paul naquit l'an 1576, dans le village de Poy, au diocèse d'Acqs, en Gascogne. Tout enfant, il montra déjà une grande charité envers les pauvres. De la conduite du troupeau de son père il passa à l'étude des humanités à Acqs, et suivit le cours de théologie à Toulouse. Il fut admis au sacerdoce et prit ses degrés en théologie.

Ce fut alors, comme le dit Abelly, son historien, qu'une personne de piété et de condition, qui savait estimer les dons de Dieu et qui admirait depuis longtemps la vertu de Vincent-de-Paul, l'institua son héritier. Comme il eut reconnu qu'en conséquence de cette succession, il lui devait revenir douze ou quinze cents livres d'un homme qui, pour ne les pas payer s'était retiré à Marseille, il s'y transporta, et parce qu'il n'était pas de ces cœurs inflexibles qui ne connaissent point la miséricorde, il se contenta de trois cents écus. Comme il était sur son départ et tout prêt à retourner par terre à Toulouse, un gentilhomme de Languedoc, avec lequel il logeait, le fit consentir à prendre ensemble la voie de mer jusqu'à Narbonne. On était au mois de juillet ; la saison ne pouvait être plus belle, le temps était propre à la navigation, et l'on comptait arriver au terme dès le jour même. Vincent-de-Paul se rendit à ces raisons. Laissons le Saint faire lui-même le récit de ce qui lui arriva dans cette occasion. Nous le tirons d'une lettre qu'il écrivit à M. Commet, le 24 juillet 1607 :

« Je m'embarquai, dit-il, pour Narbonne, pour
» y être plus tôt, et pour épargner, ou pour mieux
» dire, pour n'y jamais être et pour tout perdre.
» Le vent nous fut autant favorable qu'il l'aurait
» fallu pour nous rendre ce jour-là à Narbonne
» (qui était faire cinquante lieues), si Dieu n'eût
» permis que trois brigantins turcs, qui côtoyaient
» le golfe de Lyon pour attraper les barques qui
» venaient de Beaucaire, où il y avait une foire
» que l'on estime être des plus belles de la chré-
» tienté, ne nous eussent donné la charge et atta-
» qués si vivement que deux ou trois des nôtres

» étant tués et tout le reste blessé, et même moi
» qui eus un coup de flèche qui me servira d'hor-
» loge tout le reste de ma vie, — n'eussions été
» contraints de nous rendre à ces barbares. Les
» premiers éclats de leur rage furent de hâcher
» notre pilote en mille pièces, pour avoir perdu
» un des principaux des leurs, outre quatre ou
» cinq forçats que les nôtres tuèrent. Cela fait,
» ils nous enchaînèrent, et après nous avoir gros-
» sièrement pansés, ils poursuivirent leur pointe,
» faisant mille voleries, donnant néanmoins la
» liberté à ceux qui se rendaient sans combattre,
» et se contentant de les voler. Et enfin, chargés
» de marchandises, au bout de sept ou huit jours,
» ils prirent la route de Barbarie, tanière et ca-
» verne de voleurs, sans aveu du Grand Turc, où
» étant arrivés, ils nous exposèrent en vente, avec
» un procès-verbal de notre capture, qu'ils disaient
» avoir faite dans un navire espagnol; parce que,
» sans ce mensonge, nous aurions été délivrés par
» le consul que le roi tient en ce lieu-là pour ren-
» dre libre le commerce aux Français. Leur pro-
» cédure à notre vente fut qu'après qu'ils nous
» eurent dépouillés, ils nous donnèrent à chacun
» une paire de caleçons, une chemise de lin avec
» une bonnette, et nous promenèrent par la ville
» de Tunis, où ils étaient venus exprès pour nous
» vendre. Nous ayant fait faire cinq ou six tours
» par la ville, la chaîne au cou, ils nous ramenè-
» rent au bateau, afin que les marchands vinssent

» voir qui pouvait bien manger et qui non, et
» pour montrer que nos plaies n'étaient point
» mortelles. Cela fait, ils nous ramenèrent à la
» place, où les marchands nous vinrent visiter
» tout de même que l'on fait à l'achat d'un cheval
» ou d'un bœuf, nous faisant ouvrir la bouche
» pour voir nos dents, palpant nos côtes, sondant
» nos plaies, et nous faisant cheminer le pas,
» trotter et courir, puis lever des fardeaux, et puis
» lutter pour voir la force d'un chacun, et mille
» autres sortes de brutalités.

» Je fus vendu à un pêcheur, qui fut contraint
» de se défaire bientôt de moi, parce que je n'a-
» vais rien de si contraire que la mer; et depuis
» je fus vendu par le pêcheur à un vieillard mé-
» decin, homme fort humain et traitable, qui
» m'aimait fort et se plaisait à me parler de l'al-
» chimie, et puis de sa loi, à laquelle il faisait
» tous ses efforts de m'attirer, me promettant
» force richesses et tout son savoir. Dieu opéra
» toujours en moi une croyance de délivrance par
» les assidues prières que je lui faisais, et à la
» Vierge Marie, par la seule intercession de la-
» quelle je crois fermement avoir été délivré. Je
» fus donc avec ce vieillard depuis le mois de sep-
» tembre 1605 jusqu'au mois d'août 1606, qu'il
» me laissa à un sien neveu qui me revendit bien-
» tôt après. Un renégat de Nice en Savoie m'a-
» cheta et m'emmena en son *temar*, ainsi s'ap-
» pelle le bien que l'on tient comme métayer du

« Grand Seigneur; car là, le peuple n'a rien, tout
» est au Sultan : le temar de celui-ci était dans la
» montagne où le pays est extrêmement chaud et
» désert. L'une des trois femmes qu'il avait était
» Grecque chrétienne, mais schismatique ; une
» autre était Turque, qui servit d'instrument à
» l'immense miséricorde de Dieu pour retirer son
» mari de l'apostasie et le remettre au giron de
» l'Église, et me délivrer de mon esclavage. Cu-
» rieuse qu'elle était de savoir notre façon de
» vivre, elle me venait voir tous les jours aux
» champs, où je fossoyais ; et un jour elle me re-
» commanda de chanter les louanges de mon
» Dieu. Le souvenir du *Quomodo cantabimus in*
» *terra aliena* (1) *(Comment chanterons-nous dans*
» *une terre étrangère ?)* des enfants d'Israël cap-
» tifs en Babylone, me fit commencer, la larme à
» l'œil, le psaume *Super flumina Babylonis*, et
» puis le *Salve Regina*, et plusieurs autres choses,
» à quoi elle prenait tant de plaisir que c'était
» merveille. Elle ne manqua pas de dire à son
» mari, le soir, qu'il avait eu tort de quitter sa
» religion, qu'elle estimait extrêmement bonne,
» par un récit que je lui avais fait de notre Dieu,
» et quelques louanges que j'avais chantées en sa
» présence ; en quoi elle disait avoir ressenti un
» tel plaisir, qu'elle ne croyait point que le para-
» dis de ses pères, et celui qu'elle espérait, fût si

(1) Ps. 136-5.

» glorieux, ni accompagné de tant de joie que le
» contentement qu'elle avait ressenti pendant que
» je louais mon Dieu ; concluant qu'il y avait en
» cela quelque merveille. Cette femme, comme
» une autre Caïphe, ou comme l'ânesse de
» Balaam, fit tant par ses discours que son mari
» me dit, dès le lendemain, qu'il ne tenait qu'à
» une commodité que nous ne nous sauvassions
» en France, mais qu'il y donnerait tel remède
» que, dans peu de jours, Dieu en serait loué. Ce
» peu de jours dura dix mois, qu'il m'entretenait
» en cette espérance, au bout desquels nous nous
» sauvâmes avec un petit esquif, et nous rendîmes
» le 28 juin à Aigues-Mortes, et tôt après en Avi-
» gnon, où M. le vice-légat reçut publiquement le
» renégat avec la larme à l'œil et le sanglot au
» cœur, dans l'église de Saint-Pierre, à l'honneur
» de Dieu et l'édification des assistants. Mondit
» seigneur nous a retenus tous deux pour nous
» mener à Rome. »

Revenu en France, Vincent-de-Paul dirigea avec beaucoup de piété, d'abord la paroisse de Clichy, ensuite celle de Chatillon-les-Dombes.

Nommé par le roi de France premier aumônier des galères (1619), ce fut avec un zèle admirable qu'il mit tous ses soins au salut des officiers et des malheureux forçats.

Préposé par Saint François de Sales à la direction des Religieuses de la Visitation, durant environ quarante ans, il s'occupa avec tant de prudence de leurs intérêts spirituels, qu'il justifia pleinement l'opinion de ce saint évêque, qui déclarait n'avoir jamais connu un plus digne prêtre que Vincent.

Il se consacra sans relâche, et jusqu'à la décrépitude, à évangéliser les pauvres, principalement les habitants des campagnes, et par un vœu perpétuel, confirmé par la Sainte Vierge, il s'astreignit à cette œuvre apostolique, aussi bien que les membres de la Congrégation qu'il institua sous le nom de Prêtres séculiers de la Mission (1658). L'établissement de grands séminaires, de conférences fréquentes pour les prêtres sur les sciences sacrées, et de retraites préparatoires aux ordinations, témoignent combien il a travaillé pour la discipline ecclésiastique. Il voulut aussi que les maisons de son institution fussent ouvertes aux laïques qui voudraient y faire des retraites. En outre, pour la propagation de la foi et de la piété, il envoya des ouvriers évangéliques, non-seulement dans les provinces de la France, mais encore en Italie, en Pologne, en Écosse, en Irlande, en Barbarie et dans les Indes.

Après la mort de Louis XIII (1643), qu'il assista à ses derniers moments, Vincent-de-Paul, admis dans le *Conseil de Conscience* par Anne d'Autriche, mère de Louis XIV, veilla attentivement à ce que les plus dignes, seuls, fussent préposés aux églises et aux monastères; à ce que les discordes civiles, les duels, les erreurs cherchant à se glisser, et dont il avait horreur aussitôt qu'il s'en apercevait, fussent prévenus, et à ce que l'obéissance due aux décrets apostoliques fût observée par tous.

Il n'y a aucun genre d'infortune auquel Vincent-de-Paul n'ait cherché à remédier avec des entrailles de père : les Chrétiens gémissant sous le joug des Turcs, les enfants exposés, les jeunes gens incertains de leur vocation, les jeunes filles en danger de faillir, les Religieuses dispersées, les femmes pécheresses, les galériens, les voyageurs malades, les ouvriers infirmes, les fous eux-mêmes et d'innombrables mendiants, furent accueillis dans ses hospices, ou aidés par ses aumônes, ou consolés par tous les moyens qu'il put employer. Il secourut libéralement la Lorraine, la Champagne, la Picardie, et d'autres contrées ravagées par la peste, la guerre et la famine. Il fonda plusieurs associations pour rechercher et soulager les malheureux, parmi lesquelles est la célèbre congrégation de dames sous le nom de Société des Sœurs de Charité. Il érigea aussi les confréries des Dames de la Croix, de la Providence et de Sainte Geneviève, qui s'occupent de l'éducation des jeunes filles.

Au milieu de ces occupations et d'autres graves affaires, il tenait son esprit étroitement uni à Dieu, affable pour tout le monde, toujours le même, simple, sincère et humble. Il s'éloigna toujours des honneurs, des richesses, des plaisirs, et on l'a entendu dire que rien ne lui plaisait, si ce n'est ce qui avait rapport à Jésus-Christ, qu'il s'étudiait à imiter en toutes choses.

Enfin, accablé par les douleurs du corps, les travaux et la vieillesse, il s'endormit tranquillement dans le Seigneur le 20 septembre 1660, âgé de quatre-vingt-cinq ans, à Paris, dans la maison de Saint-Lazare, qui est la maison principale de la Congrégation de la Mission. Célèbre par ses vertus, ses mérites et ses miracles, il a été mis au nombre des Saints par Clément XII, qui a fixé au 19 du mois de juillet de chaque année la célébration de sa fête.

RÉFLEXION.

En revoyant ici la nomenclature sommaire de tout ce qu'un seul homme a fait pour Dieu et pour ses frères, que penseraient tant d'hommes qui ne font rien du tout pour Jésus-Christ ni pour le prochain ?

SAINT VICTOR

PAPE ET MARTYR

— 28 Juillet. —

(Tiré du Bréviaire romain.)

Victor, né en Afrique, gouverna l'Église au temps de l'empereur Sévère (202). Il confirma le décret du pape Pie, premier du nom, relativement à la célébration de la fête de Pâques en un jour de dimanche. Des conciles furent tenus en beaucoup d'endroits pour que cet usage passât désormais dans la discipline générale, et enfin, au premier synode de Nicée, il fut décrété que la solennité de Pâques aurait lieu le dimanche qui suivrait le quatorzième jour de la lune après l'équinoxe du printemps, pour que les Chrétiens ne semblassent pas imiter les Juifs.

Victor établit que, dans un cas de nécessité, quiconque pourrait baptiser en se servant de quelque eau que ce fût, pourvu qu'elle fût naturelle. Il retrancha de l'Église le corroyeur Théodote, de Byzance, qui enseignait que Jésus-Christ n'avait été qu'un homme. Il écrivit sur la question de la Pâque et fit quelques autres opuscules. En deux ordinations, au mois de décembre, il consacra quatre prêtres et sept diacres, et douze évêques en divers pays.

Victor obtint la couronne du martyre, et fut enseveli au Vatican. Il occupa le trône pontifical neuf ans, un mois et vingt-huit jours.

RÉFLEXION.

Rien n'est inutile dans le culte; il n'y a rien d'indifférent dans la matière d'un sacrement, ni même dans la fixation du jour d'une solennité de l'Église. Les travaux constants du pape Saint Victor prouvent combien il ajouta d'importance à ces matières, dignes au plus haut point des préoccupations d'un Souverain-Pontife. Pourrons-nous, après cet exemple, donner peu d'attention à ces cérémonies sacrées qui, aux yeux de l'homme instruit, étranger même au catholicisme, auraient déjà un cachet si respectable d'antiquité et de symbolisme profond ? Eh quoi ! nous observons avec scrupule des formules de politesse et des usages nationaux sans grande importance, mais qu'il est convenable de laisser subsister, et nous pourrons croire qu'il nous serait loisible de suivre ou d'abandonner certaines formes que le Christianisme emploie depuis des siècles comme signes de réunion, et qu'il ne devrait pas nous être désavantageux de vivre ainsi dans un relâchement de tous ces liens qui *rallient* à la *religion* et lui donnent un corps visible ! Bientôt, s'évaporant dans le vague, le sentiment religieux tomberait à rien et s'évanouirait en un déisme insaisissable, qui laisserait notre âme dans l'indifférence et notre vie sans mérite et sans but. N'écoutez donc pas ceux qui disent : « La religion est toute dans le cœur. » Sans doute elle est dans le cœur comme dans son centre, mais elle est aussi dans l'intelligence, dans les œuvres, dans les saintes pratiques, dans l'accomplissement des commandements de Dieu et de l'Église. Que penseriez-vous de ceux qui diraient : « La charité est toute dans le cœur, » — et ne feraient jamais l'aumône? « La justice » est toute dans le cœur! » — et ne paieraient pas leurs dettes? « La politesse est toute dans le » cœur, » — et s'abstiendraient de tous les usages convenus pour en être l'expression? Vous les prendriez pour des insensés. C'est précisément le jugement qu'il faut porter à l'égard des premiers.

TRANSLATION EN AFRIQUE
DES RELIQUES DE SAINT ÉTIENNE

PREMIER MARTYR

— 3 Août —

(*Tiré du Bréviaire romain.*)

Le corps de Saint Étienne, premier martyr, fut retrouvé, d'après un avertissement céleste, à Jérusalem, au temps de l'empereur Honorius. Théodose-le-Jeune le fit transporter à Constantinople et, par la suite, le pape Pélage le déposa dans le tombeau de Saint Laurent, à Rome.

Saint Augustin, dans son livre de la *Cité de Dieu* (1), nous apprend que « Projectus, évêque » des Eaux-Tibilitaines, apporta dans sa cathé- » drale (413) des reliques de Saint Étienne, qu'un » grand concours de peuple vint vénérer. Une

(1) Liv. 22, ch. 8.

» femme aveugle fut amenée à l'évêque au mo-
» ment où il tenait les restes du Saint, qu'elle in-
» voqua; elle offrit des fleurs qu'on lui rendit, et
» qu'elle approcha de ses yeux, et tout-à-coup la
» vue lui fut rendue....! au milieu de la stupéfac-
» tion générale; elle s'avançait joyeuse, précédant
» la pompe chrétienne, et désormais elle ne vou-
» lut plus de guide.

» Il y avait aussi des dépouilles de ce saint mar-
» tyr au château de Synitense, dans le voisinage
» d'Hippone. Lucilius, évêque en cet endroit, les
» portait un jour en procession. Depuis longtemps
» il souffrait d'une incommodité cruelle, et son
» médecin était sur le point de pratiquer, en con-
» séquence, une opération dangereuse, lorsqu'il
» fut soudainement guéri, tandis qu'il soutenait
» le reliquaire. »

RÉFLEXION.

On s'étonne quelquefois, on murmure peut-être, — et la foi s'ébranle dans le cœur avec l'espérance, — lorsqu'on n'obtient pas aussitôt, par l'intercession des Saints, ce que l'on demande à Dieu, à Dieu qui a promis de donner à qui demanderait, d'ouvrir à qui frapperait. Mais comment frappe-t-on? Pourquoi frappe-t-on? Où veut-on aller?

Comment frappe-t-on? Est-ce avec modestie, patience, confiance qu'il nous sera ouvert par un être bienheureux et puissant en qui nous avons foi, par les mérites de Jésus-Christ couronné dans sa personne? Frappe-t-on au cœur de Dieu avec son propre cœur qu'il nous demande, lui qui a si souvent frappé à la porte du nôtre, et qui s'est tenu à attendre si longtemps?

Pourquoi frappe-t-on? Que demande-t-on? C'est peut-être quelque chose qui, dans un élan d'un sentiment parfait, n'a qu'un but désintéressé : la gloire de Dieu!... Mais pourquoi se trouble-t-on? Dieu, qui connaît mieux que nous les intérêts de sa gloire, veut peut-être différer l'emploi du moyen dont il nous laisse le mérite d'avoir rêvé l'utilité!

Si nous venons à demander quelque chose dont nous veuillons personnellement profiter, avisons bien si c'est encore en vue de Dieu; si nous demandons vraiment à Dieu la santé, comme l'évêque Lucillus, pour travailler à le faire mieux bénir; — si nous demandons la vue, comme la veuve Tibilitaine, pour mieux conduire dans le chemin du salut ceux qui nous sont confiés, et s'il ne ne vaudrait pas mieux demander à Dieu qu'il détournât nos yeux de la vanité (1), que nous voulons peut-être regarder encore, tandis que c'est au ciel qu'il faudrait seulement les tourner; — car c'est là qu'il faut aller.

Nous ne demandons à Dieu, le plus ordinairement et le plus ardemment, que les faux biens de

---

(1) Psaume 118 — 37.

la terre et que les satisfactions du temps. Faut-il s'étonner que Dieu ne donne point ce qu'on lui demande mal,... ce qu'on lui demande de mal,... pour le mal !... même ce que nous lui demandons dans un but qui n'est pas lui, seul objet du vrai bonheur ?

Nous voulons le bien-être : il nous l'accorde souvent, en nous refusant ce que nous croyons faussement être bon. Quel est le père de famille qui donnerait un serpent, une pierre à son enfant lui demandant du pain (1) ?

(1) Matth. ch. 7, ⱴ. 9.

SAINT FIRMUS

ÉVÊQUE DE TAGASTE ET MARTYR

— 9 Août. —

(Tiré de Saint Augustin, au Traité du Mensonge.)

L'évêque Firmus est célèbre pour la constance qu'il montra dans les tourments à Tagaste, en Afrique. Il vécut (305) avant le règne de Constantin. C'est ce que nous apprenons de Saint Augustin, qui, parlant de la fidélité que nous devons garder aussi envers les hommes, raconte ce trait de la fermeté courageuse de Firmus :

« Lorsque des appariteurs envoyés par ordre de
» l'empereur réclamaient de Firmus un homme qui
» s'était réfugié dans sa maison et qu'il cachait avec
» le plus grand soin, il répondit à toutes les recher-
» ches qu'il ne pouvait mentir ni livrer le fugitif.
» Il souffrit la torture, car les empereurs n'étaient
» pas encore Chrétiens, et persista dans sa ma-
» nière de voir. Amené à l'empereur, il parut si
» admirable dans sa résolution qu'il obtint de lui,

» sans aucune peine, la grâce de l'homme qu'il
» cachait si bien. »

RÉFLEXION.

La fidélité envers ceux qui se confient à nous, l'exactitude à remplir nos engagements à leur égard, la sincérité, le désintéressement, sont des vertus que les hommes comptent trouver en nous, Chrétiens, et ils ont raison d'avoir cette pensée, puisqu'ils croient que nous voulons tendre à la perfection dont Dieu nous a fait un devoir, en s'offrant à nous comme exemple et en nous rappelant que nous avons été faits à son image et ressemblance. Comment, d'ailleurs, pourrions-nous leur prouver qu'ils ont tort de dire, pour se confirmer dans le cynisme de leur vie, que la religion n'est qu'une vaine parade, et leur faire voir qu'il y a réellement des âmes fidèles aux commandements de Dieu, si nous ne l'étions pas envers eux dans les choses légitimes que nous leur avons promises? Ils n'estiment même, le plus souvent, la piété que dans l'espoir d'y trouver cette assurance dont leurs avantages matériels ont besoin, et cet esprit de justice dont le faux-semblant les a si souvent trompés dans leurs pareils. Ils savent, par une solide expérience, qu'il n'y a d'homme véritablement honnête que celui qui est véritablement Chrétien. Appliquons-nous donc à faire entrer, dans nos relations avec le monde et avec nos frères, la plus scrupuleuse exactitude à tous nos devoirs.

SAINT ALYPE

ÉVÊQUE DE TAGASTE

— 19 Août. —

(Tiré du Bréviaire propre au diocèse d'Alger.)

Alype, né à Tagaste, en Afrique (380), d'une famille noble, est devenu célèbre surtout par l'amitié qu'il inspira à Saint Augustin. Il fut son intime et son inséparable, au point qu'il était appelé par lui le *frère de son cœur*. Il étudia sous sa direction les belles-lettres, à Tagaste même, ensuite à Carthage, où tous deux tombèrent dans les erreurs des Manichéens. Ils se chérissaient mutuellement : Alype aimait Augustin à cause de la droiture et du savoir qu'il trouvait en lui ; Augustin aimait Alype à cause de ses dispositions extraordinaires pour la vertu, qui semblaient d'autant plus grandes, — il le dit lui-même, — que son âge était moins avancé (1).

Alype avait été possédé de l'amour des spectacles cruels qui étaient en usage à cette époque. Saint Augustin, au livre sixième de ses *Confessions*, raconte en ces termes l'état où ce délire avait poussé son ami :

« Carthage, ce gouffre des mœurs, où le goût
» des vains spectacles est si ardent, lui avait
» donné la folle passion des jeux du cirque. J'ap-
» pris qu'il n'aimait plus que le cirque, et j'étais
» fort inquiet de voir se perdre les espérances d'un
» si beau naturel dans la préoccupation aveugle
» d'amusements frivoles. A mes paroles, il se
» retira d'un abîme aussi profond, où il se plon-
» geait avec plaisir; il secoua de lui avec cou-
» rage les ordures qu'on en rapporte, et jamais
» plus il n'approcha d'un cirque.

» N'abandonnant point la carrière mondaine
» qui lui était tant vantée par ses parents, pour
» suivre l'étude du droit il m'avait précédé à
» Rome, et c'est incroyable comme il y fut en-
» traîné à une admiration étonnante pour les
» combats de gladiateurs. Il avait de l'aversion,
» de l'horreur pour de tels spectacles, lorsque
» quelques-uns de ses amis et de ses condisciples

(1) Alype était petit, mais alerte et robuste. Augustin, dont la stature n'était pas plus haute, le plaisantait par fois sur l'exiguité de sa taille. (*Traité de vie heureuse*, disp. 1, n° 13.)

» revenant de dîner, le rencontrèrent et, malgré
» son refus énergique et sa résistance, l'emme-
» nèrent par une violence amicale dans l'amphi-
» théâtre où ces jeux cruels et coupables ont lieu
» à de certains jours. Il leur disait :

» — Si vous me placez de force dans cet
» endroit, pourrez-vous rendre mon esprit et mes
» yeux attentifs à ce qui s'y passera? J'y serai
» comme si je n'y étais pas, et je ne céderai ni à
» vous, ni à l'attrait de votre spectacle.

» Ils l'emmenèrent toujours, voulant peut-être
» voir comment il se contiendrait. Lorsqu'ils ar-
» rivèrent à l'amphithéâtre, ils se placèrent com-
» me ils purent ; les spectateurs y jouissaient déjà
» de leurs barbares plaisirs. Alype, fermant les
» yeux, s'interdit de prendre intérêt à ces luttes
» criminelles. Que ne se boucha-t-il aussi les
» oreilles ! Voilà que dans une circonstance du
» combat, tout le peuple pousse un grand cri qui
» l'ébranle fortement. Vaincu par la curiosité, et
» se proposant bien de mépriser ce qu'il verrait,
» quoi que ce fût, et de se vaincre lui-même, — il
» ouvre les yeux !.... Mais il fut frappé d'un coup
» plus dangereux dans l'âme que ne l'avait été
» dans son corps celui qu'il avait voulu regarder.
» Il tomba d'une manière plus déplorable que
» celui dont la chute avait causé le cri qui lui faisait
» ouvrir les paupières. Son âme, blessée et abat-
» tue, avait eu plus d'audace que de force, d'au-
» tant plus faible qu'elle avait compté davantage

» sur elle-même, quand elle n'aurait dû avoir
» confiance qu'en vous, ô mon Dieu! Dès qu'il
» vit couler le sang, il y prit le goût de la cruauté;
» il ne se détourna pas, il contempla cet aspect.
» Il assouvissait sa fureur à son insu, il se com-
» plaisait dans la rage de cette lutte abominable,
» il s'enivrait d'une volupté inhumaine. Il n'était
» plus tel qu'il était entré, mais il faisait partie
» alors de cette multitude; c'était un vrai compa-
» gnon de ceux qui l'avaient entraîné. Que dire
» de plus? Il regarde, il pousse des cris, il
» s'échauffe, il remporte de là une frénésie qui le
» stimule à y revenir, non seulement avec ceux
» qui l'y avaient conduit d'abord, mais à leur tête
» et entraînant les autres. Et pourtant, Seigneur,
» votre main miséricordieuse et puissante le tira
» de ce désordre et lui apprit à se fier, non en
» lui, mais en vous! Toutefois ce ne fut que bien
» longtemps après. »

Alype fit tant de progrès dans l'étude du droit qu'il fut choisi pour être l'un des assesseurs du Ministre des gratifications en Italie. Dans cette charge il eut occasion de montrer énergiquement son intégrité et son courage. Un sénateur fort puissant ayant voulu obtenir quelque chose en dehors du droit et de la justice, Alype seul lui résista : ni les présents ni les menaces ne purent le faire dévier de l'équité. « Et tout le monde s'é-
» tonnait, dit Saint Augustin, d'une moralité si
» rare, qui ne désirait pour ami ni ne craignait

» pour ennemi un homme si considérable, univer-
» sellement connu par ses nombreux moyens de
» favoriser ou de nuire. »

Alype se lia encore plus étroitement avec Augustin, lorsque celui-ci vint à Rome. Il le suivit à Milan, et là étudia soigneusement avec lui la vraie religion. Très-réservé dans sa propre conduite, il le dissuada de se marier, l'assurant que s'il prenait ce parti, ils ne pourraient plus en aucune manière s'occuper ensemble de la philosophie dans un doux loisir, comme ils le faisaient.

Alype fut présent et seul témoin, au moment de l'admirable conversion d'Augustin, à qui Dieu voulut bien aussi l'associer dans le changement décisif qui s'opérait alors en son cœur. A l'instant où Augustin prenait la résolution d'embrasser la religion orthodoxe, à la suite de la lecture d'un passage des Saintes Écritures où il est prescrit de quitter toutes les délices du monde et de se revêtir de Jésus-Christ, Alype, qui était auprès de lui, s'appliquant les paroles qui suivent : « *Prenez*
» *aussi avec vous celui qui est faible dans la*
» *foi* (1)...... obéit à l'oracle céleste, et sans aucun retard, se décida à servir Dieu avec lui. Alype se retira donc aux champs, dans sa compagnie, et se prépara à recevoir les saints mystères par des actes d'une mortification extraordinaire. Enfin, aux fêtes pascales, il fut régénéré avec Augustin, par

---

(1) Rom. 14 — 1.

Saint Ambroise, dans les eaux du baptême (387).

De retour en Afrique, digne émule de son ami, Alype s'appliqua à la vie religieuse. Devenu prêtre, il partit peu après pour Jérusalem, et devint l'occasion de l'amitié que Saint Jérôme et Saint Augustin lièrent ensemble.

Alype ne tarda pas à être nommé évêque de Tagaste (403), et fut élu pour être, avec Saint Augustin, un des sept qui disputèrent contre pareil nombre d'évêques hérétiques, dans la célèbre conférence de Carthage (411), qui eut un si heureux résultat pour l'importante affaire du Donatisme.

Envoyé, — toujours avec Saint Augustin, — par le pape Zozime à Julia Césarée, il mit tous ses soins à y travailler dans les intérêts du Saint-Siége. Mais ce fut surtout dans la destruction des Pélagiens que brilla son habileté. Dans ce but, il passa trois fois en Italie. Il se rendit auprès de l'empereur Honorius et vint jusqu'à Ravenne pour y voir le comte Valérien, et à Rome, où, accueilli de la manière la plus affectueuse par le pape Boniface, il reçut de lui, en communication, deux lettres de Julien, où les Catholiques et Augustin lui-même étaient audacieusement maltraités. Augustin satisfit au désir du Souverain-Pontife en répondant par de savants ouvrages, tant aux lettres qu'aux autres écrits de cet hérétique, qu'Alype lui avait transmis. A cette occasion, Saint Jérôme les félicita l'un et l'autre, à juste titre, de ce que l'hérésie de Pélage avait été frappée à mort par leurs mains.

Enfin, après avoir porté la charge de l'épiscopat pendant plus de quarante ans; après avoir présidé le premier des synodes de toute la Numidie et achevé de grands et nombreux travaux pour l'Église de Dieu, Alype passa au ciel le 15 août de l'an 443, sous le règne de Théodose-le-Jeune et de Valentinien III.

RÉFLEXION.

Les heureux résultats d'une noble et digne amitié apparaissent dans la tendre union d'Alype et d'Augustin, *son frère de cœur*. Cette existence à deux, qui les joint sur terre où ils font ensemble une chute en tombant dans le Manichéisme, les unit dans leur élan vers le ciel et, — réalisant cet emblème de deux génies n'ayant chacun qu'une aile et ne pouvant s'élever qu'en se serrant l'un contre l'autre, — pousse leur essor simultané jusque dans la vie éternelle. Si nous devons à Augustin la conversion d'Alype, qu'il entraîne dans la sienne, si Alype devient Chrétien comme lui, n'est-ce pas à Alype que nous devons Saint Augustin comme évêque et docteur? Augustin aurait-il pu jamais entrer dans le sacerdoce et trouver ailleurs cette paix profonde qui lui a permis d'exprimer les hautes pensées dont il a rempli ses nombreux ouvrages, s'il se fût engagé dans les liens du mariage et dans tous les embarras que ce nœud entraîne à sa suite, comme il avait l'idée de s'y décider, et comme Alype l'en dissuada sagement ? Dès lors, voyez comme ces deux hommes se complètent l'un par l'autre : l'un se livre à la contemplation, à l'étude, à la publication d'utiles vérités; l'autre, dans le même but, les propage, mène la vie active, voyage, passe les mers, préside les synodes, se charge de légations, va voir les Papes, les empereurs, emploie sa connaissance pratique des affaires du monde au profit de l'Église de Dieu. Ils sont devenus les membres de Jésus-Christ, et se suppléent et se chérissent plus étroitement, comme appartenant au même chef, et parce qu'ils sont animés de la même flamme de vie, qui est la divine charité ! Aussi l'Église, qui désire que nous leur devenions semblables, adresse-t-elle à Dieu cette belle oraison :

« Seigneur, qui avez rendu illustre le Bienheu-
» reux Alype en le dotant du sentiment d'une
» amitié toute sainte, accordez-nous que, vous
» aimant en tout et au-dessus de tout, nous puis-
» sions devenir un seul cœur et une seule âme en
» Notre-Seigneur Jésus-Christ, qui vit et règne
» avec vous dans l'unité du Saint-Esprit, ô Dieu !
» durant tous les siècles. »

Choisissons bien nos amis, nos sociétés. D'une liaison bien ou mal faite dépendent souvent notre avenir et notre salut.

SAINT LOUIS

ROI DE FRANCE, CONFESSEUR

— 25 Août. —

(*Tiré du Bréviaire romain.*)

Louis IX, roi de France dès l'âge de douze ans (1226), et depuis la mort de son père, élevé saintement par la reine Blanche, sa mère, se fit bientôt admettre dans le Tiers-Ordre de Saint François, et donna d'illustres exemples d'abstinence, d'humilité, de dévotion et de toutes les autres vertus.

A l'âge de vingt ans (1234), exerçant déjà la royauté, il tomba gravement malade, et dès lors forma le projet de reconquérir l'État de Jérusalem. C'est pourquoi, dès qu'il eut pris des forces, il reçut l'étendard de la croix des mains de l'évêque de Paris, et passant la mer avec une grande armée, il mit en fuite les Sarrasins dès le premier combat. Mais de la peste une grande quantité de ses soldats étant mort, il fut vaincu lui-même et fait prisonnier (1250). Les choses s'arrangèrent ensuite avec les Sarrasins : le roi devint libre et son armée fut licenciée. Durant son séjour de cinq ans en Orient, il racheta beaucoup de Chrétiens de la servitude des barbares, et convertit aussi beaucoup d'infidèles à la foi en Jésus-Christ. Il fortifia encore à ses frais plusieurs villes occupées par les Chrétiens.

Pendant ce temps, sa mère était morte (1252); il fut forcé de revenir en France où il s'adonna tout entier aux exercices de piété. Il éleva beaucoup de monastères et d'hospices pour les pauvres. Il secourait les indigents par ses bienfaits et visitait souvent les malades, à qui non-seulement il faisait tout fournir par ses libéralités, mais qu'il servait, au besoin, de ses propres mains. Il portait des vêtements communs et mortifiait assidument son corps par le cilice et par le jeûne.

Si l'on trouve succincte, jusqu'ici, cette notice sur notre illustre roi Saint Louis, qu'on se souvienne que nous traduisons la légende du bréviaire romain, ne tenant compte que des titres à la gloire du ciel, et que le présent ouvrage n'a d'autre but que de célébrer les actes de Saints dans les pays barbaresques. Pour satisfaire à cet objet, les documents sur Saint Louis vont être plus développés, comme puisés à des sources plus spéciales pour l'histoire du nord de l'Afrique.

Le 25 mai 1267, ayant convoqué ses barons dans la grande salle du Louvre, Saint Louis entra au milieu d'eux, tenant en ses mains la sainte couronne d'épines (1), et leur déclara sa résolution invariable de porter la guerre encore contre les Sarrasins. Il prit la croix, la fit prendre à ses trois fils, et la plupart de ses chevaliers imitèrent son exemple (2).

Notre saint roi commença à s'occuper sérieusement de sa seconde croisade en 1268. Il concentra ses troupes en Languedoc et en Provence, au printemps de l'année 1270. Les troupes s'embarquèrent à Marseille et à Aigues-Mortes; le roi partit de ce dernier point. L'expédition mit à la voile le 4 juillet; le 8, on aperçut les côtes de Sardaigne, et plusieurs seigneurs rallièrent l'expédition à Cagliari. Il y eut, après leur arrivée, un grand conseil où le roi fit connaître son intention de se porter d'abord sur Tunis et de faire la conquête de ce royaume. Les raisons qu'il fit valoir étaient puissantes : Tunis, située en face de la Sicile, sur le chemin de la Terre-Sainte, pouvait inquiéter ses communications entre l'Europe et l'Orient, et fournir des secours à l'Égypte. C'était aussi un poste d'observation du monde musulman sur le

---

(1) C'est dans cette attitude, à ce moment solennel, que le Saint Roi est représenté au milieu de la décoration de l'ordre militaire de Saint-Louis; institué par Louis XIV en 1693.

(2) *Vie de Saint Louis*, par Alban de Villeneuve Bargemont.

monde chrétien, et il était urgent de ne pas le laisser derrière soi au pouvoir de mains ennemies. Le 15 juillet, l'expédition mit à la voile pour les côtes d'Afrique.

L'espérance de voir le roi de Tunis se convertir au Christianisme, et par conséquent devenir son allié, aurait été le véritable motif qui conduisait Saint Louis en Afrique. Il y avait eu, disent Geoffroy de Beaulieu et Guillaume de Nangis, échange d'ambassadeurs entre le roi de France et celui de Tunis. Les ambassadeurs du prince arabe auraient fait connaître au monarque français que leur maître désirait vivement recevoir le baptême, si une occasion *honnête* lui en était offerte, et s'il était à l'abri des suites du mécontentement que sa conversion ferait naître parmi ses sujets. C'eût été pour lui donner cette *occasion honnête* et lui offrir un appui contre le danger qu'il craignait, que le roi se serait décidé à aller d'abord à Tunis. Louis dit aux ambassadeurs tunisiens qu'il consentirait volontiers à finir ses jours dans un cachot, s'il pouvait à ce prix voir leur maître et son peuple entrer dans la voie du salut éternel. Le roi parlait souvent de la joie qu'il éprouverait s'il pouvait avoir un pareil filleul.

L'armée arriva le 17 juillet, sans accident de mer, en face des ruines de Carthage. Aussitôt débarquée (le 18 juillet), les troupes se mirent en bataille, et le chapelain du roi, Pierre de Conde, lut à haute voix une proclamation par laquelle les croisés prenaient officiellement possession du sol africain. Les croisés établirent leur camp sur le rivage, au point du débarquement. L'eau douce était fort rare. Il y eut un petit combat pour la possession d'une citerne défendue par un château dont un détachement d'infanterie s'empara.

Le lundi 21 juillet, l'armée se porta vers le château de Carthage, et s'établit dans un lieu où elle eut abondamment d'eau douce.

Le mardi 22, le château fut emporté par un détachement de cinq cents marins. Les Musulmans eurent, dans cette affaire, deux cents hommes tués, et les nôtres un seul.

Le roi fit entourer son camp de retranchements et résolut d'attendre, dans cette position, l'arrivée de son frère, le roi de Sicile. Les Arabes, enhardis par l'inaction des croisés, venaient tous les jours escarmoucher autour du camp. Si l'on marchait à eux, ils fuyaient; puis lorsque les Français, fatigués d'une vaine poursuite, rentraient au camp, ils faisaient volte-face et les accablaient d'une grêle de flèches et de javelots. C'était exactement le genre de guerre qu'on leur voit faire de notre temps. Les troupes, fatiguées par des alertes continuelles, demandaient à grands cris qu'on en finît et qu'on les fît marcher contre Tunis.

Bientôt les croisés, privés de vivres frais, réduits au biscuit et à la viande salée, ne purent échapper aux atteintes du découragement, de la fièvre et de la dyssenterie. Le terrible vent du sud, qui soufflait avec violence et continuité, donnait à ce triple fléau une intensité effrayante. La contagion atteignit le quartier-général. Le roi et son fils Tristan, comte de Nevers, furent frappés. Ce jeune prince couchait dans la tente de son père, dont il était tendrement aimé. Sa maladie ayant fait des progrès plus rapides que celle du roi, les médecins le firent transporter sur un vaisseau pour qu'il n'expirât pas sous les yeux de son père ; il y rendit le dernier soupir. On cacha quelque temps sa mort au roi, mais il fallut enfin lui dire la vérité. Louis n'affecta point l'insensibilité stoïque d'un philosophe : il versa d'abondantes larmes, et chercha des consolations dans la pensée qu'il ne tarderait pas à rejoindre ce fils tant aimé.

Lorsque le roi sentit que la mort approchait, il manda les chefs de l'armée et les dignitaires de la couronne qui l'avaient accompagné en Afrique. Ce fut en leur présence qu'il adressa à son fils Philippe ses célèbres et touchantes instructions. Après avoir fait ses adieux à ses amis et à ses enfants, il accomplit les derniers devoirs de la religion (1).

La maladie continuant d'augmenter, Louis reçut les sacrements avec grande dévotion, ayant encore

---

(1) *Mémoires historiques et géographiques sur l'Algérie.* — Expéditions et établissements des Français en Barbarie, par Pellissier. — § 9. Expédition de Saint Louis à Tunis.

une entière liberté d'esprit, jusque là que, quand on lui donna l'Extrême-Onction, il disait les versets des psaumes et les noms des Saints aux Litanies (1).

On lui porta ensuite le saint Viatique. Aussitôt il ranima ses forces, et se jetant à genoux au pied de son lit, il reçu son divin Sauveur dans les transports de la foi la plus vive. Dès ce moment, il ne soupira plus qu'après la céleste patrie ; il bénissait le ciel de l'état où il l'avait mis (2).

Déclinant vers sa fin, il n'était plus occupé que des choses de Dieu et de la propagation de la foi; en sorte que, ne pouvant plus parler que très-bas et avec peine, il disait à ceux qui approchaient leur oreille de sa bouche : « Pour Dieu ! cherchons comment on pourra prêcher la foi à Tunis. Oh ! qui pourrait-on y envoyer? » — Et il nommait un Frère Prêcheur qui y avait été autrefois et qui était connu du roi de Tunis. La nuit de devant sa mort, il disait : « Nous irons à Jérusalem ! » Quoique les forces lui manquassent peu à peu, il ne cessait point de nommer, autant qu'il pouvait, les Saints auxquels il avait le plus de confiance, principalement Saint Denis et Sainte Geneviève.

Le lendemain, quand le jour fut venu, il tendit ses mains jointes au ciel et dit : « Seigneur Dieu, aie

(1) *Histoire universelle de l'Église catholique*, par Rohrbacher, l. 74, v. 18, p. 694. — (2) Godescard, *Vies des Pères*.

merci de ce peuple qui ici demeure et le conduis en son pays; qu'il ne tombe pas à la main de ses ennemis et qu'il ne soit contraint de renier ton saint nom ! »

Voici en quels termes un témoin oculaire, l'Évêque de Tunis, rendit compte au roi de Navarre des derniers instants d'une vie si sainte :

« Quand il eut déjà perdu une partie de la parole, il criait quelquefois tout haut : *Fac nos, Domine, prospera mundi despicere et nulla ejus adversa formidare.* (Faites, Seigneur, que nous méprisions les prospérités du monde et que nous ne redoutions aucune de ses adversités); et encore : *Esto, Domine, plebi tuæ sanctificator et custos.* (Soyez, Seigneur, le sanctificateur et le gardien de votre peuple). Après l'heure de tierce, il perdit comme entièrement la parole, mais il regardait les gens avec une grande bonté et faisait souvent le signe de la croix; et entre l'heure de tierce et de midi, il fit aussi comme semblant de dormir, et fut bien, les yeux clos, l'espace de demi-heure et plus. »

Quand il se sentit près de sa fin, il se fit mettre sur un petit lit couvert de cendre où les bras croisés sur la poitrine et les yeux levés au ciel, il rendit l'esprit, sur les trois heures après midi, le lundi vingt-cinquième jour d'août 1270, ayant vécu cinquante-cinq ans et régné près de quarante-cinq.

Saint Louis pressentit sa fin prochaine et fit venir ses enfants auprès de lui. Quand ils furent tous réunis, il adressa la parole à son fils aîné et lui fit connaître ses dernières volontés. Nous ne saurions mieux terminer cet article qu'en transcrivant quelques parties de cette sorte de testament moral, dont l'ensemble a été tracé pour des princes plutôt que pour de simples fidèles. « Ces derniers enseignements du bon roi étaient, dit Joinville, écrits de sa propre main, et sont tels :

« Biau fils, la première chose que je t'ensei-
» gne, c'est que tu mettes ton cœur à aimer Dieu,
» car sans cela, nul ne peut être sauvé. Garde-toi
» de faire chose qui déplaise à Dieu : c'est à savoir,
» péché mortel, mais plutôt souffrir toutes ma-
» nières de vilainie et de tourments que de faire
» péché mortel. Si Dieu t'envoie adversité, reçois-
» la en bonne patience et en rends grâce à Notre-
» Seigneur, et pense que tu l'as mérité, et que
» tout te tourne à profit. S'il te donne prospé-
» rité, remercie-l'en humblement, afin que tu
» ne sois pas pire ou par orgueil ou par autre
» manière que tu ne puisses mieux valoir; car
» on ne doit pas guerroyer Dieu de ses dons.
» Confesse-toi souvent, et que ton confesseur
» soit prud'homme, qui te sache enseigner ce
» que tu dois éviter. Tu dois être tel que ton
» confesseur et tes amis osent te reprendre de tes
» méfaits.

» Écoute dévotement, et de cœur et de bouche,
» le service de sainte Église, spécialement en la

» messe, au moment où la consécration est faite.
» Aie le cœur doux et pitoyable pour les pauvres,
» les chétifs, les malaisés, et les conforte selon ce
» que tu pourras.

» Si tu as aucun malaise de cœur, dis-le aussitôt
» à ton confesseur ou à aucun prud'homme qui ne
» soit pas plein de vaines paroles, et tu le suppor-
» teras plus légèrement.

» Aie soin d'avoir en ta compagnie des gens
» prud'hommes et loyaux, soit religieux, soit sé-
» culiers, qui ne soient pas pleins de convoitises,
» et parle souvent à eux; fuis et évite la compa-
» gnie des mauvais. Écoute volontiers la parole de
» Dieu, et la retiens en ton cœur, et recherche
» volontiers prières et pardons (les indulgences).

» Que nul ne soit si hardi devant toi que de
» dire parole qui attire et émeuve au péché, ni
» qui médise d'autrui en arrière, dans l'esprit de
» nuire. Ne souffre pas non plus que vilainie sur
» Dieu soit dite devant toi. Rends souvent grâces
» à Dieu de tous les biens qu'il t'a faits, afin que
» tu sois digne d'avoir plus.

» Si tu tiens quelque chose à autrui, ou par toi,
» ou par tes devanciers, et si c'est chose certaine,
» abandonne-le sans tarder; et si c'est chose dou-
» teuse, fais aussitôt et diligemment faire enquête
» par des gens sages.

» Porte honneur et révérence à ton père et à ta
» mère, et garde leur commandement.

» Prends garde que les dépenses de ton hôtel

» soient raisonnables, et enfin, très-cher fils, fais
» chanter messes pour mon âme et dire prières,
» et donne-moi une part spéciale dans tous les
» biens que tu feras.

» Biau cher fils, je te donne toutes les bénédic-
» tions qu'un bon père peut donner à son fils, et
» que la Trinité et tous les Saints te gardent et dé-
» fendent de tous maux, et que Dieu te donne la
» grâce de faire toujours sa volonté pour qu'il soit
» honoré par toi ; et que toi et nous puissions,
» après cette vie mortelle, être ensemble avec lui
» et le louer sans fin. »

Le saint roi donna aussi des instructions également tendres et pieuses à la princesse Isabelle, sa fille, reine de Navarre, qui l'avait accompagné en Afrique avec son mari. Il lui recommanda d'abord d'aimer Dieu de tout son cœur et d'éviter le péché avec le plus grand soin. Il l'exhorta ensuite à pratiquer la douceur, la résignation, l'humilité, la miséricorde, la charité ; et après lui avoir fait sentir le néant des richesses et la frivolité des atours, il finit par ces belles paroles : « Ne perdez
» jamais de vue, ma chère fille, ce que Jésus-
» Christ a fait pour notre rédemption ; mais cher-
» chez constamment à lui plaire, en sorte que, si
» vous saviez certainement que vous n'eussiez
» jamais de récompense de nul bien, ni peine de
» nul mal que vous fissiez, toutefois vous devriez
» vous garder de faire choses qui déplussent à
» Notre-Seigneur et entendre à faire choses qui

» lui plussent, selon votre pouvoir, pour l'amour
» de lui purement. »

Saint Louis mourut en faisant cette prière : *Seigneur, j'entrerai dans votre maison, je vous adorerai dans votre saint temple et je chanterai votre nom* (1).

Son corps fut ensuite transporté à Paris et fut gardé et honoré dans l'église de Saint-Denis; sa tête fut déposée dans le sanctuaire de la sainte chapelle. Illustre par ses miracles, il a été mis au nombre des Saints par le Pape Benoît VIII.

Après un grand combat, le camp des Arabes ayant été pris, le roi de Tunis demanda la paix. Les troupes chrétiennes s'éloignèrent des côtes d'Afrique le 18 octobre 1270.

A dix ou douze kilomètres de Tunis, sur un promontoire du golfe, s'élève, au milieu d'une verdoyante oasis, entouré d'une ceinture de blanches murailles, le monument consacré à la mémoire de Saint Louis. C'est un petit oratoire gothique avec coupole, bâti au sommet de la Byrsa, emplacement de l'ancien temple d'Esculape à Carthage, dont les ruines jonchent tout le mamelon, et à l'endroit même où l'on croit que le pieux roi rendit le dernier soupir.

RÉFLEXION.

Apprenons de ce grand prince à aimer Dieu par-

(1) Psaume 5, ⅴ. 8.

dessus tout, et n'oublions pas cette devise de la reine Blanche sa mère : « Mon fils, lui disait-elle souvent, je vous aime plus que le monde entier, et cependant je préférerais vous voir mort que de vous voir commettre un seul péché mortel. » Sublime parole, à la méditation de laquelle nous devons Saint Louis! Si toutes les mères instruisaient ainsi leurs enfants, la jeunesse serait promptement régénérée; si chacun de nous gravait profondément cette sentence dans son âme, nous deviendrions tous des Saints.

SAINT AUGUSTIN

ÉVÊQUE D'HIPPONE

CONFESSEUR ET DOCTEUR DE L'ÉGLISE

— 28 Août. —

(Tiré du Bréviaire romain et de la vie de St Augustin, par Possidius.)

Augustin (Aurelius Augustinus) vint au monde à Tagaste l'an 354, le 13 novembre. Cette ville de Tagaste faisait autrefois partie du royaume de Numidie. Aujourd'hui elle est couchée comme un cadavre à vingt-cinq lieues de Bone et les Arabes l'appellent Souk-Aras (1).

Augustin eut pour père Patrice, un des notables de la cité, qui faisait partie du corps des Décurions (2), bien qu'il sortît d'une famille peu

---

(1) *Vie de Saint Augustin*, par l'abbé Darboy.
(2) *Afrique chrétienne*, par Yanoski.

riche (1). Monique, sa mère, lui apprit les vérités du christianisme; toutefois on différa de le baptiser, selon un usage alors reçu en quelques églises particulières.

Dès son enfance, bien supérieur à ses pareils par la docilité de son caractère, il les surpassa bientôt tous par son aptitude à apprendre. De Tagaste, où il reçut les premiers principes de la grammaire, il fut envoyé à Madaure, ville du voisinage, pour y apprendre la rhétorique. Il avait peu de goût pour le travail; les aimables fictions des poëtes purent seules l'attacher à l'étude. Mais en puisant à cette source empoisonnée, il y laissa l'amour de la vertu. Augustin revint passer à Tagaste sa seizième année.

Il se rendit à Carthage vers la fin de l'an 370, y étudia la rhétorique et y fit les plus rapides progrès. Ce fut alors qu'il tomba dans l'hérésie des Manichéens. Ses ennemis reconnaissaient qu'il avait aimé la décence jusque dans ses déréglements; toutefois il prit alors une concubine qu'il ne quitta qu'en 385, lorsqu'il se convertit à Milan.

Tel était Augustin à l'âge de vingt ans. Il vint donner des leçons de grammaire dans sa ville natale et y resta fort peu de temps; la mort d'un de ses amis lui rendit ce séjour odieux. Il revint à Carthage et y professa la rhétorique avec éclat.

(1) Godescard. — *Vies des Pères.*

Les applaudissements lui étaient chers et l'orgueil emplissait sa vie; mais il s'ennuya de Carthage, où l'indocilité et la turbulence des élèves rendaient le professorat ingrat et pénible. Il se déroba donc furtivement et se dirigea vers Rome.

Augustin avait alors vingt-neuf ans. Il ouvrit à Rome une école de rhétorique, qui fut bientôt fréquentée par tout ce qu'il y avait de plus spirituel dans cette ville. Mais l'injustice des étudiants, qui changeaient souvent de maîtres pour priver de leur salaire ceux qui les instruisaient, le dégoûta aussi de Rome.

Il fut envoyé à Milan pour y professer la rhétorique (384). Là, ayant souvent entendu parler l'évêque Ambroise, qui lui inspira le zèle de la foi catholique, il reçut, à l'âge de trente-trois ans (387), le baptême des mains de ce saint docteur. *(Voir au 5 mai : La Conversion de Saint Augustin, p. 140.*

Augustin résolut de retourner en Afrique pour se consacrer entièrement au service de Dieu dans la solitude; mais il voulut, avant de quitter l'Italie, faire un voyage à Rome, et il resta dans cette ville depuis le mois d'avril jusqu'au mois de septembre suivant. De là il se rendit à Ostie, dans l'intention de s'embarquer pour l'Afrique. Il en fut empêché par la mort de sa mère (387), retourna à Rome et y resta jusqu'à l'année suivante. Il n'arriva à Carthage que vers le mois de septembre 388.

Augustin revint à Tagaste, où il vécut pendant trois ans environ dans une profonde retraite, retiré dans une maison qu'il avait à la campagne, avec quelques amis qui étaient animés des mêmes sentiments que lui. Il donna son patrimoine à l'Église de Tagaste, à condition seulement que l'évêque lui fournirait annuellement ce qui était nécessaire pour sa subsistance et pour celle de son fils. Tout était en commun parmi ces nouveaux religieux, et la maison se chargeait de pourvoir aux besoins de chacun. L'Ordre des *Ermites* dits *de Saint Augustin* date de là son origine. Quelques auteurs la font remonter au temps où Saint Augustin reçut le baptême. L'institut dont nous parlons se répandit en Afrique et y subsista jusqu'à l'invasion des Vandales. On le vit depuis revivre en Europe dans plusieurs congrégations, qui toutes furent unies, en 1254, par le pape Alexandre IV, pour ne plus faire qu'un seul Ordre. Les constitutions que l'on y suit aujourd'hui furent rédigées en 1287. Les *Augustins déchaussés* pratiquent de grandes austérités et vivent dans un recueillement perpétuel. La réforme qu'ils suivent fut établie en 1532 par le P. Thomas de Jésus.

Saint Augustin institua le travail des mains dans son monastère. Il permettait cependant d'y substituer des études utiles et des fonctions spirituelles, — par rapport à ceux qui avaient des talents ou qui étaient appelés au ministère de l'autel.

Augustin joignait la sainteté de la vie à l'étude de la religion. Sur la demande d'un de ses amis, qui voulait quitter le siècle et désirait ardemment le voir et l'entendre, il vint à Hippone. Il y fut retenu malgré lui, et ordonné prêtre (390) par Valère, évêque d'Hippone, connu par ses vertus.

À cette époque, Augustin institua une congrégation d'hommes de piété, se nourrissant et s'habillant comme eux, et leur enseignant avec le plus grand soin la doctrine et la manière de vivre des Apôtres, genre de vie qu'il avait embrassé depuis sa conversion. L'évêque d'Hippone lui donna ses jardins, qui étaient contigus à l'église, et l'on y bâtit une maison pour ses moines. On ne doit pas confondre cette communauté avec celle des *Clercs réguliers*, qu'il établit dans son propre palais lorsqu'il fut évêque.

Comme l'hérésie des Manichéens était dans toute sa vigueur, il entreprit de l'attaquer avec énergie, et réfuta Fortunat, un de leurs chefs. Valère, touché de la piété d'Augustin, le prit pour coadjuteur dans la charge épiscopale en l'année 395.

Lorsque Saint Augustin fut évêque, il forma de son clergé une communauté régulière. Tous donnèrent aux pauvres ce qu'ils possédaient, ou le mirent en commun, et le prévôt, que l'on choisissait tous les ans, fournissait à chacun ce qui lui était nécessaire. Si quelqu'un de la communauté abandonnait son état, il était regardé comme un homme qui avait violé son vœu et puni comme coupable d'apostasie. — Nous venons de rapporter l'origine des *Chanoines réguliers de Saint Augustin*, qui s'occupaient uniquement des fonctions spirituelles du ministère, Ordre bien différent de celui des *Ermites* du même nom.

Augustin poursuivit sans cesse les hérétiques, publiquement et par ses écrits, et ne souffrit qu'ils se soutinssent nulle part. Il délivra l'Afrique en grande partie des Manichéens, des Donatistes, des Pélagiens et d'autres hérétiques encore. Par ses nombreux écrits, par la piété et la sagacité dont il les a remplis, il est celui qui a le plus éclairci la doctrine chrétienne. Il est un des premiers que suivirent ceux qui, plus tard, rédigèrent la science de la théologie en étude rationnelle et logique.

L'Église catholique en Afrique multiplia alors les conciles. Les Pères se réunirent une fois à Hippone (390), mais en général Carthage était le lieu fixé pour les assemblées; en 398, ils y vinrent au nombre de deux cent quatre-vingt-quatorze. La question du schisme était toujours agitée dans ces grandes réunions. En 404, les Pères du concile, rassemblés à Carthage, s'adressèrent à l'empereur pour obtenir de lui aide et appui dans leur lutte contre le Donatisme. Un rescrit émané de la chancellerie impériale enjoignit aux évêques des deux églises de se rendre à Carthage; le rescrit est daté de Ravenne, le 14ᵉ d'octobre 410.

Pélage et Célestius passèrent en Afrique. Un concile convoqué à Carthage condamna Célestius. En 416, les évêques tinrent deux conciles, l'un à Carthage, l'autre à Milève, où ils condamnèrent

Pélage et Célestius. Les évêques se rassemblèrent de nouveau à Carthage en 418, et là ils confirmèrent en quelque sorte, par une nouvelle condamnation de l'hérésie, leur première décision.

Une autre assemblée du même genre, et non moins intéressante, se tint aussi à Hippone en 426. Saint Augustin avait convoqué celle-ci afin de délibérer avec ses frères, les évêques voisins, sur le choix de son successeur ; il en écrivit aussitôt les *Gestes*, ou actes détaillés, que nous possédons encore (1).

Personne ne fut jamais plus humble ni plus chaste. Ses vêtements, ses meubles étaient décents et convenables, sans trop de luxe ni trop de simplicité. Car en ces choses, le plus souvent, les hommes s'enorgueillissent insolemment ou s'abaissent sans dignité, tantôt par un excès, tantôt par l'autre, ne cherchant pas seulement Jésus-Christ, mais ce qui leur convient à eux-mêmes. Il tenait en cela le milieu. A sa table, il préférait la lecture et la conversation à la délicatesse des mets et des breuvages, et il avait fait écrire au-dessus, pour réfréner la contagion d'une malheureuse habitude, trop répandue parmi les hommes :

> Quiconque de médire a le goût détestable,
> Doit savoir qu'il ne peut s'asseoir à cette table.

(1) *Essai sur l'Algérie chrétienne*. — Première partie, — pemière série, ch. 2, par Mgr Dupuch.

Il avertissait par là tout convive de s'abstenir de discours oiseux, dangereux, ou pouvant déchirer la réputation des absents.

L'esprit préoccupé de grandes et religieuses pensées, à peine quelquefois descendait-il de la méditation des vérités éternelles aux choses du temps.

Il fut si charitable pour les pauvres que, manquant d'autres moyens, il brisa les vases sacrés pour les nourrir.

Il évita toute familiarité avec les personnes de l'autre sexe. Aucune femme ne vint jamais dans sa maison, ni pour y tenir conversation ni pour y demeurer, pas même sa nièce ni sa sœur, sainte veuve qui, durant de longues années et jusqu'à la mort, eut la direction de femmes pieuses qu'on nommait les *Servantes de Dieu*. Car il disait que, bien que des parentes aussi rapprochées dussent éloigner tout soupçon fâcheux, les personnes qui viendraient les voir du dehors auraient pu en faire naître dans l'esprit des méchants. Jamais il ne s'entretint seul à seul avec aucune, pas même quand on avait à lui confier un secret. Si parfois des malades lui demandaient de venir auprès d'eux pour quelque chose de semblable, pour qu'il priât avec eux et leur donnât sa bénédiction, — il s'y rendait sans retard; mais il ne visitait les monastères de femmes qu'à la plus extrême nécessité.

Il était toujours prêt, pour ceux qui le demandaient de lui, à les instruire dans la foi et à les confirmer dans leur espérance en Dieu. Il ne cessa de prêcher que lorsqu'il fut accablé par la maladie.

Théodose-le-Jeune ayant succédé à l'empereur Arcadius, son père, les Vandales, les Alains et les Goths, nations barbares, pénétrèrent tout-à-coup en Afrique (429), la soumirent et y fixèrent leur séjour. N'épargnant ni l'âge, ni la dignité, ni le sexe, ils détruisaient tout par le fer, par la flamme et par tous les genres de dévastation, et apportaient avec eux l'Arianisme, dont ils professaient l'impiété. Enfin ils arrivèrent sous les murs d'Hippone, qu'ils bloquèrent étroitement. Au moment où la ville était sur le point d'être prise d'assaut, le Bienheureux Augustin, qui avait réuni ses confrères auprès de lui, leur dit : « Je vous déclare que j'ai prié le Seigneur de nous tirer de ces périls, ou de nous armer de patience, ou de me rappeler du commerce des hommes au séjour éternel, pour que je ne sois pas forcé de voir les malheurs qui vont fondre sur nous. »

Il obtint cette dernière demande, et au troisième mois du siége, pris de la fièvre il dut garder le lit. Comprenant que le moment de quitter la vie approchait, il relisait avec un torrent de larmes les psaumes de la pénitence qu'il avait fait placer devant lui. — Il avait coutume de dire que personne, n'eût-on aucune faute grave à se reprocher, ne devait s'exposer à sortir de cette vie sans avoir fait pénitence.

Enfin, jouissant de toutes ses facultés, qu'il

maintenait attentives dans la prière, au milieu de ses confrères qu'il avait exhortés à la charité, à la piété, à toutes les vertus, il s'en alla au ciel l'an 430, à la soixante-seizième année de son âge, dont il avait passé trente-six dans l'épiscopat.

Les fidèles d'Hippone le mirent au tombeau dans la basilique de Saint-Étienne, au milieu des larmes et des lamentations de tout le clergé et de tout le peuple. Plus tard (508), son corps fut d'abord porté en Sardaigne; il fut ensuite, racheté à grand prix par Luitprand, roi des Lombards (705), et transporté à Pavie où il est honorablement conservé. (*Voir l'histoire de cette translation au 28 février, page 84.*)

RÉFLEXION.

C'est un grand mouvement que celui d'une conversion; c'est le retour de la mort à la vie. Mais cette résurrection ne sera pas de durée, elle semblera n'être que l'effet d'un enthousiasme violent, si le pénitent ne prend contre lui-même, pour éviter une rechute, les précautions les plus sévères et les plus constantes. Quel soin Augustin, ce vrai pénitent, ne prend-il pas pour éloigner les moindres occasions de péché! Il redoute jusqu'à la présence d'une femme; il vit en communauté; la mémoire de ses fautes lui fait craindre sa faiblesse, jusque dans l'âge le plus avancé. Il macère son corps, il réduit son intelligence en servitude par une occupation religieuse incessante, il emploie laborieusement toutes les facultés de son esprit. Sa mémoire si riche, son imagination si brillante, sa dialectique si vigoureuse, et par-dessus tout son exquise et dévorante sensibilité, il ne leur donne d'essor que dans la méditation des choses saintes; son cœur, il le nourrit de la prière, de la sainte Eucharistie, de la loi de Dieu, plus douce que le rayon de miel le plus pur. Il prêche, il écrit des ouvrages de controverse et de haute polémique; il fait plus encore, et pour humilier jusqu'à sa gloire, il publie le livre immortel de ses Confessions. Point de relâche, point de repos! Mourant, c'est encore un saint livre qu'il fait ouvrir devant ses yeux en pleurs : les psaumes de la pénitence! c'est le livre qui sera celui de Saint Louis de Gonzague; c'est celui qui devrait bien plutôt être le nôtre. Et de toutes les leçons qu'il aura données au monde, la dernière, qui sera muette cette fois, sera celle-ci : que nous devons surveiller l'activité de l'esprit et la sensibilité du cœur, qui, donnant dans une mauvaise voie, pendant la jeunesse, égarent l'âge mûr et maintiennent la corruption, dans la vieillesse, bien au-delà de l'enivrement des sens épuisés.

Augustin pécheur rencontre beaucoup d'imitateurs : quand donc imiterons-nous Augustin pénitent?

Les ouvrages de Saint Augustin peuvent se partager en sept classes, savoir :

1° Ouvrages de philosophie, de critique, de rhétorique.

1. Traité contre les Philosophes académiciens.
2. Traité de la Vie heureuse.
3. Sur la Providence.
4. De l'Ame et de son origine.
5. De l'Étendue de l'âme.
6. Sur la Musique.
7. Le Livre du maître (sur la grammaire).
8. Les Soliloques (entretiens avec soi-même).

2° Ouvrages dogmatiques.

1. Sur la manière d'instruire les Catéchumènes.
2. La Doctrine chrétienne.
3. De l'Utilité de la foi.
4. De la véritable Religion.
5. Des Mœurs de l'Église catholique.
6. De la Croyance aux choses qu'on ne voit pas.
7. Le Manuel de la foi, l'espérance et la charité.
8. La Cité de Dieu (apologie du Christianisme).
9. Livre de la Divination.

3° Ouvrages de controverse.

1. Traité des Hérésies.
2. Contre les Juifs.
3. Contre les Ariens.
4. Sur la Trinité.
5. Contre les Priscillianistes et les Origénistes.
6. Livre de la Foi et du Symbole.
7. Des Mœurs des Manichéens.
8. Traité des deux Ames.

9. De la Nature du bien.
10. De la Grâce de Jésus-Christ.
11. Du Péché originel.
12. De la Nature et de la grâce.
13. De la Grâce et du libre arbitre.
14. De la Correction et de la grâce.
15. Du Baptême des enfants.
16. De l'Esprit et de la lettre.
17. Du Mariage et de la concupiscence.
18. De la Prédestination des Saints.
19. Du Don de la persévérance.
20. Traité du libre arbitre.
21. Traité du Baptême contre les Donatistes.
22. De l'Unité de l'Église.
23. Abrégé de la conférence avec les Donatistes.
24. Actes et Conférences contre Fortunat, Félix, Secondin, Adimante.
25. Lettre à Sixte.
26. Livres contre Pélage, Julien, Simplicien, Parménien, Pétilien, Cresconius, Gaudence, Manès, Pascentius, Maximin, Fauste et autres.

4° Commentaires sur les Saintes Écritures.

1. Questions sur le Pentateuque, Josué et les Juges, et sur quelques endroits de Saint Matthieu et de Saint Luc.
2. Commentaire sur Saint Jean.
3. Commentaire sur l'Épître aux Galates.
4. Commentaire sur les psaumes.
5. 83 Questions sur des points de morale, de dogme, de métaphysique.
6. Concordance entre les quatre Évangélistes.

5° Livres ascétiques.

1. Du Combat chrétien.

2. De la Foi et des œuvres de la pénitence.
3. Des Soins que l'on doit aux morts.
4. Traité de la Patience.
5. Des Avantages du jeûne.
6. Du Bien du mariage.
7. Livre de la Continence.
8. Des Mariages adultères.
9. Du Mensonge.
10. De la Ruine de Rome.
11. Du Travail des moines.
12. Règle à ses disciples.
13. Confessions.
14. Rétractations.

6° Ouvrages oratoires.

364 sermons, savoir : 183 sur divers passages de l'Écriture, — 88 sur les principales fêtes de l'année, — 69 sur les fêtes des Saints, — 24 sur divers sujets de dogme et de morale.

7° Lettres.

270 lettres sur le Manichéisme, le Pélagianisme, la Grâce, la Prédestination, le Libre arbitre, le caractère de la véritable Église, les événements politiques du temps.

Terminons cette nomenclature par l'*Ouvrage imparfait* (ainsi nommé), contre l'hérétique Julien. La mort empêcha Saint Augustin d'achever cette œuvre. Il n'en donna que six livres, vers 428.

SAINT RAYMOND NONAT

CONFESSEUR

RELIGIEUX DE L'ORDRE DE NOTRE-DAME-DE-LA-MERCI
POUR LA RÉDEMPTION DES CAPTIFS

— 31 Août. —

(*Tiré du Bréviaire romain.*)

Raymond, surnommé Nonat, parce que, en dehors de la loi commune de la nature, il vint au monde par l'opération césarienne, tira son origine de pieux et nobles parents, habitant la ville de Portel, en Catalogne. Dès sa tendre enfance il donna des signes de sa future sainteté. Dédaignant les amusements puérils et les plaisirs du monde, il s'adonnait avec tant de ferveur aux exercices de piété que tous admiraient en cet enfant une vertu virile.

Lorsque Raymond fut plus âgé, il se livra à l'étude ; mais bientôt, mis par ordre de son père à la tête d'une exploitation rurale, il fréquenta une chapelle dite de Saint-Nicolas, sur les limites du territoire de Portel, visitant une sainte image de la Vierge que les fidèles honorent encore à présent dans cet endroit avec une grande vénération. Là il se répandait en prières et demandait avec instance à la Mère de Dieu qu'elle l'adoptât pour fils et daignât lui enseigner la voie du salut et la science des Saints. La bonté extrême de la Vierge sainte ne se refusa pas à ses vœux : elle lui fit comprendre qu'elle regarderait comme chose très-agréable qu'il entrât dans l'Ordre de la Merci, autrement appelé de la Miséricorde pour la rédemption des captifs, dont elle avait récemment inspiré la fondation.

Sur cet avis, il se rendit à Barcelonne, et là, il entra dans cette belle institution de charité. Inscrit dans la religieuse milice, il garda toujours la virginité qu'il avait vouée à la Sainte Vierge et brilla par ses autres vertus, surtout par sa charité envers les Chrétiens qui passaient une vie misérable dans la captivité, sous la tyrannie des infidèles. Il fut envoyé à Alger, en Afrique, pour les racheter. Il en avait déjà délivré beaucoup de leurs fers, quand vint à manquer l'argent qui avait été tout employé à cette œuvre. Pour ne pas laisser quelques autres esclaves qui étaient dans un péril prochain de renier leur foi, il se donna pour eux en gage. Enflammé d'un ardent désir du salut des âmes, il convertit à Jésus-Christ plusieurs Mahométans par ses discours. A cette nouvelle, le cadi le fit arrêter et conduire par les rues d'Alger, pendant qu'on le fouettait, par ses ordres, de la manière la plus barbare; puis, comme si la parole de Dieu pouvait être étouffée dans la bouche d'un apôtre, il lui fit percer les lèvres et fermer avec un cadenas, dont il voulut garder la clef lui-même, ne la remettant à l'un de ses chaoux qu'à certaines heures, alors qu'il était devenu indispensable de lui faire prendre quelque nourriture. En cet état, plongé au fond d'un cachot infect, il dut attendre huit mois sa délivrance. Ce furent ses propres frères qui le rachetèrent enfin; mais ce ne fut pas sans peine, à cause de la résistance de Raymond, qui ne voulait pas laisser rompre les fers dont il était chargé pour Jésus-Christ, et qui les conjurait d'employer le prix de sa rançon à la délivrance du reste des captifs (1).

La constance de Raymond dans son supplice inouï, et mainte autre action courageuse, rendirent universelle la réputation de sa sainteté. Grégoire IX en fut touché et l'admit dans le Sacré collège des cardinaux, dont le nombre avait été augmenté sous son pontificat. Mais l'homme de Dieu dans cette dignité, ayant horreur de toute pompe, retint constamment les usages de l'humilité religieuse.

(1) *Fastes sacrés de l'Église chrétienne en Afrique* 1re époque, liv. II, chap. 8.

En se rendant à Rome, à peine arrivé à Cardonne, Raymond fut atteint de sa dernière maladie et demanda instamment à être muni des sacrements de l'Église. Comme ses souffrances augmentaient et que le prêtre tardait trop à venir, des anges apparurent sous l'aspect de religieux de son Ordre et lui apportèrent le saint Viatique. Après qu'il l'eut reçu et eut fait son action de grâces, il passa au Seigneur, le dernier dimanche du mois d'août, de l'an 1240.

Une discussion s'éleva alors au sujet de sa sépulture : son corps, placé dans le cercueil, fut chargé sur une mule aveugle, qui, par la volonté de Dieu, le porta à la chapelle de Saint-Nicolas, pour qu'il fût mis au tombeau à l'endroit même où il avait comme jeté les premiers fondements d'une vie plus sainte. Là on a construit un monastère de son Ordre. Célèbre en ce lieu par des miracles et des prodiges, il est honoré par toute la pieuse population de la Catalogne, qui vient en foule y faire des vœux.

RÉFLEXION.

Il n'est pas impossible de rencontrer encore des esprits qui se buteront contre le récit d'une particularité, qui n'est pas la seule de son genre dans la translation des reliques des Saints, et qui se trouve dans ce que l'on vient de lire ; il y en aura qui n'auront guère de dispositions à croire à l'apparition d'une foule d'anges venant apporter à une victime du dévouement fraternel, et dans le costume même de ses confrères, Celui qui est le Roi des martyrs, et à la fois le modèle et la récompense de la charité. Ils estimeront ces choses impossibles, parce qu'ils n'en ont pas vu de semblables jusqu'ici. Mais pourquoi Dieu, qui fait déjà tant de choses merveilleuses dans l'ordre de la nature et de la grâce, pour ceux qui ne font rien pour lui, continuerait-il à faire ainsi en leur faveur, s'il ne le voulait bien, et pourquoi ne ferait-il pas même quelque chose d'extraordinaire à leur égard, s'il le voulait aussi? Qui oserait mettre des limites à la toute-puissance du Créateur? Tout est miraculeux dans la matière elle-même. ce fut un fait bien étonnant que la création du monde, passant du néant à l'être; et si sa conservation journalière ne nous surprend pas, c'est parce que nous en jouissons chaque jour dans une heureuse habitude. Mais, au surplus, pour que Dieu interrompe à notre égard le cours le plus ordinaire des choses, qu'avons-nous fait, nous-mêmes, qui sorte de la ligne la plus commune? Avons-nous fait vœu de chasteté et observé notre promesse? Nous sommes-nous donnés en ôtage entre les mains des infidèles pour délivrer nos frères de l'esclavage? A-t-il été besoin de nous percer les lèvres et de fermer notre bouche avec un cadenas de fer pour nous empêcher de parler de Jésus-Christ? Quels miracles de soumission, de dévouement, d'enthousiasme avons-nous faits, pour que Dieu ait dû faire pour nous quoi que ce soit ? Oh ! rappelons-nous qu'il est *admirable dans ses Saints* (1), et n'ayons pas d'autre souci que de le devenir.

(1) Ps. 67-36.

SAINT RÉGULUS

ÉVÊQUE ET MARTYR

— 1ᵉʳ Septembre. —

(*Tiré du Bréviaire propre au diocèse d'Alger.*)

On sait que la Sardaigne et les autres îles de la Méditerranée furent illustrées par l'exil de plus de deux cent vingt évêques bannis de toutes les parties de l'Afrique par le roi arien Trasimond, qui en dévastait toutes les églises (500). Dans cette désolation de tous ces diocèses, les Catholiques n'oublièrent jamais leurs pasteurs, mais ils leur écrivaient fréquemment pour apprendre d'eux par quels moyens ils pourraient frapper d'impuissance la méchanceté de leurs adversaires.

Pour satisfaire à ces demandes, le pape Symmaque, à la nouvelle des malheurs cruels des Chrétiens d'Afrique, écrivit une lettre célèbre qui est parvenue jusqu'à nous. Imitant la tendresse et la noble hardiesse de ses prédécesseurs, il envoya de l'argent, des vêtements et cette épître consolatrice à ces frères désolés et tourmentés, parmi lesquels était l'évêque Régulus, que les habitants de Lucques vénèrent comme martyr et se glorifient d'avoir depuis longtemps pour patron. En effet, déjà célèbre comme confesseur de la foi en Afrique, il reçut enfin la couronne du martyre à Piombino, en Toscane, lorsque Totila, roi des Goths, ravagea ce pays (545).

Voici un fragment de la lettre du bienheureux pape Symmaque, dont nous venons de parler. Elle préconise l'utilité des combats dans l'Église militante, et elle énonce divers motifs de consolation en l'absence des pasteurs, auxquels les fidèles rattachent quelquefois trop humainement le soutien de leur persévérance. Elle donne des leçons de modestie, des invitations au courage et de douces promesses d'espérance qui peuvent convenir à chacun dans tous les temps :

« L'ennemi croirait peut-être avoir prévalu si,
» au milieu des périls dont il entoure les Chré-
» tiens, il avait déprimé le courage des croyants,
» et si, dans les divers lieux où il a dispersé le
» troupeau du Seigneur, il n'en restait pas au
» moins quelques-uns qui l'humiliassent par la
» persévérance de leur foi. Il règne toujours au
» milieu de vous tous, Celui qui se complaît moins
» dans notre multitude que dans notre dévotion,
» car il est écrit : *Il a été donné à Satan de pas-*

» ser au crible les serviteurs de Dieu, pour que
» le pur froment qui peut s'y trouver soit res-
» serré dans les greniers célestes, et la paille li-
» vrée en aliment au feu (1). Il a été dit particu-
» lièrement pour vous : *Ne craignez pas, petit
» troupeau, il a plu à votre Père de vous donner
» son royaume* (2). Le glaive des infidèles est tom-
» bé sur vous pour retrancher de l'Église les
» membres gâtés et conserver ceux qui sont sains
» pour la gloire céleste. C'est le combat qui dis-
» tingue les vrais soldats du Christ. C'est par la
» guerre que l'on reconnaît ceux qui sont dignes
» du triomphe. N'ayez point peur, Africains, de
» ce que vos évêques vous ont été enlevés. Vous
» avez toujours avec vous Celui qui, de coutume,
» se plaît moins aux cérémonies qu'au sacrifice des
» cœurs. Les récompenses de la fidélité sont plus
» grandes que des titres de dignités pompeuses.
» La faveur humaine conduit le plus souvent à
» ceux-ci, même des personnages d'assez peu de
» mérite; mais les premières ne sont données que
» par la grâce suprême. Il n'est pas besoin de longs
» discours pour animer en vous la ferveur céleste :
» l'ardeur du zèle s'augmente d'elle-même. Il n'est
» pas besoin non plus d'exalter par des éloges ceux
» qui sont déjà sur le char triomphal, qui ont
» vaincu sans qu'on ait dû les y inviter. D'ailleurs,
» la modestie chrétienne est blessée par la publi-

(1) Luc. 22 — 31. Matth. 13 — 30.   —   (2) Luc. 12 — 32.

» cité de louanges flatteuses. Ce que vous avez fait
» est, certes, un grand acte de vertu ; mais il sera
» surpassé par la sublimité de la récompense.

» Nous accordons aux fidèles qui l'ont demandé,
» par des lettres adressées à notre cher fils, le dia-
» cre N..., la permission de réclamer l'assistance
» des Bienheureux Nazaire et Romain. Invoquez
» donc le vénérable patronage de ces invincibles
» soldats, et puisque votre courage dans les com-
» bats est déjà connu par Jésus-Christ, notre chef,
» Dieu vous donnera d'accomplir heureusement le
» service imposé à votre fidélité, jusqu'à ce qu'il
» lui plaise de rendre la tranquillité aux églises,
» pour qu'enfin la douleur que vous a causée l'ad-
» versité soit consolée par les douceurs de la
» paix. »

RÉFLEXION.

De cette magnifique correspondance entre de saints Papes et l'Église d'Afrique, aussi bien que de celle entre le pasteurs exilés et leur troupeau demeuré fidèle au milieu de mille dangers, ressort le bel exemple de la charité chrétienne, si féconde en puissantes consolations.

Ce n'est pas seulement pour nous-mêmes que nous devons obtenir la paix que la religion donne si abondamment, mais c'est encore pour ceux que nous pouvons atteindre et sur lesquels il faut en faire rejaillir les bienfaisantes émanations. Laissons, si nous ne pouvons mieux faire, l'air morose et la tristesse à ceux qui gémissent volontairement sous la sombre tyrannie du péché, comme le disait un grand Saint à ses disciples (1); mais pour nous, qui vivons sous la loi de grâce, qu'une sérénité douce, comme l'éclat d'une pure auréole, reflète aux yeux de tous la tranquillité de notre âme, et fasse ainsi rayonner notre bonheur pour le bonheur d'autrui.

En effet, la vie chrétienne n'assure-t-elle pas, ici-bas même, tous les éléments d'une félicité solide, dont le monde lui-même apprécie les effets, avoue le principe, sans s'efforcer pourtant d'en acquérir la possession? Fidélité à Dieu et à l'Église dans les moindres préceptes, et aspiration à la perfection des conseils; — exactitude dans les devoirs qui force l'estime des chefs, même irréligieux; — bienveillance envers les égaux, qui concilie de justes retours; — affabilité à l'égard des inférieurs, qui fait régner véritablement sur la terre, et de là, naturellement, confiance dans les affaires, estime des gens de bien, réputation de réelle dignité, que justifie au besoin l'héroïsme, dans l'infortune, noble constance, et à la mort, moment de paix et d'espoir! — Voilà ce que donne une vie chrétienne.

D'autre part, que voit-on dans la vie de ceux pour qui l'Évangile n'est pas le code régulateur de la conduite? En dehors d'une préoccupation égoïste, quelle inconsidération dans les démarches!

(1) Saint François d'Assise.

quelle légèreté dans les paroles! quelle étourderie dans l'ensemble de tous les actes! Et de là, que de rivalités dans la jeunesse, que de haines mutuelles dans l'âge mûr, que de vide dans les idées, aux années de la vieillesse! que de désespoir à l'heure inévitable de la mort!

De compte fait, à une existence vainement agitée et incomplétement utile à l'humanité, il vaut donc mieux préférer, pour soi-même et pour les autres, une vie chrétienne, consolatrice et avantageuse pour chacun comme pour tous.

SAINT CYPRIEN

ÉVÊQUE DE CARTHAGE, MARTYR

— 16 Septembre. —

(*Tiré du Bréviaire propre au diocèse d'Alger.*)

Cyprien, appelé par les Latins Thascius Cyprianus, eut pour père un des principaux sénateurs de Carthage. Il était déjà avancé en âge lorsqu'il abandonna les superstitions du paganisme (1).

Il avait d'abord enseigné la rhétorique avec honneur, puis, à la persuasion du prêtre Cécilius, dont on ajouta le nom au sien, il devint Chrétien (243) et distribua tout son bien aux pauvres. Peu de temps après (247), élu prêtre, il fut aussi établi évêque de Carthage (248).

Cyprien était à peine monté sur son siége que l'empereur Décius promulgua un édit de persécu-

(1) Godescard, — *Vies des Pères.*

tion (249). Cyprien crut sans doute que sa vie serait plus utile un jour à ses frères que l'exemple de son martyre, et il se déroba par une prompte retraite au fer des persécuteurs. On le frappa, quoique absent, par une sentence de proscription et par la confiscation de ses biens (1). Aux fêtes de Pâques, après quatorze mois de séparation (2), Cyprien reparut au milieu des siens.

En 251, Cyprien tint un Concile à Carthage. On y traita surtout les questions qui se rattachaient au fait de l'apostasie et du schisme. L'année suivante, il convoqua encore un autre Concile dans le même lieu.

Une épidémie des plus meurtrières vint tout-à-coup désoler cette ville : cette cruelle épreuve fournit à Cyprien une occasion nouvelle de faire éclater sa charité pastorale (3).

Au temps des empereurs Gallus et Volusianus (251), le Souverain-Pontife Corneille, ayant transporté des catacombes en un lieu plus convenable les saints corps des apôtres Pierre et Paul, avait été dénoncé pour ce fait et pour avoir aussi converti au Christianisme un grand nombre de ses concitoyens. Il était exilé à Centum Cellæ (Civita-Vecchia), où Saint Cyprien, évêque de Carthage, lui adressait des lettres de consolation (4).

(1) *Afrique chrétienne*, par Yanoski. — (2) *Fastes sacrés*. — Première époque, Liv. II, ch. 12. — (3) *Vie de Saint Cyprien*, par Mgr Guillon, évêque de Maroc. — (4) Bréviaire romain.

Voici une de ces lettres, la dernière de leur correspondance, qui soit parvenue jusqu'à nous. Elle donnera une idée de l'ampleur du style de Saint Cyprien et de la sublimité de son génie consacré par la foi :

« Nous avons appris, mon très-cher Frère, les
» glorieux témoignages que vous avez donnés de
» votre foi et votre généreuse fermeté dans la confession du nom chrétien : la joie que j'en ai ressentie semblait me rendre propre à moi-même l'honneur que vous en avez recueilli. Car, unis
» comme nous le sommes par les liens d'une
» croyance commune, par la conformité des sentiments et des affections, est-il un évêque qui ne soit heureux du bonheur qui arrive à un autre évêque, un frère qui ne se réjouisse de ce qui est pour tous les frères un sujet d'allégresse ? J'entreprendrais difficilement de vous rendre la vive impression qu'a faite sur tous les cœurs le récit de votre courageuse confession, et du bonheur que vous avez eu de voir le noble exemple donné par vous, imité par un grand nombre de fidèles. C'est vous qui marchez à leur tête : ils vous ont suivi dans la carrière de la gloire. Nous avons également admiré l'ardeur magnanime du pasteur et la tendre et inébranlable charité du troupeau. Grâce à cette union intime d'esprit et de langage, l'Église romaine tout entière a confessé Jésus-Christ. Par là s'est manifestée cette foi dont l'Apôtre disait : qu'elle

» *était déjà célèbre dans tout le monde* (1). Dès
» lors il prévoyait dans son esprit les généreux
» exemples que vous donnez, et en louant la vertu
» des pères, il excitait l'émulation des enfants.
» Vous nous avez appris, par le plus magnifique
» témoignage, à craindre le Seigneur, à demeurer
» fidèlement attachés à Jésus-Christ, à rester unis
» à son évêque dans le danger, à ne point se sépa-
» rer les uns des autres dans la persécution; parce
» que l'on devient invincible quand on est forte-
» ment uni, et que les prières qui s'adressent à
» Dieu en commun sont toujours sûres d'être exau-
» cées du Dieu de paix et de charité. L'ennemi
» était venu fondre avec impétuosité sur le camp
» de Jésus-Christ, dans l'espérance d'y porter l'a-
» larme et la confusion. Il en a été repoussé avec
» la même vigueur qu'il avait mise à l'attaquer.
» Autant il s'était montré terrible et furieux, au-
» tant la tribu fidèle s'est-elle fait voir courageuse,
» inébranlable. Il comptait bien supplanter encore
» les serviteurs de Dieu, et ne rencontrer, comme
» il lui est arrivé trop souvent, que des âmes ti-
» mides, étourdies de son choc, sans défense et
» sans discipline, prêtes à se rendre à la première
» agression. D'abord, il avait essayé de les déta-
» cher les unes des autres, comme fait le loup ou
» l'épervier, qui commence par séparer une
» brebis du troupeau, une colombe de ses com-

(¹) Rom. 1 — 8.

» pagnes, parce que, ne se sentant pas assez fort
» contre tous, il lui sera plus facile d'en faire sa
» proie en les isolant. Mais repoussé par l'unani-
» mité des membres étroitement unis, il a vu que
» les soldats de Jésus-Christ, toujours sur leurs
» gardes, sont prêts à tout moment pour le com-
» bat qu'ils sont invincibles par cela seul qu'ils
» ne craignent pas de mourir, et que leur vœu le
» plus ardent est d'échapper au plus tôt à cette
» tourbe de méchants dont le siècle est rempli.....
» Le démon ne s'en prend pas à ceux dont il s'est
» assuré déjà la possession; il n'attaque pas ceux
» qui sont à lui : il les regarde comme des vaincus
» et des captifs qu'il dédaigne, et passe outre. Ses
» fureurs, il les réserve à ceux dans qui Jésus-
» Christ habite... Nous vous exhortons, mon très-
» cher Frère, autant qu'il dépend de nous, au nom
» de la charité qui nous unit l'un à l'autre, à
» mettre à profit les instructions que la Providence
» veut bien nous donner. Elle nous avertit, dans
» sa miséricorde, que le jour du combat est pro-
» che. Redoublons tous ensemble de zèle dans la
» prière, dans les jeûnes et les veilles; poussons
» jusqu'au ciel nos gémissements et nos supplica-
» tions. Ce sont là les armes spirituelles qui nous
» protégent et nous rendent forts contre l'ennemi.
» Souvenons-nous les uns des autres dans nos
» prières; qu'une charité mutuelle nous soutienne
» dans nos communes tribulations; que ceux qui
» seront appelés les premiers à paraître devant le

» Seigneur n'oublient pas d'intercéder auprès de
» lui, dans le séjour de la gloire, en faveur de
» leurs frères et de leurs sœurs laissés sur le
» champ de bataille.

» Je souhaite, mon très-cher Frère, que vous
» vous portiez toujours bien. »

Cette magnifique lettre, où Saint Cyprien exalte, avec son entraînante éloquence, le courage du saint Pape Corneille durant la persécution, s'adresse aussi à nous tous, comme aux fidèles qui composaient à cette époque l'Église de Rome, et comme à eux, elle doit nous faire estimer les avantages et le bonheur de notre union mystique dans la communion des Saints. Rien de ce qu'on fait pour elle n'est perdu, et il ne s'y fait rien dont la participation ne nous soit donnée.

Les empereurs prirent de l'ombrage de cette correspondance réciproque de l'évêque de Carthage et du saint Pape Corneille, bien qu'elle fût toute de charité chrétienne, et rappelèrent ce dernier à Rome. Ils le firent battre de fouets plombés, comme coupable de lèse-majesté, et traîner à l'idole de Mars, avec ordre d'y sacrifier. Corneille, exécrant une telle impiété, fut décapité le 14 septembre 253. Le même jour, cinq ans après, Saint Cyprien obtint aussi la couronne du martyre par le même s*pplice, et cette glorieuse coïncidence, aussi bien que la nature de leurs relations toutes saintes, les associent aux mêmes honneurs et en la même fête dans le Bréviaire romain.

Cyprien, pendant son épiscopat, convoqua souvent des Conciles. Ce fut vers l'an 255 que s'éleva la dispute touchant la validité du baptême conféré par les hérétiques, et le saint Docteur mit beaucoup de feu dans la discussion.

Cyprien fut arrêté en 257, et le 30 août, traduit devant Aspasius Paternus, proconsul d'Afrique, qui lui dit :

— « Les très-sacrés empereurs Valère et Gallien m'ont écrit pour m'ordonner d'obliger tous ceux qui ne suivent pas la religion des Romains, à s'y conformer. Je vous demande donc votre nom et ce que vous avez à répondre. »

Cyprien lui dit :

— « Je suis Chrétien et évêque. Je ne connais point d'autres dieux que le seul vrai Dieu qui a fait le ciel et la terre, la mer et tout ce qu'ils contiennent. C'est ce Dieu que nous servons, nous Chrétiens, et que nous prions jour et nuit pour nous, pour tous les hommes, pour la prospérité des empereurs. »

Le proconsul reprit :

— « Persistez-vous dans ces sentiments ? »

— « Une résolution bonne et fondée sur la confiance de Dieu ne doit point changer, » répondit Cyprien.

— « Vous ferez donc vos dispositions pour vous rendre en exil dans la ville de Curube, » ajouta le proconsul.

— « Je pars ! » dit Cyprien.

Alors Paternus dit encore :

— « Les empereurs m'ont chargé de rechercher, non-seulement les évêques, mais aussi les prêtres. Dites-moi donc qui sont les prêtres qui demeurent dans cette ville. »

— « Les lois civiles défendent avec raison la délation, répliqua Cyprien. Je ne puis donc vous les dénoncer. Qu'on les cherche où ils sont. »

— « Je les cherche ici, en vous demandant qui ils sont, » insista le proconsul.

— « Personne n'est tenu de se trahir lui-même, et vous ne le trouveriez pas juste. Cherchez-les, vous les trouverez chez eux. »

— « Je les trouverai bien. Les empereurs ont encore défendu que l'on tienne nulle part des assemblées, ni qu'on entre dans vos cimetières : quiconque contreviendra à cet ordre sera puni de mort. »

— « Faites ce qui vous est commandé, » dit Cyprien en finissant.

Curube (Kourba en Tunisie), où le Saint fut relégué, et où il arriva le 13 ou 14 septembre, était une petite ville malpropre et insalubre, éloignée de Carthage d'environ cinquante milles et située dans une péninsule, à peu de distance de la Pentapole. Pendant son exil, il fut traité avec beaucoup d'amitié par les habitants de cet endroit affreux et continua à régir son église.

Après onze mois (1), Galère Maxime, successeur de Paternus, lui ordonna tout-à-coup de revenir de Curube, afin de l'avoir auprès de lui quand il aurait reçu les nouveaux édits qu'il attendait de Rome. Le Saint, par l'ordre du magistrat, resta dans une maison de campagne qu'il avait auprès de la ville. Enfin les édits arrivèrent à Carthage vers le milieu du mois d'août. Le proconsul était alors à Utique; il envoya chercher le saint évêque. Mais Cyprien se cacha, parce qu'il voulait mourir au milieu de son troupeau, quand le magistrat serait de retour à Carthage. Galère Maxime y arriva malade, et se retira dans un des faubourgs qui portait le nom de *Sixième Quartier*. Sur-le-champ, Cyprien impatient sort de sa retraite et retourne à ses jardins. Galère, instruit de ce qui se passait, chargea deux officiers d'aller se saisir de lui. Il se présenta à eux avec un visage souriant et tranquille, et monta en leur compagnie dans un char léger qui le porta où se trouvait le proconsul. Celui-ci remit l'interrogatoire au lendemain, et Cyprien fut conduit du prétoire à la maison d'un des officiers pour y passer la nuit. Il y reçut une honorable hospitalité, soupa avec ses amis et conversa avec tous ceux qui voulurent lui parler. Une foule immense s'était rassemblée autour de la maison. Le peuple, qui craignait qu'on ne fît quelque chose à son insu pendant la nuit,

(1) *Diction. hist.* de l'abbé Ladvocat.

la passa dans la rue, veillant à la porte et aux approches du logis.

Dès le matin, où le ciel fort serein et le soleil éclatant promettaient un beau jour, le proconsul envoya chercher Cyprien. Il sortit accompagné d'une grande multitude et parcourut la distance de cent vingt pas qui le séparait du prétoire. Quand il y fut arrivé, le proconsul ne paraissant pas encore, on le fit attendre dans un lieu retiré, où il s'assit sur un siége qui se trouva recouvert, comme par hasard, d'un tapis à la façon de celui des évêques. Comme il était tout trempé de sueur à cause du chemin qu'il venait de faire, un soldat qui avait été Chrétien lui offrit des habits à changer, espérant garder ceux du Saint, qui étaient tout moites de sa transpiration.

Cyprien lui dit :

— « A quoi bon prévenir des maux dont nous serons peut-être préservés aujourd'hui pour toujours ? »

Le proconsul arriva, prit séance, se fit amener Cyprien, et procéda ainsi à son interrogatoire :

— « Êtes-vous Thascius Cyprien ? »

— « Oui, c'est moi. »

— « Est-ce vous qui vous portez ici pour chef et comme le pape de ces hommes sacriléges?.. »

— « Oui, c'est moi. »

— « Les très-sacrés empereurs vous ordonnent de sacrifier aux dieux. »

— « Je n'en ferai rien. »

— « Consultez-vous !... »

— « Faites ce qui vous est ordonné. Dans une affaire aussi claire, il n'y a pas à consulter. »

Galère Maxime, ayant pris l'avis de son conseil, prononça ces paroles :

« Thascius Cyprien, il y a longtemps que tu vis dans l'impiété et que tu engages un grand nombre de malheureux à conspirer avec toi contre les dieux des Romains et les lois de leur culte. Nos très-sacrés empereurs n'ont pu te ramener à leurs cérémonies. En conséquence, convaincu d'être auteur de si grands crimes, tu serviras d'exemple à ceux que tu as séduits, et l'obéissance aux lois sera sanctionnée par ton sang. »

Il lut ensuite la sentence qui était écrite sur des tablettes et conçue en ces termes :

« Thascius Cyprien est condamné à être décapité. »

— « Dieu soit béni ! » dit le saint évêque.

Les Chrétiens qui étaient présents en grand nombre, s'écriaient : — « Eh bien ! qu'on nous décapite avec lui ! » Et ils faisaient un grand tumulte (1).

L'arrêt prononcé, Cyprien fut aussitôt conduit au lieu du supplice, qui était la place du Sixième Quartier; elle était entourée d'arbres sur lesquels plusieurs montèrent pour voir de loin, à cause de la foule. Là il se dépouilla de sa robe et de son manteau

(1) *Hist. eccl.* par Fleury — liv. viie.

de pourpre, il fléchit le genou et pria en se prosternant devant Dieu. Lorsqu'il eut quitté sa dalmatique, qu'il remit à ses diacres, il se tint debout, vêtu d'une simple tunique de lin, et attendit l'exécuteur. A l'arrivée du bourreau, il ordonna aux siens de compter à cet homme vingt-cinq pièces d'or. Cependant les fidèles étendaient à l'entour des suaires et des tissus pour y recevoir le sang du martyr. Après ces préparatifs, le Bienheureux Cyprien se couvrit les yeux d'un bandeau, et comme il ne pouvait lui-même se lier les mains, le prêtre Julien et un sous-diacre du même nom les lui attachèrent.

Il fut mis à mort le 14 septembre, l'an 258. Sa tête sacrée, qui avait été le plus grand honneur de l'église de Carthage et son plus ferme appui, fut tranchée. Son corps inanimé resta exposé jusqu'au déclin du jour, contemplé avec respect par les païens eux-mêmes, accourant de toutes parts. Pendant la nuit, les Chrétiens l'enlevèrent en grande pompe et comme en triomphe, avec des torches et des flambeaux. Ils le portèrent dans le champ du procurateur Macrobe Candidien, qui était sur le chemin des Huttes, près des Piscines.

Par la suite, un remarquable édifice fut consacré en son honneur à cet endroit. Une église non moins célèbre fut élevée au lieu même où il avait consommé son martyre. L'Afrique garda ses restes jusqu'à l'année 806, où des ambassadeurs de Charlemagne les emportèrent dans les Gaules.

Le diacre Pontius, qui suivit Saint Cyprien jusqu'à son dernier moment, nous en a laissé le portrait en ces termes :

« Tant de sainteté et de grâce brillaient sur son
» front que ceux qui le considéraient en étaient
» émus. Son visage était sérieux et aimable. Ce
» n'était ni une gravité austère ni une affabilité
» trop grande : c'était un mélange tempéré de
» toutes deux, — tellement qu'on demeurait incertain
» s'il fallait le vénérer plus encore que le
» chérir comme il le méritait. Sa tenue n'était
» pas en désaccord avec l'expression de ses traits,
» mais elle avait une sage convenance. Le luxe
» du siècle ne se développait point dans son costume
» qui, cependant, était bien éloigné de la
» sordide négligence d'une misère affectée. Car
» cette manière de se vêtir n'est pas moins étrangère
» à l'orgueil qu'une certaine ostentation
» de modestie prétentieuse. »

On a de Saint Cyprien seize ouvrages, dont trois appartiennent à l'apologie du Christianisme, savoir : 1° les trois livres *Des Témoignages*, collection de passages de l'Ancien Testament qui prouvent la divinité de Jésus-Christ et la vérité de son Église, avec des préceptes de morale; 2° le traité *De la Vanité des idoles*; 3° le traité *contre Démétrien*, proconsul d'Afrique et persécuteur de la religion chrétienne.

Les autres ouvrages de Saint Cyprien, au nombre de treize, traitent de différents sujets, savoir :

1° de l'Unité de l'Église catholique ou de la simplicité des pasteurs; — 2° de ceux qui sont tombés dans la persécution; — 3° de l'Oraison Dominicale; — 4° de la Conduite des Vierges; — 5° de l'Aumône; — 6° des Avantages de la Patience; — 7° de la Mortalité; — 8° des Spectacles; — 9° Exhortation au Martyre; — 10° des deux espèces de Martyre; — 11° des Avantages de la Chasteté; — 12° de la Gloire du Martyre; — 13° de l'Envie et de la jalousie.

Il faut joindre à ce catalogue des œuvres de Saint Cyprien quatre-vingt-trois lettres, qui furent écrites dans la fin de la persécution et s'y rapportent (1).

Voici la dernière lettre que nous ayons de Saint Cyprien, et qui peut être considérée comme son testament :

« Cyprien aux prêtres, aux diacres et à tout le
» peuple de Carthage, salut.
» Informé que le proconsul, alors à Utique,
» avait envoyé des soldats pour se saisir de moi et
» m'amener dans cette ville, j'ai dû céder aux
» conseils de mes amis, qui m'engageaient à
» chercher une autre retraite jusqu'au moment où
» je pourrais me retrouver à Carthage. C'est dans
» sa propre ville, et non pas dans une autre,
» qu'un évêque doit confesser le Seigneur, afin

(1) *Histoire de la Littérature.* — *Littérature sacrée*, par Lefranc.

» que tout son peuple soit honoré par la confession
» de son pasteur sur les lieux mêmes. Ce que l'é-
» vêque dit dans ce moment, tout son troupeau
» semble le dire avec lui. Ce serait flétrir l'hon-
» neur d'une église aussi illustre que la nôtre, si
» je recevais ma sentence à Utique. Aussi ne ces-
» sé-je point de demander au Seigneur, dans tou-
» tes mes prières, qu'il veuille bien me permettre
» de confesser son nom dans votre ville, d'y souf-
» frir la mort et de n'en sortir que pour aller à
» lui. C'est donc ici que je suis résolu d'attendre
» le retour du proconsul (Galère Maxime), afin
» d'entendre de sa bouche ce que les empereurs
» ont ordonné concernant les Chrétiens, évêques
» ou laïques, et de répondre ce que Notre-Sei-
» gneur voudra bien me suggérer. Quant à vous,
» mes très-chers Frères, restez fidèles aux instruc-
» tions que vous avez toujours reçues de moi,
» conformément aux ordonnances du Seigneur ;
» maintenez-vous en paix et en tranquillité, évi-
» tant d'être une occasion de trouble parmi les
» frères et de se présenter de soi-même aux
» païens. Il sera temps de parler, si l'on vient à
» être découvert et traduit devant le magistrat.
» *C'est Dieu qui alors parlera par notre bouche* (1),
» et ce qu'il demande de nous, c'est plutôt une
» confession qu'une profession de notre foi. S'il
» y a de notre part d'autres réglements à suivre,

(1) Matth. 10 — 19, 20.

» nous espérons encore que Dieu nous permettra
» de vous en donner communication, après que
» nous en aurons délibéré en commun.

» Que Notre-Seigneur daigne, mes très-chers
» Frères, vous conserver longtemps dans son
» Église! »

RÉFLEXION.

Puisque nous demandons à Dieu, chaque jour, qu'il ne nous mette pas *en présence de la tentation*, dans la juste défiance où nous sommes de nos propres forces, il est raisonnable que nous ne courions pas spontanément nous y exposer par présomption, ce qui serait tenter Dieu lui-même, qui a promis sa grâce à tel qui en aura toujours besoin. Bien loin de là, nous devons fuir toute tentation qu'une funeste expérience nous a fait connaître comme habituellement mortelle à notre âme. L'appréhension de cette heure, où la tentation peut venir, a été, dans tout le cours de leur vie, la seule inquiétude des Saints. Cependant, il est de la sagesse et d'une modeste confiance en la bonté de Dieu d'attendre avec une résignation pleine d'espérance et une vigilance sans contention d'esprit, ce moment d'épreuve formidable, d'où peut dépendre, mille fois en un jour, la perte du salut éternel. Soyons assuré que le mérite de la Rédemption est quelque chose dans le système de la sanctification! Et si nous avons fait ce que nous avons pu pour ne pas engager le combat, tout en tenant nos armes prêtes contre l'ennemi si fort, qui veut notre perte et qui est jaloux de notre bonheur, soyons certains que Dieu viendra à notre secours, et comptons d'avance sur la victoire de notre âme contre les puissances des ténèbres, notre corps dût-il y périr comme ceux des saints martyrs.

NOTRE-DAME-DE-LA-MERCI

POUR LA RÉDEMPTION DES CAPTIFS

— 24 Septembre. —

(*Tiré du Bréviaire romain.*)

A l'époque où la plus grande et la plus noble portion de l'Espagne était opprimée par le joug cruel des Sarrasins, et que d'innombrables fidèles, réduits en servitude par ces barbares, semblaient être malheureusement exposés à abjurer la foi chrétienne et à perdre leur salut éternel, — dans un péril si imminent, la bonté ineffable de la Reine des cieux vint au secours de si grands maux : elle apparut à Saint Pierre de Nolasque, estimé par sa piété et ses bonnes œuvres, et l'exhorta à instituer en son honneur un Ordre religieux qui mettrait ses soins à délivrer les captifs de la tyrannie des Maures.

Dans la même nuit, la Très-Sainte Vierge apparut encore au Bienheureux Raymond de Pegnafort et à Jacques, roi d'Aragon, les invitant à instituer cet Ordre de religion et les persuadant de donner leur appui à l'accomplissement d'un projet aussi important. Pierre de Nolasque vint bientôt se jeter aux pieds de Raymond, son confesseur, et lui découvrit tous ses desseins, qu'il trouva être conformes à ceux que le ciel avait inspirés à son directeur. Le roi Jacques ne tarda pas à se joindre à eux, et se résolut à mettre à exécution la révélation qu'il avait eue lui-même. D'un commun accord, ils commencèrent donc à instituer l'Ordre en l'honneur de la Sainte Vierge, sous l'invocation de Sainte Marie-de-la-Merci, pour la rédemption des captifs.

En conséquence, le 10 août de l'an du Seigneur 1218, le roi Jacques arrêta lui-même que l'institution serait composée de Religieux liés par un quatrième vœu, qui est de rester en ôtage sous la main des païens pour la délivrance des Chrétiens, s'il en est besoin. Ce prince leur accorda l'honneur de porter ses armoiries royales sur la poitrine, et prit soin qu'une institution de charité si excellente fût approuvée comme Ordre religieux par le pape Grégoire IX. Dieu voulut aussi lui donner un tel accroissement, par le moyen de la Vierge sa mère, que cette institution fût promptement répandue avec le plus grand succès par tout l'univers, et qu'elle fleurit par le dévouement et la piété admirable d'hommes saints qui répandirent les aumônes recueillies chez les fidèles pour la rédemption des captifs, et se donnèrent parfois eux-mêmes pour le rachat de beaucoup de leurs frères.

Nous allons joindre des détails plus circonstanciés sur la condition générale des esclaves chrétiens à Alger.

Les malheureux prisonniers faits par les corsaires se divisaient en deux catégories : la première comprenait le capitaine, les officiers du bâtiment capturé, et les passagers, avec leurs femmes et leurs enfants; cette première classe était soumise à un travail moins dur que celui des simples matelots, qu'on vendait publiquement au plus offrant et dernier enchérisseur; les enfants étaient presque tous envoyés au palais du dey ou aux maisons des premières familles, et les femmes servaient les dames Maures ou entraient dans les harems. Mais les plus malheureux étaient ceux qu'on employait aux travaux publics. Nourris de pain grossier, de gruau, d'huile rance et de quelques olives, il n'y avait que les plus adroits qui pouvaient, par leur industrie, en travaillant pour leur compte après le couché du soleil, se procurer quelquefois une meilleure nourriture et un peu de vin. L'État leur accordait pour tout vêtement une chemise, une tunique de laine à longues manches et un manteau.

Dans le principe, il n'y eut qu'un seul bagne affecté au logement des esclaves, et il appartenait au pacha; mais bientôt les prises furent si nombreuses qu'on en construisit cinq nouveaux. Chaque bagne formait un vaste édifice distribué en cellules basses et sombres, qui contenaient chacune de quinze à seize esclaves. Une natte pour quelques-uns, et la terre humide pour le plus grand nombre, leur servaient de lit. Ces lieux malsains étaient infestés de vermine, d'insectes et de scorpions. On y logeait quelquefois cinq ou six cents esclaves, et lorsque tous ne pouvaient être placés dans les cellules, on les faisait coucher dans les cours ou sur les terrasses de l'édifice. C'est là qu'étaient tenus les esclaves qu'on appelait *de magasin*, c'est-à-dire esclaves appartenant à l'État. Ceux-ci étaient le plus à plaindre, car, n'ayant pas de maîtres particuliers avec lesquels on pût traiter de leur rachat, il leur était extrêmement difficile, même avec de l'argent, de recouvrer leur liberté. Un bachi en chef (gardien) était chargé de les surveiller; il répondait d'eux, aussi exerçait-il le plus souvent sa surveillance d'une manière cruelle.

Les esclaves qui appartenaient aux particuliers étaient généralement assez bien traités, surtout ceux que l'on présumait rachetables. Ils servaient comme domestiques dans la ville et travaillaient aux champs; quelquefois même on ne les forçait pas à travailler, à moins que leur rachat ne tardât trop à s'effectuer. Alors seulement, et dans le but de les obliger à presser leurs parents ou leurs amis, on les employait aux corvées les plus pénibles. Dans quelques circonstances, l'esclave chrétien obtenait la permission de tenir une taverne, moyennant une redevance qu'il payait à son maître ; mais jusqu'à ce qu'il se fût racheté, il portait à la jambe gauche, au-dessus de la cheville, un cercle de cuivre qui rappelait sa condition.

La vente des esclaves se faisait dans un bazar particulier appelé le *Batistan*. La valeur vénale de chaque esclave dépendait de son âge, du lieu de sa naissance, de sa fortune présumée, de sa position sociale en Europe, de l'état de sa santé et de ses forces physiques.

Le rachat des esclaves s'accomplissait de trois manières : il y avait premièrement la rédemption publique ; c'était celle qui se faisait aux dépens de l'État auquel appartenaient les esclaves. Il y avait ensuite le rachat qui s'opérait par l'entremise des religieux de la Merci, lesquels faisaient des quêtes dont le montant était destiné à cette œuvre de charité ; et enfin le rachat qui se faisait directement par les parents ou les amis des captifs. La rançon une fois payée au propriétaire de l'esclave, on exigeait ensuite une foule de redevances supplémentaires à titre de droits divers, comme par exemple le droit de cafetan du pacha, le droit du secrétaire d'État, le droit du capitaine du port, le droit du bachi ou gardien des portes du bagne, et mille autres encore, qui, réunis, finissaient par doubler le prix de la rançon convenue. Pour donner une idée de l'importance à laquelle toutes ces vexations pouvaient faire élever le prix du rachat, nous dirons qu'en 1719, une jeune enfant de douze ans, la petite-fille du lieutenant-général De Bourck, gouverneur de la châtellenie de Bouchain, ayant été capturée par les Algériens avec son oncle et deux femmes de chambre, ses parents furent obligés de payer 75,000 livres pour obtenir la délivrance de ces quatre personnes. Au reste, la sollicitude des Pères de la Merci ne se bornait pas à faire des quêtes dans les divers États de la chrétienté pour subvenir au rachat des malheureux esclaves, ils visitaient, ils consolaient dans leur captivité ceux qu'ils n'avaient pu affranchir; ils entendaient leurs confessions et les maintenaient dans leur foi; lorsqu'ils étaient malades, ils les soignaient dans un petit hôpital qu'ils avaient élevé à leurs frais, et les empêchaient de tomber dans les vices honteux où la passion brutale de leur maître ne les entraînait que trop souvent!

Telle était la malheureuse condition des Chrétiens que le sort de la guerre faisait tomber entre les mains des redoutables corsaires algériens (1).

RÉFLEXION.

Nous pouvons tous appartenir, par le zèle, à cette pieuse rédemption des hommes qu'exerçaient

---

(1) *Histoire de l'Algérie*, par Galibert. — Chap. x. Domination turque. — La piraterie.

les Pères de la Merci. Autour de nous, que d'esclaves du péché! Un bon exemple, une bonne parole, une bonne et charitable prière, peuvent suffire pour obtenir leur affranchissement spirituel. Leur refuserons-nous ce service ? Nous refuserons-nous ce profit ?

Il n'y a que la religion catholique qui ait pu inspirer et faire vivre un Ordre héroïque comme celui de la Merci. Le Saint-Siége apostolique, qui a établi une fête particulière en souvenir de son institution, l'a conservée, bien que sa spécialité soit aujourd'hui sans objet, pour que des actions de grâces soient rendues à Dieu en reconnaissance des bienfaits qu'il a répandus naguère, par le moyen de l'Ordre de la Merci, sur les contrées barbares, et en particulier sur l'Algérie.

L'oraison qui suit, nous dicte l'application personnelle que nous pouvons faire actuellement des pensées qu'un si touchant souvenir éveille dans les cœurs :

« O Dieu, qui, par le moyen de la très-glorieuse
» Mère de votre Fils, et dans le but de délivrer
» les fidèles de la puissance des païens, avez daigné enrichir votre Église d'une nouvelle famille,
» nous vous demandons, par les mérites et l'intercession de celle que nous vénérons avec piété
» comme l'institutrice d'une œuvre si grande,
» d'être délivrés de tous nos péchés et de l'esclavage des démons; nous vous le demandons par
» Notre-Seigneur Jésus-Christ. »

SAINT ARCADIUS

MARTYR A CHERCHELL

— 26 Septembre. —

(*Tiré de Godescard et du Bréviaire propre au diocèse d'Alger.*)

Parmi les martyrs que la Mauritanie donna au ciel durant la persécution de Maximien (de 303 à 315), le plus célèbre fut Arcadius de Julia-Césarée, aujourd'hui Cherchell. La narration du supplice atroce qu'on lui fit subir a été transmise à la postérité par Zénon, évêque de Véronne, qu'on croit avoir été son compatriote.

Lorsque les Chrétiens étaient amenés de toute part à Julia-Césarée pour y être forcés à offrir de l'encens aux dieux, Arcadius avait évité ce spectacle sacrilége en se retirant à l'écart.

En effet, on contraignait les fidèles d'assister à des cérémonies superstitieuses, à conduire par les rues des victimes couronnées de fleurs, à chanter à la manière des Bacchantes. Par là on espérait arracher de leur cœur la foi en Jésus-Christ [1].

Arcadius, abandonnant ses biens, avait donc quitté la ville pour se séquestrer dans un lieu solitaire. Là il servait librement Jésus-Christ dans les veilles, dans l'oraison et dans tous les autres exercices d'une vie austère et pénitente.

Lorsqu'il apprit qu'un de ses parents était conduit en prison pour n'avoir pas voulu faire connaître sa retraite, il s'élança aussitôt du lieu où il était caché pour le faire mettre en liberté, et de lui-même, se déclara Chrétien, préparé à souffrir pour sa croyance tous les tourments. Le juge, transporté d'une fureur soudaine, ordonna, dans sa rage, qu'on lui coupât les mains et les pieds, pour que, vivant, il se vît déjà réduit à l'état de cadavre. Arcadius entendit cette sentence avec joie, heureux de ce que la langue lui serait au moins laissée pour confesser encore qu'il était Chrétien.

Voici la traduction du texte de Zénon :

« Aussitôt que l'exécuteur se fut emparé d'Arca-
» dius, il désunit avec la hache l'assemblage des
» nerfs, et sépara toutes les jointures du corps en
» coupant leurs liens naturels. Les mains tran-
» chées bondirent....., et le sang, qui s'était sou-
» dainement arrêté dans leurs veines, recom-
» mença à jaillir à grands flots. Ensuite, s'emparant

---

[1] Godescard, *Vie des Pères*.

» des jambes qui lui étaient livrées, le bourreau
» se servit de son coutelas pour en détacher les
» pieds, de manière que le corps du saint martyr
» fût à jamais privé de leur secours. »

Le martyr donnait ses membres les uns après les autres, témoignant une patience héroïque pendant toute cette barbare exécution. Sa langue, qu'on avait oublié de couper, prononçait souvent ces paroles : « Seigneur, enseignez-moi la sagesse ! » La vue de son corps, qui n'était plus qu'un tronc baigné de sang, tirait les larmes des yeux de tous les assistants : ils ne pouvaient se lasser d'admirer une constance dont il n'y avait point d'exemple, et ils avouaient que le principe en était divin.

Cependant Arcadius qui vivait encore, offrait à Dieu ses membres épars çà et là : « Heureux membres, disait-il, c'est à présent que vous m'êtes chers, puisque vous appartenez véritablement à mon Dieu, auquel vous avez été offerts en sacrifice. Et vous, ajouta-t-il en s'adressant au peuple, vous qui avez été spectateurs de cette sanglante tragédie (1), apprenez que tous les tourments ne sont rien pour celui qui envisage une couronne éternelle. Vos dieux ne sont pas des dieux : renoncez donc à leur culte sacrilége. Il n'y a point d'autre

(1) Ce saint martyr subissait son supplice triomphal dans l'amphithéâtre de Julia Césaréa, et faisait allusion à ce lieu par ces paroles.

Dieu que Celui pour lequel je souffre et je meurs : lui seul me console et me soutient dans l'état où vous me voyez. Mourir pour lui, c'est vivre ; souffrir pour lui, c'est être dans les délices ! »

Tandis qu'il parlait ainsi au peuple assemblé autour de lui, il expira doucement le 12 de janvier.

RÉFLEXION.

L'amitié doit être généreuse : le parent de Saint Arcadius nous en donne un exemple ; mais l'exemple de Saint Arcadius nous apprend aussi que le Chrétien ne doit jamais souffrir, autant qu'il le peut, que celle qu'on lui porte devienne onéreuse à son frère.

Le genre de supplice enduré par Saint Arcadius porte à ajouter à cette réflexion quelques considérations sur les reliques des saints, qui sont l'objet d'une fête particulière, célébrée, dans le diocèse d'Alger, le vingt-sixième jour d'octobre.

Tous les peuples ont toujours montré la vénération la plus sérieuse pour les dépouilles mortelles de leurs aïeux : le sauvage Natchez emporte avec lui les restes de ses ancêtres et les entoure du plus tendre respect. Comment le Chrétien ne rendrait-il pas un culte pieux aux reliques de ses pères dans la foi, « que les démons eux-mêmes redoutent, dit Saint Ambroise, qu'ils ont humiliés dans les supplices, mais qu'ils glorifient malgré eux dans le tombeau ? » Ces corps, consacrés par l'approche des signes mystérieux qui ont témoigné de l'effusion de la grâce au moment de l'application des sacrements de l'Église, *sont les temples de l'Esprit-Saint* (1). Ces ossements sont comme des pierres éparses qui doivent contribuer à la construction de la céleste Jérusalem ; ces membres doivent être réunis à leur tête, à leur chef, qui est Jésus-Christ, régnant déjà couronné, à la droite de son Père, au plus haut du ciel. *Celui qui a ressuscité Jésus-Christ d'entre les morts, vivifiera ces corps, à cause de son Esprit habitant en eux* (2). « *Leurs os germeront comme l'herbe*, dit le Seigneur (3). » *On sème le corps dans la corruption du tombeau, il ressuscitera incorruptible ; on le sème dans l'humilité, il ressuscitera dans la gloire ; il est semé dans l'infirmité, il se relèvera dans la force ; on aura semé un corps matériel, il ressuscitera un corps tout spirituel !* (4)

Que notre conversation soit donc dans le ciel, d'où nous attendons notre Sauveur Jésus-Christ, qui réformera le corps de notre bassesse à l'exemple de son corps glorieux (5). « Approchons, com-
» me Saint Jean Damascène, de ces reliques
» bénies avec la confiance que Dieu nous donnera
» sa grâce par l'intercession des âmes saintes qui

---

(1) 1. Cor, 6—19. — (2) Rom., 8—11. — (3) Isaïe, 66—14. — (4) 1. Cor., 15—42, 43—44. — (5) Philip., 3—20, 21.

» les ont animées, *et qui ont paru mourir aux
» yeux des insensés, mais qui vivent dans la
» paix* (1), » et disons avec lui : « Si l'eau a coulé
» du rocher frappé par Moïse, la grâce ne nous
» viendra-t-elle pas aussi de ces ossements dessé-
» chés ? Honorons-les ; faisons des statues aux
» Saints qu'ils nous rappellent ; mais soyons nous-
» mêmes la copie de leurs portraits, en reprodui-
» sant leurs vertus. »

(1) Sag., 3—2, 3.

SAINT QUOD-VULT-DEUS

ÉVÊQUE DE CARTHAGE, CONFESSEUR

— 27 Octobre. —

(*Tiré de l'*Africa christiana *de Morcelli.*)

L'an du Seigneur 437, Dieu, prenant pitié de l'Église de Carthage, choisit dans tout son clergé et parmi les plus fervents disciples de l'évêque Aurélius, un saint homme nommé Quod-Vult-Deus (nom qui signifie *ce que Dieu veut*), pour qu'il la conduisît au milieu des grands périls où elle était placée.

Genséric avait ordonné que les évêques abandonnassent leurs églises et leurs cathédrales, et que, s'ils tardaient à s'éloigner, ils fussent retenus à titre d'esclaves pour toujours; de plus, il avait décrété que chacun d'eux lui apportât tout ce qu'il pouvait avoir d'or, d'argent, de pierreries ou de meubles précieux.

Peu de temps après la consécration de Quod-Vult-Deus, un ordre fut donné pour qu'une foule d'ecclésiastiques que l'on avait pillés, et auxquels il ne restait plus rien, fût placée sur de vieux navires désemparés et chassée en mer dans ces mauvaises embarcations. Mais le Seigneur, dans sa bonté miséricordieuse, daigna leur accorder une heureuse navigation et les faire tous aborder à Naples, en Campanie. Ils y furent reçus avec une généreuse hospitalité (437).

Quod-Vult-Deus, s'indignant de goûter quelque repos après tant de travaux et de misères, priait Dieu tous les jours, avec ses confrères, pour sa patrie et son église, afin qu'il ne permît pas qu'une population catholique aussi nombreuse restât plus longtemps soumise à des ennemis hérétiques. Pour procurer quelque consolation aux malheureux, opprimés dans son diocèse par une tyrannie aussi affreuse, il leur écrivit plusieurs lettres, les exhortant à imiter la constance et la patience de leurs pères. Enfin, orné du mérite des plus grandes vertus dans son exil, il obtint les honneurs célestes après sa mort (444).

On lit cette inscription sur un antique calendrier de marbre : « Anniversaire de la sépulture de Saint » Quod-Vult-Deus, évêque, qui mourut à Naples. »

RÉFLEXION.

Le Saint qu'on appelait *Quod-Vult-Deus* fit de son nom le thème de sa vie. Dans cet habituel exercice de la volonté de Dieu, il trouva la paix en ce monde et la gloire pour l'autre. Il est nommé évêque de Carthage dans les circonstances les plus désastreuses ; il se soumet à cette vocation sévère : Dieu le veut *(quod vult Deus!)* Le tyran Genséric met les Pasteurs dans l'alternative d'abandonner leur troupeau ou de subir l'esclavage ; il reste à son poste en vrai serviteur de Dieu : Dieu le veut *(quod vult Deus!)* Le prince barbare le dépouille de tout, l'entasse avec les saints confesseurs, ses collègues, sur un navire fracassé qui semble devoir sombrer au premier mouvement ; il se place sans murmurer sur ce cercueil mouvant, et il attend la mort. Dieu permet tout cela dans le but d'une édification plus grande de la part de ses prêtres, Dieu le veut *(quod vult Deus!)* Il végète, sans se plaindre, sur la terre de l'exil, où il parvient comme par miracle, et rien ne vient obscurcir la joie intérieure de son âme. Au demeurant, n'a-t-il pas obtenu ainsi l'objet de ses vœux quotidiens ? n'a-t-il pas dit chaque jour à Dieu : *Que votre volonté soit faite ?* (1) *(fiat voluntas tua!)* Et puis, quelles que fussent les adversités inférieures, — qui devaient être un jour pour lui des titres pour être inscrit aux fastes de l'Église, plus durables que le vieux calendrier de marbre des Napolitains, — il savait, dans son union intime avec Dieu, combien était vrai le texte de l'Apôtre : *Pour ceux qui aiment Dieu* (et le prouvent en obéissant à sa volonté), *tout coopère à leur avantage* (2).

(1) Matth., 6 — 10. — (2) Rom., 8 — 28.

SAINT DEO-GRATIAS

ÉVÊQUE DE CARTHAGE, CONFESSEUR

— 29 Octobre. —

(*Tiré de l'AFRICA CHRISTIANA de Morcelli.*)

Saint Deo-gratias fut consacré évêque de Carthage le 25 octobre de l'an 554, au milieu des transports d'allégresse de toute la ville. La Providence de Dieu, dans sa suprême sagesse, voulut le mettre à la tête de cette église, non-seulement pour que les nombreux esclaves qui habitaient cette grande cité ne manquassent pas de consolation, mais encore pour que les hérétiques ariens et les barbares eussent la preuve que ce n'était que dans l'Église catholique seule qu'existait une véritable bienfaisance, aussi bien qu'une vérité désintéressée.

Lorsque la flotte du roi des Vandales, chargée des dépouilles de Rome, emportant l'impératrice

Eudoxie et ses deux filles, fut arrivée à Carthage (1) et eut exposé les prisonniers que les barbares se partageaient et mettaient en vente, il n'y eut pas de démarches, de dépenses, de bons avis qu'il n'employât pour s'efforcer d'adoucir tant d'infortunes dont le déplorable aspect déchirait le cœur. Cet homme de Dieu, plein de charité, s'empressa de disposer des vases sacrés en or et en argent pour racheter les captifs, pour que les époux ne fussent pas séparés, pour que les enfants fussent rendus à leurs parents; et comme il n'y avait pas d'édifices assez grands pour abriter une si grande multitude, il affecta à cette destination deux basiliques qu'il fit remplir de lits et joncher de paille. Il avait soin que, chaque jour, chacun reçût selon ses besoins. Par suite d'une navigation à laquelle la plupart n'étaient pas accoutumés, et des privations d'une captivité cruelle, il y avait un grand nombre de malades que ce bon évêque, pareil à une tendre mère, passait en revue à chaque instant avec des médecins, les faisant visiter et pourvoir, en sa présence, de ce qui leur était nécessaire.

Cependant il n'était pas accablé par des veilles si pénibles, passées dans ces œuvres de miséricorde, et il continuait toujours d'aller de lit en lit, demandant à chacun comment il se trouvait. Il était tellement préoccupé de ce saint emploi,

---

(1) *Les Français en Algérie*. — Veuillot, ch. 9.

qu'il ne tenait aucun compte ni de sa vieillesse, ni d'une maladie dont il était déjà atteint (la carie des os).

Les Ariens, jaloux de tant de vertus, dressèrent souvent des embûches à sa vie. « Je crois, dit » Victor de Vite, que Dieu, prévoyant ce meur- » tre, voulut, sans plus de retard, soustraire aux » serres des vautours le passereau qui lui était » cher (1). » Les citoyens de Carthage et les captifs pleurèrent tant sa mort qu'ils semblaient être tombés entre les mains des barbares pour une seconde fois, au moment où il monta au ciel.

Deo-gratias fut évêque trois ans, deux mois et dix jours. On mit son corps au tombeau secrètement, tandis que les fidèles assistaient à la prière accoutumée, de crainte que, par une piété indiscrète, le peuple ne dispersât les saintes dépouilles d'une âme aussi belle (557).

RÉFLEXION.

La bienfaisance porte avec elle un éclat qui est un rayonnement nécessaire de la religion chrétienne. « Car, dit l'Apôtre Saint Jean, *telle est la volonté de Dieu que nous croyions au nom de Jésus-Christ son Fils, et que nous nous aimions l'un l'autre, ainsi qu'il nous en a donné le précepte* (2); » et encore : « *Celui qui serait pourvu des biens de ce monde, et qui, voyant son frère*

---

(1) Psaume 123. — (2) 4 Joan. 3 — 17.

dans le besoin, lui fermerait son cœur, comment aurait-il l'amour de Dieu (1)? » Ces paroles sont applicables à tous les Chrétiens, mais ce n'est que dans le catholicisme seul, dont elle emprunte la stabilité, que la bienfaisance a ce caractère de continuité qui la rend véritablement utile. Le sentiment d'humanité, tant vanté de nos jours, peut bien parfois répandre quelques secours parmi les indigents; mais ces sortes d'accès de libéralité, dus à la sensibilité humaine, à la nécessité de la position, — et trop souvent à l'importunité dont on se lasse, — dus à l'ostentation et à la vanité, sont passagers comme l'impression des sentiments qui les ont fait naître, sont incertains et inconstants comme les circonstances où ils se produisent, et entièrement stériles pour le ciel, parce qu'ils n'ont pas Dieu pour but. Il serait donc bien malheureux, celui qui compterait sur cette bienveillance humaine pour l'éternité ! Les fruits de salut ne sont véritablement bons que sur l'arbre de vie, dont Jésus-Christ est la sève. Il en est de la charité comme de la vérité : elles ne se trouvent en leur intégrité que dans le Catholicisme.

(1) 1 Joan 3 — 23.

TRANSLATION
DU BRAS DE SAINT AUGUSTIN

DE PAVIE A HIPPONE

EN 1842

— 31 Octobre. —

(Tiré du Bréviaire propre au diocèse d'Alger.)

La nation française, victorieuse par la bénédiction de Dieu (1830), avait enfin rendu à l'Église catholique, qui répare toujours ses pertes par de nouvelles conquêtes, cette partie de l'Afrique dans laquelle, durant si longtemps, la barbarie s'était exercée. Déjà, par les soins et sous le pontificat de Grégoire XVI, à la demande du roi des Français et de ses ministres, aux applaudissements de tous, cette église renaissante avait été comme innovée par la consécration de son évêque (28 octobre 1838), lorsque ce prélat, suivant Saint Augustin à la trace dans un long voyage, et visitant son tombeau, qui est placé sous le maître-autel de la cathédrale de Pavie, obtint que l'avant-bras droit de cet illustre docteur de l'Afrique lui fût concédé en précieux gage d'union. Mais comme ce don ne pouvait lui être fait sans la permission du Saint-Siège, en conséquence des bulles de Benoît XIII, portant peine d'excommunication, le Souverain-Pontife consentit avec la plus grande joie aux pieuses et justes prières de Monseigneur Antoine-Adolphe Dupuch, évêque d'Alger.

Qui pourra dire avec quelle allégresse, avec quelle faveur toute la ville et le clergé de Pavie accueillirent les députés de l'Église renaissante d'Afrique! Monseigneur Aloys Tosi, leur évêque, retira du magnifique autel dédié à Dieu, en l'honneur de Saint Augustin, le coffre d'argent, qui en contient un autre en cristal, où sont gardés les restes du Saint, et transféra dans un riche reliquaire, qui fut fermé des sceaux canoniques, un bras du saint docteur, c'est-à-dire un os du bras droit (le cubitus). L'évêque d'Alger prit possession de cet insigne trésor avec une pieuse reconnaissance, mêlant dans ses actions de grâces l'expression de sa joie, de ses espérances, et ses larmes tout à la fois. Il emporta le dépôt sacré, accompagné de prières incessantes, dans le palais épiscopal de Saint Ambroise, à Milan, pour que le même lieu réunît, durant une nuit au moins, les restes du fils auprès de son père spirituel.

Les mêmes cérémonies se reproduisirent le jour suivant dans les églises de Novare et de Verceil, où le peuple et le clergé s'étaient rassemblés à la nouvelle que les reliques de Saint Augustin étaient rapportées aux bords africains.

Aussitôt que ces saintes dépouilles eurent atteint les frontières de la France, les gens des campagnes s'empressèrent de toutes parts sur leur passage. L'évêque de Fréjus arriva plein de joie, et le concours des fidèles fut si grand dans la ville de Toulon qu'environ trente mille âmes y vinrent vénérer les saintes reliques. Déjà se trouvaient à Toulon Monseigneur l'archevêque de Bordeaux, Nosseigneurs les évêques de Châlons, de Marseille, de Valence, de Digne et d'Alger, et celui de Nevers, non encore institué, avec une députation de plusieurs diocèses de France. Tous, au milieu des honneurs militaires pieusement rendus par des troupes nombreuses, portèrent en grande pompe les ossements sacrés sur un navire magnifiquement pavoisé.

Dans cette traversée tant désirée, le pieux cortége, renouvelant ce qui s'était fait autrefois en pareille occasion, observa les veilles saintes, ainsi qu'on le faisait jadis en mémoire des martyrs, et il fut comme retrempé par une rosée de célestes faveurs. Le beau navire sembla caresser les côtes de l'île de Sardaigne, et favorisé de bons vents qu'on souhaitait, arriva près d'Hippone. La cité voisine (Bone) en fut émue d'une joie indicible. Une multitude innombrable d'infidèles sortit à la rencontre, et la population chrétienne, chantant des hymnes et des cantiques à Dieu, qu'elle remerciait de l'enrichir par le bienfait inattendu d'un si grand trésor, prit la route des ruines d'Hippone, avec le cortége pieux des évêques et de l'armée.

C'est là, que portant avec un religieux respect la collection volumineuse des écrits du saint docteur, ils déposèrent son bras béni dans une chapelle de cette antique ville, le 28 octobre, l'an du Seigneur 1842 (1).

Voici comment Monseigneur Dupuch, premier évêque d'Alger, raconte la translation de ces reliques :

« A environ vingt minutes du chemin de Bone,
» en côtoyant le rivage de la mer, c'est le pont
» d'Hippone que l'on rencontre, pont romain que
» vous croiriez neuf, à cause de la blanche parure qui déguise aujourd'hui sa vétusté. Avec
» les eaux de la Boujima, qui s'enfuient sous ses
» vieilles arches, que de révolutions ont passé depuis qu'Augustin le traversait si souvent, depuis
» que les habitants d'Hippone s'enfuirent, ou que
» les Vandales se précipitèrent victorieux ! Je crus
» qu'il tressaillait quand une partie des ossements
» de Saint Augustin y fut portée, y passa de nouveau entre les bras de sept évêques...

» Deux routes se joignent à l'extrémité du pont
» d'Hippone : l'une, dite de Constantine, gagne
» bientôt la Seybouse; l'autre tourne aussitôt à
» droite et traverse l'emplacement où fut Hippone

---

(1) Le texte latin de cette légende est dû à la plume pieuse de M. G'Stalter, docteur en théologie, chanoine titulaire du chapitre de la cathédrale d'Alger, qui a recueilli et rédigé, dans le principe, les documents ecclésiastiques dont se compose le Bréviaire propre au diocèse

» dans toute sa longueur, entre les deux collines
» sur lesquelles elle était assise. A mi-chemin en-
» viron, deux autres voies de communication se
» réunissent à celle-là : celle de droite monte aux
» citernes ; arrêtez-vous-y, et regardez.... De tous
» côtés, sur les flancs de cette gracieuse colline,
» couverte de la plus admirable végétation, et
» sous ses épais gazons, ce sont des ruines de voû-
» tes, d'édifices de toute sorte, qu'on soupçonne à
» peine pourtant pour la plupart. Les plus remar-
» quables, ce sont les magnifiques citernes qui
» s'entr'ouvrent à vos pieds mêmes, et qu'on
» prendrait plutôt pour un palais ; l'une d'elles n'a
» pas moins de 130 à 140 pieds de longueur sur
» près de 60 de largeur..... On dit que l'hôpital
» s'élevait à cette même place ; que, dans la pré-
» vision du siége, Augustin avait engagé son peu-
» ple à l'augmenter ; que son corps y fut même
» déposé après sa mort, dans le réduit où les
» Arabes offrent encore aujourd'hui certains sa-
» crifices à son ombre, ou au blanc fantôme dont
» les Chrétiens avaient écrit l'histoire sur une
» pierre qui a été perdue ; d'autres les ont prises
» pour son ancien monastère. . . . . .

» En 1842, c'était la dernière station des sept
» évêques portant triomphalement, au milieu
» d'une multitude immense et dans le plus ma-
» gnifique appareil, la droite d'Augustin lui-mê-
» me..... Ils consacraient le monument, l'autel de
» beau marbre ciselé, la statue de bronze.... C'est

» à cet autel qu'ils montèrent d'abord et successi-
« vement l'un après l'autre, pour bénir ce peuple,
» ces collines, ces vastes campagnes, cette mer,
» l'Afrique entière et la France si lointaine, et si
» rapprochée en ce moment auguste ; puis, tous
» les sept à la fois, élevant ensemble leurs mains
» et leurs voix émues, bénirent encore..... La
» tente sous laquelle ils tinrent comme un nou-
» veau Concile d'Hippone, blanchissait au-dessus,
» pendant que de guerrières fanfares, les salves
» triomphales des vaisseaux embossés dans la
» baie et des forts de Bone, et les acclamations de
» tous, leur répondaient (1).

RÉFLEXION.

La translation du bras de Saint Augustin, à travers l'Italie et la France, jusqu'à Hippone, en 1842, a été l'occasion d'une consolation profonde pour les amis de la religion, pour ceux qui croient et espèrent en l'unité catholique ; car, tout en faisant la part de la curiosité, ils ont vu dans cet élan de populations diverses par les mœurs et le langage, — mais unies par la foi, — tout ce qu'il y a de mensonger dans ces dehors de légèreté que les vanités de la vie donnent au plus grand nombre.

Oui, l'on croit en Notre-Seigneur Jésus-Christ dans le fond de l'âme ; on n'estime, dans le fond

(1) *Essai sur l'Algérie chrétienne.* — Première partie, 1re série, chap. 2.

du cœur, que ceux qui l'ont adoré, aimé et servi; et le passage d'un ossement à travers les royaumes soulève les peuples et les attire à des hommages d'une vénération que la gloire humaine n'obtient pas et ne pourrait jamais exiger de ses plus obséquieux courtisans. Des paroles légères se disent parfois sur ces graves cérémonies avant l'ouverture de la marche triomphale; mais au moment où se déroule l'auguste cortége, au moment surtout où se présente à la vue l'objet sacré, le cœur tremble, les genoux fléchissent, les yeux se remplissent de larmes, et le Chrétien s'est réveillé sous le frac brodé du haut personnage, sous l'uniforme du soldat, comme sous la bure du paysan qui est accouru sur la route du pieux pèlerinage, à travers les bruyères, en chantant des cantiques à l'honneur de Dieu.

Ah! que ce bras glorieux reste levé pour bénir, comme il le faisait autrefois, les rivages de l'Algérie, qu'il est revenu protéger, en s'étendant, comme jadis, entre le ciel et la terre!

Au jour de la Commémoration de cette translation solennelle, on adresse à Dieu cette prière :

« O Dieu, qui avez suscité le bras du bienheu-
» reux pontife et docteur Augustin comme un
» marteau contre les hérésies, daignez nous ac-
» corder de pouvoir vaincre, fortifiés par sa doc-
» trine, tous les ennemis de votre Église. Nous
» vous le demandons par Notre-Seigneur Jésus-
» Christ. »

FÊTE DE TOUS LES SAINTS

— 1er Novembre. —

(Tiré du Martyrologe romain.)

L'Église d'Afrique honore d'un souvenir particulier dvant Dieu les saints et vénérables personnages dont il s'est servi pour la fonder et la glorifier. S'il est vrai que les noms de plusieurs se soient perdus dans la nuit des temps, ils n'en sont pas moins inscrits au livre de vie comme ceux de ses patrons et protecteurs fidèles. Honorons donc ceux qui furent ses premiers pères dans la foi; remercions-les de leur céleste intercession pour elle, dès le commencement; implorons-les pour ses nouvelles destinées.

Tous ceux qui ont eu quelque rapport avec l'Église d'Afrique, soit en donnant leur vie pour la foi en ce pays, soit en s'y exerçant dans la pratique de toutes les vertus jusqu'à la mort, n'ont pas pu être nominativement, à cause de leur grand nombre, les objets vénérés d'une fête particulière, ni par-conséquent d'une notice détaillée dans ce recueil. Le jour de la Toussaint, ils sont compris, sans exclusion de ceux qui sont connus, dans les hommages dont l'Église honore la cour céleste, où ils règnent avec Jésus-Christ, qui est lui-même la couronne de tous les Saints.

Cependant il convient ici de rappeler d'une manière sommaire le souvenir des mérites de quelques-uns des plus célèbres d'entre eux, en suivant l'ordre des temps où ils ont brillé sur la terre.

Nous savons que Namphanion a été appelé l'*Archimartyr* de l'Afrique, c'est-à-dire le *premier des martyrs*, parce que, le premier, il a consacré de son sang cette terre si célèbre par les victoires de tant d'autres martyrs.

On peut tenir pour certain que la divine Providence accorda à l'Église d'Afrique environ un siècle, pour que, durant ce temps, elle s'accrût; pour qu'instruite dans la foi, réglée par la morale, édifiée par l'exemple de toutes les vertus, elle s'affermît, et pour que, dans la paix et la tranquillité, elle pût pousser de profondes racines et les étendre au loin. Car les hommes apostoliques, que Dieu envoya en ce pays, eurent pour leur part, une bien vaste région, à cultiver; il leur fallut un travail bien long et bien pénible pour amener les Africains au goût de la religion, afin d'obtenir que l'esprit de ces malheureux, renonçant à leurs superstitions et se pénétrant des préceptes de l'Évangile, prît en horreur ce qu'il avait jusque-là si ardemment aimé. Mais Dieu, miséricordieux pour l'Afrique, Dieu qui avait déjà fait resplendir sa lumière dans tant de ténèbres, avait encore fait, par un don tout particulier de sa grâce, qu'on y trouvait déjà beaucoup de cœurs préférant à leur ancienne licence la règle de la vie spirituelle qu'on leur proposait, et qui brillaient alors d'autant de vertus qu'ils avaient eu de vices autrefois, dans l'ombre où ils croupissaient.

Dieu daigna donc marquer ce moment comme celui où ils devaient lui prouver, par leur courage éclatant, que toutes leurs erreurs avaient pris fin. Il faut reconnaître qu'en effet ils furent longtemps exposés dès lors aux adversités, aux peines, aux calamités les plus grandes, et tout en confessant que la miséricorde et la bonté de Dieu envers les hommes sont si paternelles qu'elles ne souffrent pas *que personne soit plus fortement tenté que ses forces ne pourraient le supporter* (1), il faut reconnaître aussi que, durant tous les maux qui pesèrent à cette époque sur les Chrétiens de l'Afrique, l'esprit de foi de cette église, sa constance dans la religion, son mépris de la mort, son espérance dans la vie éternelle, toutes ses vertus enfin étaient parvenues à un degré éminent (2).

Au commencement de l'année 198, le sénat romain donna la province d'Afrique à gouverner

---

(1) 1. Cor., 10 — 13.
(2) *Africa christiana* par Morcelli.

à Vigélius Saturninus, ennemi du nom Chrétien, qui devait y trouver comme une grande moisson prête à être fauchée. Car déjà depuis un an, le parti des païens retenait en prison, pour l'arrivée de ce proconsul, un grand nombre de Chrétiens, afin qu'il commençât l'exercice de ses fonctions par les immoler. Or, parmi ces confesseurs de la foi, le premier dont le glaive de Vigélius trancha la vie, fut le chef de tous les martyrs, Namphanion. Avec lui parvinrent au martyre plusieurs habitants de Madaure (Mdaourouch, en Algérie, près de la frontière de Tunisie), qu'il fortifia dans le combat et entraîna dans son triomphe : ils se nommaient Migginès, Saënen et Lucitas (4 juillet).

Après Saint Namphanion et ses compagnons, les premiers martyrs furent : Quintus, qui mourut de faim dans le cachot; Jocundus, Saturninus, Artaxius, qu'on brûla vif, et sept autres martyrs dont le chef portait le nom d'Épictète (9 janvier).

Pudens, le gardien de la prison où Sainte Félicité et Sainte Perpétue avaient été renfermées avec leurs compagnons, s'était montré facile pour leurs rapports avec leurs frères libres encore; il avait permis un repas où il avait entendu des choses dont son cœur fut touché, et par suite, — remarquable argument de l'édification que nous devons donner à tous dans les occasions les plus communes de la vie, — il s'était fait Chrétien comme ceux qu'il avait vus mourir ; il fut immolé sous Rufinus, l'année d'après (204).

Sainte Gundénès, vierge de Carthage, qui avait été torturée sur le chevalet à quatre reprises et horriblement déchirée par des ongles de fer, sortit peu après de l'infecte prison où elle languissait depuis longtemps, pour lui succéder sous le glaive du bourreau (18 juillet).

Bona, traînée aux autels des idoles par son époux païen, fut exilée après avoir hautement protesté contre les violences des prêtres des faux dieux, qui fixaient de force ses mains sur les brasiers et les victimes de l'holocauste sacrilége. Elle s'écriait, durant ce tourment d'un nouveau genre : « Je ne sacrifie pas ! C'est vous qui sacrifiez ! Je n'ai pas sacrifié ! C'est vous qui l'avez fait ! »

Castus et Émilius avaient cédé un instant à l'atrocité des douleurs.... Ils se relevèrent au moment même de cette chute affreuse, et mêlant à leur sang les larmes de leur repentir, ils périrent dans les tourments (22 mai 204).

L'exemple était alors, comme toujours, un puissant moyen d'édification, et il y avait des familles de martyrs comme on voit d'illustres races chez lesquelles *noblesse oblige*. Saint Célérinus, diacre, confessa glorieusement Jésus-Christ durant dix-neuf jours, où il fut tenu aux ceps dans la prison, battu à coups de nerfs de bœuf, déchiré par le fer, torturé de divers supplices, et sortit vainqueur de la rage de l'ennemi en frayant à d'autres le chemin de la victoire. Déjà avaient été couronnés du martyre Laurentinien, son oncle paternel, Ignatius, son oncle maternel, Célérina, son aïeule, dont il nous reste l'éloge dans une lettre de Saint Cyprien (3 février).

Effrayé de la rage du tentateur et de ses barbares suppôts, Rutilius, se défiant de lui-même, et — puissamment riche, encore peut-être attaché aux biens de ce monde, — Rutilius s'était soigneusement caché. Il croyait être en sûreté et laissait passer l'orage, lorsqu'il est saisi tout-à-coup, entraîné au tribunal du proconsul Scapula, devant qui l'intrépide courage du Chrétien se réveille dans son cœur; et après d'horribles tourments, il expire au milieu des flammes (2 août 207).

Les païens, tout en s'étourdissant dans leur aveugle obstination, ne pouvaient se défendre d'un sentiment humain qui les rappelait de temps en temps à la pitié, leur faisait admirer le courage des victimes et les disposait à la grâce de la foi. Aussi quelques-uns, apportaient tôt ou tard, leur cœur aux pieds sanglants du Christ, qu'ils avaient percé dans ses membres les plus chers, en la personne de ses martyrs. Ainsi voyons-nous Restutus, de Tusita, ville obscure de l'Afrique proconsulaire, fort attaché au culte des idoles, renoncer soudainement à ses superstitions dans Aquilée, où il était venu et où il était tombé dangereusement malade, et quelques jours après, y mourir saintement, muni du sacrement du baptême. Géminus, son fils, accourt des plages de la patrie, ne trouve plus en Italie que le tombeau de son père, embrasse comme lui la croix, et va le rejoindre aux cieux peu de temps après (8 octobre 242).

Mappalicus et Paul expirent sur les chevalets; Bassus, au retour de la torture, meurt de douleur sur le seuil de la prison où on le rapporte (17 avril 250).

Un des faits les plus saisissants, enregistrés dans le martyrologe, est celui-ci : Saint Numidicus, qui exhortait à la constance plusieurs Chrétiens au pouvoir des persécuteurs, fut jeté avec eux dans les flammes, où ils reçurent leur couronne, et demeura comme écrasé sous une grêle de pierres. Sa fille, qui venait retirer son cadavre des cendres du bûcher, le trouva encore vivant. Il fut guéri de ses blessures et, plus tard, en récompense de son courage, promu au sacerdoce dans l'Église de Carthage par Saint Cyprien (9 août).

Le proconsul Fortunatianus fit arrêter toute une section de quarante soldats (Terentius, Africanus, Pompeïus et leurs compagnons d'armes), qui remplissaient un service militaire auprès de lui et s'étaient déclarés Chrétiens. Il les fait battre jusqu'à ce que les entrailles sortent du ventre; il insulte au divin Crucifié, qu'il dit être un malfaiteur que les Juifs ont supplicié pour ses crimes.... et le supplicié divin multiplie dès lors ses miracles en faveur de ses belliqueux serviteurs. Si l'on verse du vinaigre dans leurs plaies et si des mains barbares les enveniment par des frictions cruelles, leur souffle suffit pour renverser et réduire en poudre les images sacriléges qu'on approche de leurs lits de douleur. Le temple des idoles s'écroule tout entier avec fracas, et dans leur prison où on les rapporte en lambeaux sanglants en proie à des vipères, à des serpents qu'une haine diabolique a recueillis et jetés dans cet antre, des anges radieux les visitent, les consolent, les guérissent, les protégent, leur dressent un magnifique repas, avant-goût du banquet céleste du Seigneur, que le glaive leur ouvre le lendemain pour l'éternité ! (10 avril).

Tandis que ces événements extraordinaires avaient lieu à Carthage, un autre fait miraculeux se produisait à Cartena (Ténez), où abordait le corps entier du saint martyr Fabien, porte-étendard du prétoire, qui avait était décapité à Julia Cesarea (Cherchell), et dont le tronc et la tête avaient été jetés séparément à la mer (31 juillet).

Que dirons-nous de Saint Némésien, des deux Saints Félix, des Saints Lucius, Litteus, Polyanus, Victor, Jader et Dativus, et autres saints évêques qui, sous Valérien et Gallien, furent frappés avec fureur, attachés d'une chaîne aux pieds et condamnés aux travaux forcés des carrières et des mines de la Numidie, où ils succombèrent de maladies, et de dénûment !

A ces époques de désastres, où nulle administration n'était chargée, comme aujourd'hui, de prendre soin des coupables mêmes que la société punit et astreint à une semblable servitude, pouvait-on s'attendre à une autre fin ? (10 septembre).

La persécution prenait de jour en jour des proportions gigantesques. Le proconsul Galère-Maxime réunissait trois cents Chrétiens de tout sexe et de tout âge dans une plaine près d'Utique, où, d'un côté, il avait fait apprêter un sacrifice à ses dieux, et de l'autre, une profonde et large fosse remplie de chaux vive.

Cette foule de martyrs, déjà éprouvée par les bourreaux, préféra s'y précipiter que d'offenser le Seigneur ! Multitude de laquelle aucun nom n'a surnagé sur ce gouffre de douleur et d'oubli, et qui est offerte à nos hommages sous le nom si énergique de *la Masse blanche !* (24 août 257).

En l'année 259, qui suivit la mort de Saint Cyprien, ses disciples, le vieux prêtre Lucius, les saints diacres Montanus, géant d'une force herculéenne, et Julien, son frère, Flavius et Victoire, furent arrêtés et retenus longtemps dans les prisons, d'où ils écrivaient ces paroles héroïques à l'église de Carthage : « O gloire de nos liens ! ô chaînes tant désirées ! ô fer mille fois préférable à l'or le plus précieux ! ô bruit harmonieux de ce fer enlacé dans un autre fer, et retentissant avec lui sur le pavé des cachots ! » — Ils n'en sortirent, y laissant les cadavres de Rhénus, des jeunes enfants Primolus et Donatien, morts de faim et de misère, que pour porter leur tête aux bourreaux sur les traces du prêtre Victor et de Quartillosa, femme et mère de martyrs (24 février).

Les magistrats de Cirta (Constantine), piqués d'une émulation infernale, firent périr un grand nombre de Chrétiens, parmi lesquels Émilien, chevalier romain, et une pauvre jeune femme avec ses deux petits garçons jumeaux. « Elle fut
» couronnée, dit un pieux auteur dont l'âme
» pleine de tendresse respire dans ses écrits, — (1)
» avec ses deux petits enfants, ensemble sortis de
» son sein, et en même temps introduits avec elle
» dans celui de Dieu : petites fleurs de martyrs,
» dignes d'être associées à celles qui empourprè-
» rent Bethléem ! » (29 avril).

Heureux enfants, d'avoir si tôt et si heureusement terminé les dangereuses épreuves de la vie ! Pénétrés de cette pensée, de fervents Chrétiens en allaient chercher la fin. Maurus, venu à Rome en pèlerinage au tombeau des Saints Apôtres, y était martyrisé (22 novembre 283), et Félix, de Julia Cesarea, se rendait à Gironne, en Espagne, pour y chercher directement la mort, qui lui était donnée au milieu d'une torture cruelle, après avoir

(1) Monseigneur Dupuch, *Essai sur l'Algérie chrétienne*.

été traîné par la ville à la queue de deux mules furieuses, s'être vu pendu par un pied durant presque tout un jour, et avoir été noyé dans le port. (août 297).

La grande persécution de Dioclétien commença, dès l'an 298, par inquiéter les hommes de guerre et les personnages de distinction. Le jour où Marcel, centurion de la légion trajane, comparaissait à Tingis (Tanger) devant Agricolanus, préfet du prétoire, le greffier Cassien, indigné de l'arrêt qui lui était dicté, se déclarait Chrétien et périssait du dernier supplice. (3 décembre 299.)

La ville d'Adrumète, dans la Byzacène, voyait aussi toute une famille, douze frères, fils de Saint Boniface et Sainte Thècle, convertir l'officier Victor et la troupe venue pour les arracher à leur foyer et les traîner à Carthage aux pieds du sénateur Valérius. Ils obéissent cependant aux ordres de l'autorité, et sous la conduite de Donatus, le frère aîné, ils se rendent à l'assignation. Mais la scélératesse de l'infâme magistrat se déploya en cruautés si révoltantes que la populace en murmura. Il s'effraie de ce mouvement dans le populaire : il s'embarque de nuit, et fait emmener avec lui les douze martyrs ; il essuie une violente tempête, et confesse, dans sa terreur, le nom divin de Jésus-Christ. Mais l'orage passé, il reprend toute sa fureur et sème l'Italie des corps mutilés de cette phalange fraternelle qu'il traînait après lui. Voici les noms de ces douze frères : Donatus, l'aîné, prêtre; Félix, diacre; Arontius, Honoratus, Fortunatus, Sabinianus, Septiminianus, Januarius, Vitalis, Sator, Restitus, Félix *minimus* le plus jeune. (30 août.)

L'Italie vit bientôt encore Félix, évêque de Tibursicumbure, dans la proconsulaire d'Afrique, son prêtre Aper et ses deux diacres Cyrus et Vital, donner leur tête dans Vénouse, plutôt que de livrer aux idolâtres les vases sacrés et les Saintes Écritures, que les païens leur demandaient en les désignant sous le nom de *livres déifiques*. Au moment de mourir, le 30 août 303, Félix s'écrie : « Seigneur, je vous remercie ! Il y a cinquante-six ans que je vis dans ce monde; j'ai conservé ma virginité, j'ai été fidèle à votre Évangile, j'ai prêché la foi, la vérité ! Dieu du ciel et de la terre, Seigneur Jésus-Christ, j'incline devant vous ma tête comme la victime dévouée du sacrifice. Vous régnez éternellement : a vous donc gloire et honneur dans les siècles des siècles ! Amen. »

Deux autres Africains, Nabor et Félix, dont la taille gigantesque et les exploits étaient célèbres dans les armées romaines, vivaient en Italie au moment où l'empereur Maximien était à Milan. Sans égard pour les services rendus par eux sur les champs de bataille, il les fait saisir comme Chrétiens, jeter dans un cachot, où ils restent douze jours sans nourriture, et les livre au barbare Anulinus, qui est assez lâche pour faire torturer ces braves de la manière la plus odieuse. Vaincu par leur constance, il les rend brisés à l'empereur, qui les emmène à sa suite jusqu'à Lyon, où, ne pouvant non plus les séduire, il les fait frapper en sa présence et les livre à la hache des licteurs. Leurs corps furent recueillis par une noble dame, Sainte Savine, qui les rapporta à Milan, et un jour expira sur leur tombeau, où elle répandait ses prières. (12 juillet.)

Encore un vétéran des troupes impériales, Victor-le-Maure, que Maximien fait venir devant lui, à Milan, et qui lui répond : « Depuis mon enfance, je me suis consacré à Jésus-Christ : il est ma vie ! Loin de moi que, pour un homme corruptible et mortel, je trahisse jamais les lois de ma religion et déshonore mes cheveux blancs ! » Il est enfermé, il est livré à Anulinus, il souffre les mêmes tourments que ses compatriotes et concitoyens Nabor et Félix, avec cette différence que, par ordre de l'empereur, on verse du plomb fondu sur les membres de ce vieux soldat, tant de fois blessé pour sa gloire au champ d'honneur. Il semble que ce dernier acte d'ingratitude et de barbarie aurait produit un mauvais effet dans le peuple, car nous voyons que Maximien fait conduire le saint martyr à la porte de la ville, avec ordre d'y attendre ses instructions, et peu après, le fait mener dans la forêt de Dunlinus, pour qu'il y soit décapité aux bords du Tessin. Mais à peine son corps, détaché de la tête, a-t-il été traîné au plus profond de ces bois, que voici des bêtes farouches, moins sauvages que ceux qui sont chargés de l'insulter encore, qui s'opposent énergiquement à ce qu'on outrage ses restes sacrés, et l'empereur, partageant les sentiments de ces monstres, plus humains que lui, défend qu'on s'acharne davantage sur ces dépouilles saintes, qui sont aujourd'hui à Milan. (8 mai.)

Une particularité des actes de ce martyre, que nous analysons ici, est cette affirmation portée au bas du texte original :

« C'est moi Maximien, notaire, Chrétien dès
» mon enfance, qui, malgré le serment fait aux
» idolâtres, ai écrit, la nuit, à la lumière, ce com-
» bat du saint martyr, que j'ai vu de mes propres
» yeux, et qui en ai transmis à la postérité la nar-
» ration fidèle et consciencieuse. »

Revenons en Afrique, allons à Julia Césarée, où Théodota, mère de nouveaux Machabées, meurt pour la religion de Jésus-Christ avec ses sept fils (10 août 304); allons à Tuburbo Lucernaria (Henchir Kasbat, en Tunisie), pour y voir souffrir deux nobles filles, Maxima et Donatila, sœurs par le sang et par le baptême, nièces de Sainte Crispine. Leur illustre naissance n'est qu'un motif de plus pour qu'Anulinus, promenant à sa suite les horreurs des tortures, essaie d'humilier en elles le nom de Jésus-Christ. A l'exemple de leur divin Maître, durant plusieurs jours, dans la prison, elles sont positivement abreuvées et nourries uniquement de fiel et de vinaigre par des êtres qui n'ont plus rien de l'homme dans le cœur. Inébranlables dans leur constance, elles sont traînées par les rues de la ville, où la populace, ameutée par leurs servantes mêmes et les femmes jalouses de ces avantages extérieurs que la fortune et la nature leur avaient donnés, les vilipende de la manière la plus honteuse. Cette ignominie ne fait que leur apporter une consolation en la personne de la jeune Secunda, plus riche, plus noble, plus belle qu'elles ne le furent jamais, qui, dans son cœur chrétien, s'indigne de tant d'outrages, et vient se joindre à leur couple béni pour les subir en leur compagnie, et mourir, s'il le faut. Il le faudra ! Anulinus est ivre de rage; il a épuisé sur Maxime et Donatila tout son répertoire de supplices. Il imagine pourtant de les faire rôtir et arroser de lait de chaux ! Les assistants sont dans la stupeur..... Il les fait porter, à demi calcinées, dans l'amphithéâtre, où les ours, qui en ont peur, refusent de les dévorer, et où la foule, émue de pitié, enfin demande grâce. Mais Anulinus, comprenant ceci à sa manière, fait descendre dans l'arène un gladiateur qui égorge les trois vierges. Secunda n'avait pas quatorze ans. (30 juillet.)

De ces enfants, l'abominable Anulinus court se jeter sur un vieillard de quatre-vingt-treize ans, le vieux prêtre Mammarius, arrêté à Lambesa avec une foule de Chrétiens, et retenu depuis longtemps avec eux dans ces cloaques impurs qu'on nommait *les prisons*. Là, il présidait à la prière quotidienne, qui consistait en l'Oraison dominicale répétée sept fois et en la récitation du Symbole des Apôtres ; là, il célébrait quelquefois le saint sacrifice, prenant pour autel les mains étendues ou la poitrine de ses diacres prosternés, et il donnait à tous la communion du Corps et du Sang de Notre-Seigneur, qu'ils appelaient *l'indéfectible nourriture*. Enfin, on les arrache de ce cachot, qui s'est changé en temple, qui est devenu le vestibule des cieux ! on les étend sur des chevalets, qui se brisent aux contre-coups reçus par les martyrs ; on leur casse les dents avec des pierres, on leur arrache la peau de la tête !..... Anulinus est à bout d'inventions atroces, il étouffe de rage, il s'agite, il expire sur son tribunal. On l'en descend mort ! L'assesseur fit conduire les Chrétiens en prison. Quelques jours après, le successeur d'Anulinus dans sa charge et dans son œuvre de destruction, les rappela devant lui, les fit souffrir encore et les condamna à être décapités. Ils étaient au nombre de quinze avec Mammarius. Voici leurs noms : Félix, diacre ; Victorien, diacre ; Albin, Vivus, Donat, Libosus, Laurent, Ziddimus, Crispinus, Lucius, Fausta, Faustinus, Faustine, Faustinien. La sentence fut exécutée le 10 juin à midi. (305)

L'enfer était déchaîné ; il avait montré, pendant plus de deux siècles, tout ce dont il était capable.

Un signe de Dieu, la croix vue au ciel par Constantin (312), fit rentrer les démons dans l'abîme, où ils entraînèrent les instruments, les complices de leurs fureurs. Mais l'astuce diabolique se fit jour encore dans la paix de l'Église, qui ne fut pas une tranquillité parfaite. L'hérésie, murmurant ses mensonges, sema le trouble dans les esprits. Aussitôt qu'elle le put, elle prouva son origine satanique et sa fraternité avec les bourreaux du Christianisme. Jusque là qu'elle osa bien immoler, au château Lémélé, les deux saints diacres Prime et Donat, dans une église où ils défendaient l'autel de tout outrage. (9 février.)

Il est juste et salutaire de rappeler ces actes sacriléges aux descendants des vieux amis de l'erreur, qui reprochent parfois, dans leurs livres et sur leurs théâtres, au Catholicisme, d'avoir naguère inquiété leurs pères. Voyons ce que firent leurs ancêtres, les Vandales ariens, lors de leur invasion en Afrique. (429.)

Ne pouvant obtenir que les évêques voulussent renier la divinité de Jésus-Christ, ils les embarquèrent sur des bateaux pourris, dans de vieux navires à demi fracassés, et les livrèrent en pleine mer aux hasards des vents et des flots, qui les portèrent en Italie, dans les Gaules : Saint Gaudiosus, évêque d'Abiline, mourut dans un monastère près de Naples (28 octobre); Saint Quinctien fut évêque de Rodez (14 juin); Saint Victor, évêque de Vite, dans la Byzacène, historien de ces temps d'horreur, mourut en Sardaigne. (23 août.)

La vierge Julie, née à Carthage, et, après la prise de cette ville, vendue par Genséric, comme part de capture, à un négociant païen, fut emmenée par ce marchand syrien dans ses voyages maritimes. Réduite en esclavage, elle n'abandonna pas le chemin de la vérité, mais en servant diligemment son maître, elle consacrait à la prière et à de saintes lectures les moments qui lui restaient après les soins domestiques. En outre, elle macérait son corps délicat par des jeûnes continuels. Son maître, tout païen qu'il était, étonné de voir tant de vertu dans cette jeune fille, l'engageait souvent à modérer ses austérités qu'elle pratiqua, cependant toujours, s'abstenant seulement de jeûner le dimanche, en l'honneur de la résurrection de Notre-Seigneur.

Eutychius, — c'était le nom du négociant, — dans l'intérêt de son commerce, fit voile vers les Gaules, et relâcha dans l'île de Corse, auprès d'une ville nommée le Cap-Corse, où il fut retenu par les vents de la saison. Il arriva alors que les insulaires, encore idolâtres, immolèrent un taureau dans un sacrifice solennel. Eutychius assista à cette cérémonie, ayant laissé Julie dans le navire s'occuper des devoirs de sa religion. Mais les païens se doutèrent qu'elle était Chrétienne, et leur prince, nommé Félix, demanda à ce marchand étranger de la lui céder en échange de quatre autres servantes. Il ne put obtenir Julie par ce moyen et s'en empara frauduleusement; mais ni par menaces ni par caresses, ni par promesse aucune, il ne put la persuader de sacrifier à ses dieux. Il ordonna qu'elle fût frappée de soufflets, qu'on lui arrachât les cheveux et qu'elle fût cruellement flagellée. La rigueur des tourments ne faisait qu'affermir son courage. Elle fut enfin crucifiée, à l'exemple de son divin Maître, et cette fille invincible consomma ainsi son martyre le 22 mai de l'an 443.

Genséric n'épargna pas même ses favoris les Saints Arcadius, Paschasius, Probus, Eutychianus, tous quatre Espagnols, qu'il avait amenés d'Europe et qu'il proscrivit et fit périr dans d'atroces tortures, à cause de leur persévérance dans la foi catholique (436). Saint Paulillus, jeune enfant, frère des martyrs Paschasius et Eutychianus, résista à tous les tourments, et plutôt que d'admettre un seul instant l'apparence de l'erreur, préféra être vendu comme un vil esclave. (13 novembre.)

Le saint comte Armogastes, Saint Sature, procurateur du palais, furent réduits au dernier degré de l'infortune, à la pauvreté la plus extrême, et demeurèrent inébranlables dans leur confession. (29 mars.)

Une peine nouvelle, mise en usage par les barbares Vandales, était de dépouiller un homme éminent par ses emplois de tout ce qu'il pouvait posséder, de le pousser nu sur les grandes routes, et de défendre qu'il lui fût donné ni secours ni asile. Ainsi l'on vit Saint Valérien, évêque d'Abenzza (460), à l'âge de quatre-vingts ans, mourir sur la voie publique pour n'avoir pas voulu livrer les vases sacrés et les Saintes Écritures que Genséric lui demandait, comme jadis l'idolâtre Dioclétien l'avait fait à l'égard des prêtres chrétiens de son temps. La tactique était la même, et rencontrait au besoin le même courage dans la résistance. (15 décembre.)

Bien plus, Genséric n'avait-il pas comme voulu ravir la couronne du martyre à celui même dont il semblait vouloir trancher l'existence, quand il avait prescrit secrètement de ne couper la tête à Saint Archimimus, évêque de Mascula, qu'autant que le bourreau le sentirait trembler, au moment où, sous le glaive suspendu, il lui saisirait la chevelure? (29 mars.)

Ce persécuteur infatigable avait poursuivi (459), jusqu'au fond des déserts de la Numidie, à Capra-Picta (vers Aïn-Mahdy), un pauvre armurier, Saint Martinien, Saint Saturnin et leurs deux frères, exilés tous quatre pour leur foi. Il n'y a peut-être pas de sujet plus dramatique que leur histoire. — Tous quatre étaient esclaves d'un Vandale, en compagnie de la vierge Maxima qui, les convertit à Jésus-Christ. Frappés de bâtons noueux et déchirés jusqu'aux os, ils reparaissaient le lendemain sans aucune trace de blessure et avec la même constance à confesser la vérité catholique. Bannis dans les solitudes du sud, ils amenèrent à Jésus-Christ les sauvages habitants des huttes lointaines qui parsèment ces régions reculées, et parvinrent à obtenir du Souverain-Pontife un prêtre et d'autres ministres de la religion pour les instruire et leur conférer le baptême. Les travaux de ces missionnaires éveillèrent la fureur des Ariens. Ils accoururent se saisir de Saint Martinien, de ses trois frères, et les condamnèrent à périr attachés à la queue de chevaux fougueux dont la course les emporta à travers les buissons et les arbustes épineux des forêts. Quant à Sainte Maxima, après avoir souffert divers supplices, dont elle fut délivrée par la puissance divine, elle mourut en paix dans un monastère de pieuses filles, réunies en grand nombre sous sa direction maternelle. (16 octobre.)

Non-seulement la persécution des Ariens faisait des confesseurs de l'unité catholique, mais aussi des martyrs par le fer et par le feu. Ils passèrent au fil de l'épée la population entière d'Ammonia, à l'instant sacré d'une communion générale, et celle de Tumida (La Calle) et de Regia au moment de la célébration des cérémonies pascales. Dans l'église de cette dernière ville, une flèche traversa la gorge du Lecteur, lorsqu'il entonnait l'*Alleluia*, au pupitre. (5 avril 461).

Hunéric, fils de Genséric, fut son digne successeur (476). Qui pourra dire le nombre des vierges consacrées à Dieu, des saintes femmes qui, par ses ordres, suspendues par un bras, brûlées par des lames ardentes, préférèrent la mort à l'aveu de calomnies qu'on demandait d'elles contre les ministres du Seigneur qu'on voulait noircir. (15 décembre 480.)

La perfidie déjouée se décida à jeter le masque, et la rage qu'inspire l'hérésie apparut dans toute sa violence. Le roi des barbares Ariens fit déporter en masse quatre mille neuf cent soixante-six fidèles, de tout sexe et de tout âge, parmi lesquels étaient Saint Félix et Saint Cyprien, et une foule d'autres évêques, de prêtres et de diacres, que les Maures, chargés de cette opération, conduisirent dans des contrées affreuses, hâtant leur marche en les lapidant et les perçant du fer des lances dont ils étaient armés. Plusieurs, attachés par les pieds, furent traînés comme des cadavres dans des chemins rocailleux et escarpés, et consommèrent ainsi leur martyre. (12 octobre 483.)

Les saints évêques Donatianus, Presidius, Mansuetus, Germanus, Fusculus, à demi morts sous le bâton, subirent aussi l'exil. Saint Letus, le plus éloquent d'entre eux, homme chez qui le courage égalait la sublimité de l'érudition sacrée, après avoir souffert les gênes d'une longue prison, fut livré aux flammes. (6 septembre.)

Ce fut, une autre fois, tout le clergé de l'église de Carthage, composé d'environ cinq cents ecclésiastiques, parmi lesquels se trouvaient beaucoup de jeunes Lecteurs presqu'encore enfants, qui périt tout entier de mauvais traitements et de fatigues, se réjouissant de souffrir le bannissement et les privations les plus cruelles pour le nom de Jésus-Christ, à l'exemple de l'archidiacre Saint Salutaris et de Saint Murita, sous-diacre, trois fois soumis à la question. (13 juillet.)

A ces généreux confesseurs ajoutons encore des martyrs : Saint Libérat, abbé, Saint Boniface, diacre, Saint Severus et Saint Rusticus, sous-diacres, Saint Rogatus et Saint Septimus, moines, et le saint enfant Maximus, qui furent tourmentés par des supplices variés et inouïs, pour l'honneur de la doctrine d'un seul baptême. Cloués sur des poutres engagées dans un bûcher où ils devaient être brûlés, lorsque le feu eut été éteint par la permission divine autant de fois qu'on l'avait allumé, ils furent assommés sous les rames des matelots par ordre du tyran, et atteignirent, par la décapitation, le terme de leurs combats. (17 août.)

Hunéric, comme son père, frappa autour de lui ceux qui refusèrent d'adhérer à ses opinions impies. Le proconsul Saint Victorien, vieillard d'une richesse immense et d'une bienfaisance universelle, fut mis à mort.

Deux frères renommés par leurs vertus, négociants opulents, qui faisaient peut-être le commerce des grains, et que nous connaissons sous le nom des deux Saints Frumence, éprouvèrent un sort pareil (23 mars).

Saint Servus, jeune homme d'une famille noble de Tuburbo-la-Majeure, attaché à une haute potence au moyen d'une poulie qui le laissait tomber à terre de tout son poids sur des pierres, et le soulevait alternativement, mourut horriblement défiguré par ce supplice, qu'on nomme l'estrapade. (7 décembre.)

Le martyrologe romain, si sobre de détails sur la vie et la fin héroïque des Bienheureux dont il relate les noms, s'arrête d'ordinaire, avec une prédilection marquée, sur les circonstances du martyre des enfants de l'Église d'Afrique. — Les saintes femmes Denyse, Dativa, Léontie, les Saints Tertius, Emilianus, médecin, Boniface et trois autres confesseurs, sont saisis par ordre du tyran Hunéric. Le jeune Majoricus, fils de Denyse, tout jeune encore, redoutait l'appareil des tourments; mais encouragé par les regards et les paroles de sa mère, il se montre plus courageux que les autres et expire dans les supplices. Sa mère le rapporte mort entre ses bras dans sa demeure, et l'ensevelit dans un tombeau, où elle vint prier assidument. Peut-il y avoir un récit plus touchant dans sa simple brièveté? (6 décembre.)

Enfin, les femmes vandales elles-mêmes, converties au Catholicisme, furent en butte à un genre de tourment inouï (484). Les églises étaient murées, quelques-unes restaient ouvertes comme autant de pièges où ne manquaient pas de venir les fidèles aux fêtes solennelles, aux jours de dimanche. Des satellites apostés les attendaient à la sortie, et dès qu'ils voyaient paraître dans la foule pieuse quelque femme vandale, ils lui lançaient sur la tête des peignes de bois, espèces de rateaux s'entortillant dans les longues chevelures, et qu'ils tiraient à eux, au point de faire perdre aux victimes la vue, la raison ou la vie.

Les Gréco-Romains firent justice de ces persécuteurs qui régnèrent plus d'un siècle en Afrique (534). Mais cent vingt ans après (653), voici revenir d'implacables ennemis du Christ, qu'il serait ridicule de nommer seulement schismatiques ou hérétiques, déistes grossiers, absurdes fatalistes; ce sont les Mahométans!... et avec eux, les massacres par nations. Le carnage des martyrs de Tanger ne fournit qu'un minime épisode à leurs guerres d'extermination (707). A cette portion même de l'Afrique où fut le théâtre de cette boucherie, à cette ancienne Mauritanie, proprement dite, s'attacheront de persévérants ouvriers de la vigne évangélique, qui n'y recueilleront pourtant que ces lauriers où fleurit la rose du martyre. Saint Bérard et ses quatre compagnons, Pierre, Accurse, Adjut et Othon, Franciscains comme lui (1220), viendront prêcher l'Évangile à Maroc même, et y seront sacrés pour la couronne céleste de la main du jeune émir Abou-Yacoub-Youssouff-el-Montasser-B'ellah, qui leur fendra le crâne à tous cinq. (16 janvier.) Saint Daniel et ses compagnons, Domnus, Hugolin, Léon, Nicolas, Samuel, Ange, pareillement de l'Ordre des Frères-Mineurs, viendront aussi inutilement pour le salut des populations musulmanes, apporter à Tanger, sept ans après, leur tête au cimetière des Chaoux. (13 octobre.)

Le Bienheureux Jean de Prado, du même Ordre, héritier de la même foi et du même zèle, revient à Maroc annoncer la même parole; percé de flèches, haché de coups de sabre, lapidé sur un bûcher enflammé, il y répète : « Mon Dieu, à présent je comprends que vous m'aimez bien !... » Et sa voix ne s'éteint qu'avec sa vie, avant que ne s'éteigne l'ardeur immortelle de son amour pour Dieu. (24 mai.)

A la même heure, des efforts étaient tentés, avec aussi peu de succès, sur ces côtes barbaresques que notre regard parcourt, en revenant vers l'Orient, jusqu'à ce qu'il s'arrête à Tunis, autant dans les larmes que dans le rayonnement d'une sainte joie. Car, que dirons-nous du Bienheureux Antoine Neyrotti? Exemple nouveau laissé aux pécheurs, par Dieu dont la miséricorde ne veut que nul soit destitué ici-bas de toute espérance, Antoine était Dominicain; amené en esclavage à Tunis, il rejeta son saint habit, il devint amoureux d'une femme du pays, et.... la plume tremble en traçant ce récit..., — il fut assez malheureux pour renier Jésus-Christ ! — Ramené aux souvenirs de sa jeunesse par une conversation avec des marchands italiens, il foule aux pieds son turban en présence du bey, et meurt lapidé par des misérables qui le flétrissent du nom de renégat. Rivoli, sa patrie, célèbre son glorieux retour à la vraie foi le 10 avril, jour de sa mort en 1460.

Elle n'eut pas à pleurer le souvenir de pareille apostasie, la Bienheureuse Oliva, noble Sicilienne, devenue esclave aux mêmes lieux. Elle conserva sa foi et sa virginale innocence, et dut la mort au long martyre des mauvais traitements d'un maître mécréant et impur. Palerme ne l'oublie pas au 10 juin de chaque année.

En mainte autre localité, comme le dit le martyrologe, on célèbre la fête d'un grand nombre d'autres martyrs, de confesseurs et de vierges saintes, que nous pourrions nommer à la gloire particulière de l'Afrique et en rendant grâces à Dieu.

Mais bornons ici cette galerie sanglante. Les héros dont les portraits s'y retracent seraient les plus infortunées de toutes les créatures, si, au point de vue de la foi, ils n'étaient au contraire les plus heureux des mortels. Apprenons à souffrir, si nous voulons, comme eux, obtenir la récompense; et si la faiblesse humaine venait à s'étonner, dans les conditions des temps présents, des luttes où les athlètes du Christ ont dû triompher pour parvenir à ce prix, qu'elle se souvienne de cette leçon d'un pieux historien : « Si les occa-

» sions de souffrir le martyre ne se présentent
» plus, qu'au moins nous ne refusions pas de
» supporter les contrariétés journalières de la
» vie (1). »

(1) B. Adon.

SAINT SÉRAPION

MARTYR A ALGER

Religieux de l'Ordre de la Merci pour la rédemption des Captifs

— 14 Novembre. —

(Tiré du Bréviaire propre au diocèse d'Alger.)

Sérapion, Anglais de nation et d'une naissance illustre, fut élevé à la cour du duc d'Autriche. Lorsque ce prince amena du secours à Alphonse, roi de Castille, contre les infidèles, il vint à sa suite en Espagne, dans l'intention de servir longtemps dans ce pays, où il saisissait l'occasion d'être en présence des ennemis du nom chrétien. Il obtint du duc de rester après lui, et pendant quelques années il combattit bravement, sous le roi Alphonse, dans l'intérêt de la foi. Mais ayant rencontré, comme par hasard, des Religieux de l'Ordre de Notre-Dame-de-la-Merci, récemment fondé, qui ramenaient des esclaves de l'Andalousie, charmé de cette belle institution qui avait pour but de racheter de la mort de pauvres prisonniers, il commença à brûler du désir de faire partie de cette sainte milice. Il y fut enfin admis par Saint Pierre de Nolasque, qui était alors à Barcelonne, et s'adonna entièrement à la pratique de toutes les vertus, particulièrement l'humilité, la mortification de la chair, la chasteté, et à l'exercice de l'Oraison.

Enflammé par le zèle de l'amour divin et du salut des âmes, Sérapion retira plus d'un pécheur de la fange des vices et en rappela beaucoup à la pénitence. Oubliant toute injure, il s'habitua à combler de bienfaits ses persécuteurs. Il était tellement amoureux de la croix et désireux du martyre, que, dans des conversations intimes qu'il avait avec Saint Raymond Nonat, son ami et son élève dans la vie spirituelle, il s'écriait souvent, comme l'Apôtre, quand l'occasion se présentait : *Je désire voir mes liens se rompre et être avec Jésus-Christ ! Car, pour moi, vivre, c'est Jésus-Christ, et je ne puis que gagner à mourir* (1).

Ce fut donc de bien grand cœur que Sérapion se rendit deux fois sur les côtes barbaresques pour la rédemption des captifs retenus par les infidèles, et qu'ayant renvoyé en Espagne, avec son compagnon Béranger, plus de quatre-vingts esclaves ra-

---

(1) Pilipp., 1 — 21, 23.

chetés à Alger, il y resta lui-même en servitude, s'étant offert en otage pour ceux dont il n'avait pu payer la rançon.

Mais comme il prêchait en toute liberté la vraie foi et qu'il gagnait des âmes à Jésus-Christ, le chef des Musulmans, indigné, ordonna d'abord de l'enchaîner, de le jeter en prison et de le battre cruellement. Ensuite Sérapion, condamné à mort, fut crucifié, et lorsqu'on lui eut coupé les nerfs et désarticulé tous les membres, il s'envola vers la couronne du martyre, l'an 1240, en répétant cette prière : *Seigneur, ne livrez pas aux bêtes sauvages la vie de ceux qui se confient en vous* (1). « Sauvez, Seigneur, ces âmes que vous avez rachetées de votre sang précieux ! »

RÉFLEXION

L'âme chrétienne est une âme courageuse ; elle sait que la *vie de l'homme* (2) ici-bas *est comme un service militaire*, et elle en accepte bravement les devoirs, se revêtant *des armes de lumière* (3) dont le magnifique trophée brille dans les écrits de l'Apôtre. Elle sait qu'elle doit combattre contre la méchanceté plus encore que contre les méchants, contre le péché plutôt que contre les pécheurs, qui deviennent même l'objet de sa piété et de sa tendresse tout évangélique, comme Saint Sérapion

(1) Ps., 73 — 19. — (2) Job., 7 — 1. — (3) Rom., 13 — 12.

nous en offre le tableau. Si nous ne sommes pas appelés à prêcher comme lui la vraie foi à nos nouveaux concitoyens de l'Algérie, enfants de ceux qui le mirent à mort, du moins pouvons-nous prier chaque jour pour leur salut, en répétant avec Saint Sérapion sur la croix : « Sauvez, Seigneur, ces âmes que vous avez rachetées de votre sang ! »

SAINT PAPINIEN ET SAINT MANSUET

ÉVÊQUES ET MARTYRS

— 27 Novembre. —

(Tiré des Écrits de Saint Victor de Vite, sur la persécution des Vandales; livre 1er, chapitre 2.)

Voici comment Saint Victor de Vite, témoin oculaire des malheurs qu'il raconte, s'exprime sur la persécution des Vandales. (liv. 1, chap. 2.)

« Aucun lieu n'échappa à l'invasion des Vandales. C'était surtout dans les églises, les basiliques, les cimetières et les monastères, que leur scélératesse s'exerçait avec le plus de fureur, et la dévastation par les flammes était plus grande dans la maison de prière que nulle part ailleurs dans les villes ou les forteresses. Lorsqu'ils trouvaient fermées les portes des édifices sacrés, ils s'y pratiquaient une entrée au moyen de leurs haches d'arme en s'excitant l'un l'autre, de sorte qu'on pouvait leur appliquer ce texte avec exactitude : *Armés de coignées, comme dans une forêt, ils ont attaqué les portes les ont enfoncées et brisées, en employant la hache et la scie; ils ont incendié ton sanctuaire, Seigneur, et ont souillé dans la poussière le tabernacle où brillait ton saint nom* (1).

» Combien d'illustres pontifes, de prêtres célèbres, ne firent-ils pas mourir alors dans divers genres de tortures, pour qu'ils leur livrassent ce qu'ils pouvaient avoir d'or ou d'argent, en bien propre, ou appartenant à l'Église! Pour arracher d'eux l'aveu des trésors, ils forçaient les uns, avec un bâillon, à tenir la bouche ouverte, et leur faisaient avaler de la boue fétide; ils frappaient les autres sur la tête et les jambes à grands coups de nerfs de bœuf; à la plupart ils faisaient boire sans pitié de l'eau de mer, du vinaigre, du marc d'huile d'olives sauvages, en leur pressant dans la gorge des outres pleines de ces liquides repoussants, ou d'autres matières dégoûtantes.

» La faiblesse du sexe, la considération pour la noblesse, la vénération due au sacerdoce, n'adoucissaient pas ces âmes cruelles; leur rage s'exaltait au contraire en proportion des titres à leur respect. On ne saurait dire à combien de prêtres, à combien d'hommes de distinction ils firent porter des charges comme à des bêtes de somme. Ils hâtaient leur marche en les pressant d'aiguillons de fer, et plusieurs ont expiré misérablement sous

---

(1) Ps. 73 — 67.

le poids des fardeaux. La vieillesse avancée, les vénérables cheveux blancs couronnant une tête comme des flocons de la laine la plus pure, n'obtenaient aucune compassion de ces barbares. Mais dans une fureur inhumaine, ils arrachaient même les nourrissons des bras maternels et écrasaient à terre ces innocentes créatures ! On en vit tenir des enfants par les pieds et leur ouvrir le corps en deux. Ce fut sans doute dans de semblables malheurs que Sion captive s'écriait autrefois : « L'en- » nemi a juré de mettre mon pays à feu et à » sang; il a écrasé mes enfants dans la pous- » sière. »

» Pour que l'antique beauté des villes ne laissât plus rien qui les rappelât en souvenir, les Vandales, méprisant tout abri, rasaient au niveau du sol, malgré la magnificence de leur architecture, de grands bâtiments, des palais où le feu n'avait pu exercer une action assez destructive à leur gré. Lorsqu'ils rencontraient quelque point fortifié qu'ils ne pouvaient prendre d'assaut, à cause de leur inexpérience dans l'art de faire la guerre, ils ramassaient aux alentours de leur camp des populations entières qu'ils immolaient avec des rites funèbres, pour que la putréfaction de leurs cadavres chassât du haut des remparts ceux qu'ils ne pouvaient y atteindre, et les fît mourir dans une atmosphère empoisonnée.

» Il est impossible de dire combien de prêtres ont été tourmentés par eux. En ce temps (430), le vénérable Papinien, évêque de Pérada en Byzacène, fut brûlé par tout le corps au moyen de lames rougies au feu, et le vénérable Mansuet, évêque d'Urucita, fut brûlé vif à l'entrée même de la ville de Furnes, au-devant de la porte principale.

» A cette époque fut assiégée la ville d'Hippone, dont l'évêque, digne de toutes louanges, était le Bienheureux Augustin, *auteur d'un grand nombre d'ouvrages*. Alors ce fleuve d'éloquence, qui arrosait si abondamment tout le champ de l'Église, se dessécha comme d'épouvante, et la douceur de ses ondes, dont nous étions abreuvés, fut changée en l'amertume de l'absinthe, conformément à cette prophétie de David : *Lorsque le pécheur m'assiégea, je devins muet, je m'humiliai, et j'ai gardé le silence, n'osant pas même dire de bonnes choses* (1). »

RÉFLEXION.

A la lecture des tourments endurés par nos frères pour leur constance dans la foi, combien doit être grande notre joie dans la sécurité dont nous jouissons aujourd'hui, et notre reconnaissance envers Dieu, qui a donné, en ces lieux mêmes, nous habitons, cette paix à son Église ! Qui met donc obstacle maintenant à l'exercice sacré du culte, à la splendeur de ses cérémonies divines ? N'avons-

---

(1) Psaume 38 — 2, 3.

nous pas la liberté la plus entière de nous livrer aux choses du Seigneur, à la visite de ses temples, à la fréquentation de ses sacrements et de ses assemblées saintes, aux œuvres de la piété, de la charité et du zèle, et à toute la ferveur de la dévotion? Les gens du monde, un peu sérieux, n'en sont-ils pas venus eux-mêmes à taxer de mauvais ton, dans leurs cercles frivoles, les sarcasmes lancés à la piété et aux fidèles observances des pratiques de la religion? Malgré ce progrès, peut-être d'importuns discoureurs viendront-ils encore nous fatiguer les oreilles de leurs doctrines subversives de tout ordre, de toute raison et de toute liberté. Mais à la rigueur, ces nouveaux Vandales ne nous arracheront pas la peau de la tête; ils ne nous frapperont pas jusqu'à la mort. En butte à de si cruelles tortures, nos aînés y trouvaient un aiguillon salutaire à leur foi; ils ne couraient qu'avec plus de force vers les récompenses éternelles. Et nous, dans cette tranquillité parfaite où nous vivons, tomberions-nous dans le relâchement et la tiédeur? La persécution serait-elle donc pour l'Église de Dieu plus avantageuse que la paix, et nos œuvres imparfaites n'appelleraient-elles pas, de la miséricorde de Dieu, la terrible bénédiction d'une nouvelle ère de martyrs?....

SAINT HONORÉ

ÉVÊQUE DE CONSTANTINE, MARTYR

— 28 Novembre. —

(*Tiré de l'AFRICA CHRISTIANA par Morcelli.*)

Honoré (Honoratus Antoninus) florissait au cinquième siècle, lorsque l'Afrique était déjà en la puissance de Genséric. Gennadius lui rend ce témoignage : Honoré, évêque de Cirta (Constantine), ville d'Afrique, écrivit à un Chrétien nommé Arcadius (1), qui, pour sa constance dans la foi catholique, avait été exilé dans quelque réduit de ce pays, une lettre pleine d'exhortations à supporter

(1) Le saint martyr Arcadius, Espagnol, n'ayant aucunement voulu permettre qu'on le prît pour Arien durant la persécution des Vandales, fut d'abord proscrit par Genséric, ensuite envoyé en exil et tourmenté par des supplices atroces, et enfin mis à mort. (*Martyrologe romain*, 13 novembre.)

ses peines pour Jésus-Christ, appuyée d'exemples récents et de citations de la Sainte Écriture. Il lui dit que la persévérance à souffrir pour la foi, non-seulement efface les péchés passés, mais encore acquiert le mérite du martyre. Il commence ainsi :

« Courage, âme fidèle, courage ! et, comme
» les apôtres battus de verges *s'en allèrent pleins*
» *de joie, parce qu'ils avaient été jugés dignes de*
» *souffrir cet outrage pour le nom de Jésus* (1),
» réjouis-toi de ce que, par ta profession de foi en
» un seul Dieu, tu as mérité de souffrir quelque
» humiliation à cause de lui. Voici déjà que l'an-
» cien serpent est sous tes pieds. Il a bien pu t'at-
» taquer, mais n'ayant pu te terrasser, il a suc-
» combé. Je t'en supplie, écrase-lui la tête, pour
» qu'il ne se redresse pas dans le dernier combat
» de ton martyre. Que personne ne te trouble :
» voilà que Jésus-Christ sourit et te regarde. Les
» anges sont dans la joie et viennent à ton aide.
» La horde des démons épie ta marche..... Ne
» faiblis pas ! de peur que Satan, qui pleure au-
» jourd'hui, ne se réjouisse. Avec toi est la pha-
» lange des martyrs, tes prédécesseurs. Les mar-
» tyrs t'attendent et te protègent, et te présentent
» la couronne. Oh ! je t'en conjure, *garde bien*
» *ce que tu tiens, de crainte qu'un autre ne te le*
» *ravisse* (1) ! Considère ce monde : il est destiné

---

(1) Act. 5 — 41. — (2) Apoc. 3 — 11.

» à périr. Regarde le soleil, l'astre des nuits et
» les constellations : tout cela aussi doit disparaî-
» tre. Combats courageusement pour le salut de
» ton âme, qui doit vivre éternellement, ou périr
» pour jamais. Tes péchés te sont remis, et Dieu
» effacera toutes les iniquités que tu as pu com-
» mettre jusqu'à ce jour, à cause de l'épreuve
» que tu subis. Lucifer frémit, Jésus-Christ se ré-
» jouit! Prie, pleure, implore son assistance, et
» bientôt ton âme sera consolée. On sent bien
» moins les tourments lorsque l'on combat pour
» Jésus-Christ, car la grâce, dans l'âme, est plus
» puissante que les douleurs terrestres, et lors-
» qu'on invoque Dieu, l'horreur des tortures est di-
» minuée. N'es-tu pas tenté et affligé à cause du
» Seigneur? Ne perds pas la foi, quand bien même
» tu perdrais la vie. Montre-toi persévérant devant
» Dieu, et ne redoute pas tant la douleur. Car, ou
» elle sera grande, et finira aussitôt, ou elle sera
» faible, et tu n'en seras guère affecté. Prie donc,
» puisque tu as commencé à lutter et que tu n'as
» pas défailli. Ton martyre est commencé. Garde
» bien ton âme! Je t'en conjure par l'unité de la
» Trinité, pour laquelle tu vas souffrir la mort;
» conserve-lui ton cœur, et raffermis-le par l'Es-
» prit-Saint, que tu as voulu recevoir en ton âme,
» et dont tu as déjà honoré le séjour en toi-même.
» Combats bravement pour la pureté du baptême,
» que tu n'as pas voulu laisser souiller en ta per-
» sonne. Telle est bien la vraie foi. Si pour elle il

» t'arrive quelque chose, tu seras un martyr !
» Déjà tu es dans l'arène : foule-la fermement ! Ne
» crains rien, ne redoute rien, n'appréhende ab-
» solument rien, car l'Église tout entière prie
» pour ta victoire. L'Église catholique se dispose
» à t'honorer comme un de ses martyrs, à te vé-
» nérer comme son Saint Étienne. Prends garde
» de nous faire rougir devant les enfants du siècle ;
» prends garde de nous humilier en présence de
» nos ennemis. Avec toi est Notre-Seigneur Jésus-
» Christ, avec toi l'esprit de l'Église. »

Peu de temps après, Honoré fit comme il l'avait enseigné. Car, déjà accablé de vieillesse, nommé au nombre de ces courageux évêques qui assistèrent à la célèbre assemblée de Carthage, en 484, il fut de là envoyé comme eux en exil par Hunéric, et glorifia la renommée du nom catholique par une illustre constance durant cette persécution.

RÉFLEXION.

Il n'y a rien, dans la lettre admirable de Saint Honoré à Saint Arcadius, qui ne convienne, par une analogie naturelle, au Chrétien fidèle dans l'épreuve des tentations.

Qu'elle est heureuse l'âme sainte qui peut s'appliquer à bon droit ces magnifiques paroles, parce qu'elle a le sentiment intime du témoignage que lui rend sa bonne conscience ! Pour elle, la souffrance de la lutte en l'honneur de Jésus-Christ qui habite et combat en ses serviteurs; pour elle aussi les regards encourageants de la cour céleste, dont l'homme vertueux est le spectacle sublime. Pour elle la victoire sur l'hydre de l'enfer; pour elle la couronne que tressent les anges et les bienheureux! — Oh! qu'elle garde bien cette précieuse faculté d'éprouver ce que les Saints ont ressenti; que cette lettre antique lui parvienne, à juste titre, à travers les siècles, comme si elle avait été tracée nominativement pour elle.

Mais, par contre, combien est malheureuse l'âme coupable qui a laissé prévaloir sur elle *l'ancien serpent*, qui a *laissé souiller son baptême*, qui a *lâché sa couronne*, qui a *réjoui Satan*, qui a *contristé Jésus-Christ*, qui a *fait rougir l'Église devant les enfants du siècle*, qui a *humilié tous les enfants de Dieu en présence de leurs ennemis!* A l'aspect de la missive du saint évêque de Constantine, ne ressemble-t-elle pas à l'odieux indiscret qui ose parcourir d'un œil furtif un écrit qui lui est étranger, et n'a pu être envoyé à son adresse?

A laquelle de ces deux âmes ressemble la nôtre? Demandons-le à notre conscience, après la lecture de cette épître saisissante.

SAINTE CRISPINE

MARTYRE

— 5 Décembre. —

(*Tiré de l'*AFRICA CHRISTIANA *par Morcelli.*)

Vers le temps où Marcellin, Souverain-Pontife, obtint à Rome la palme du martyre (304), on arrêta en Numidie Sainte Crispine, femme de distinction, que Saint Augustin a souvent comblée de louanges.

Crispine habitait à Tagara. Elle méprisa les larmes de ses enfants lorsqu'il fallut confesser Jésus-Christ (1). Il est prouvé qu'elle fut amenée, le 5 de décembre, devant Anulinus, à Tébassa de Numidie (province de Constantine), où il siégeait dans la chambre du conseil. Sur la demande de ce proconsul, si elle se conformait aux décrets des em-

(1) Godescard.

perceurs, elle répondit : « J'ignore ce qu'ils ordonnent. » Lorsqu'on lui eut appris qu'il était prescrit de sacrifier à tous les dieux : « Jamais! dit-elle; il se peut qu'il soit prescrit de sacrifier; pour moi, je ne sacrifie jamais qu'à un seul Dieu et à Notre-Seigneur Jésus-Christ, son Fils, qui est né et a souffert pour nous. »

Anulinus insistait pour qu'elle fît quelque acte d'adhésion à cet usage du paganisme et de soumission aux lois, lui faisant entrevoir les peines qu'elle pouvait encourir. Crispine lui répondit : « Chaque jour j'adore mon Dieu, et je n'en connais point d'autre. Au surplus, ajouta-t-elle, méprisant ses menaces, je suis prête à souffrir pour ma foi, que je veux garder! »

Le proconsul lui adressa encore de longs discours dans l'intention de la faire revenir de sa résolution; il la sollicita à plusieurs reprises, mais elle ne l'écouta pas, et se détournant des vaines idoles qu'il voulait lui faire adorer : — « Je n'ai jamais sacrifié, dit-elle, depuis que je suis au monde; je n'y connais rien, et ne ferai jamais ce crime tant que je vivrai. »

Par ces paroles, et d'autres protestations énergiques de Crispine, Anulinus, convaincu qu'il perdait sa peine, fit raser les cheveux à cette noble dame, après quoi il la fit exposer en public pour qu'elle servît d'objet de dérision à la populace, lui affirmant qu'elle serait traitée comme l'avaient été Maxima, Donatilla, ses nièces, Secunda et d'autres femmes chrétiennes. *(Voir à la fête de la Toussaint, page* 322.*)* Crispine s'écria que si les dieux étaient offensés de ce qu'elle avait dit, ils n'avaient qu'à parler eux-mêmes. Elle se réjouissait, elle tressaillait de joie, en se voyant chargée de liens, en se voyant attachée au pilori (1). Elle se montra prête à la mort, qu'elle regardait comme un bienfait, parce que son âme, disait-elle, devait y trouver l'assurance d'échapper à sa perte éternelle et aux flammes de l'enfer.

A ces mots, le proconsul s'écria : — « Il est impossible de tolérer plus longtemps l'impiété de Crispine! » — Et il ordonna qu'on lui lût le texte du décret. Aussitôt après, il prononça la sentence qui portait qu'on lui trancherait la tête. Ce fut alors qu'elle lui dit : « Jésus soit loué! Je bénis Dieu de ce qu'il daigne m'arracher ainsi de tes mains! »

Livrée au bourreau, Sainte Crispine reçut sa couronne le jour même, qui est celui où la postérité l'honore dans les fastes sacrés.

RÉFLEXION.

Sainte Crispine était une femme de haute noblesse. Saisie par des satellites, et amenée comme une criminelle devant un magistrat qui voulait exercer sur les consciences une odieuse tyrannie, elle fut inspirée de Dieu de lui répondre avec

---

(1) Saint Augustin, in psalm. 137.

dignité, de mépriser ses insinuations comme ses menaces, et, — au milieu des vaines humiliations qu'on voulait lui infliger, en présence de la mort qui fut son triomphe, — de se montrer ce qu'elle était : Chrétienne et grande dame romaine!

Ainsi notre âme doit se comporter à l'heure de la tentation. Dieu, qui l'a créée, Dieu, qui l'a rachetée, Dieu, qui la sanctifie et y habite sans cesse, lui a donné un caractère de noblesse et de grandeur auprès duquel il n'est pas de titre en ce monde qui ne pâlisse. Lorsque l'esprit du mal élève son audace jusqu'à tenter de la séduire, et semble comme l'environner de liens qui captiveraient sa volonté, elle doit se pénétrer du sentiment de son origine et de ses destinées, et repoussant avec dédain les suggestions coupables, répondre avec Sainte Crispine : *Jamais! je ne ferai jamais cela tant que je vivrai!*

SAINTE TERTULLE ET SAINTE ANTONIE

VIERGES ET MARTYRES

— 17 Décembre. —

(Tiré des Écrivains ecclésiastiques.)

La persécution dans laquelle les vierges Tertulle et Antonie ont souffert et se sont illustrées, sévissait en Afrique, et principalement dans la colonie de Cirta (Constantine), où la haine des idolâtres écumait et se portait à d'aveugles violences comme une mer en fureur. La rage du démon semblait y dilater sa gueule avide pour effrayer les fidèles croyants. Cette cruauté insensée ne s'exerçait pas seulement sur ceux qui, dans les autres persécutions, n'avaient pas été tourmentés et vivaient en paix, ne s'occupant que de Dieu ; mais la serre rapace de Satan s'étendait encore sur ceux qui avaient été exilés et déjà couronnés du martyre, sinon par l'effusion de leur sang, au gré de la férocité d'un magistrat en fureur, du moins par les misères qui amenaient une lente mort.

Parmi ceux-ci on ramenait du lieu de leur déportation, au président romain, l'évêque Agapius, directeur en Jésus-Christ et père adoptif des deux vierges Tertulle et Antonie, consacrées à Dieu, et son collègue Secundinus. Tous deux, conduits par le sentiment d'une affection sainte, vinrent à Muguas (non loin de Constantine), pour s'y entretenir de Dieu avec de pieux amis qui habitaient ce lieu de plaisance. Ils s'y arrêtèrent dans les premiers jours d'avril de l'an 259, sous le toit hospitalier de deux jeunes hommes d'une piété éminente, le diacre Jacques et le Lecteur Marien, qui s'y étaient eux-mêmes réfugiés depuis quelque temps (1).

Ils édifièrent tellement leur foi par l'exemple des souffrances déjà endurées par eux, aussi bien que par la courageuse attente d'un prochain martyre; ils laissèrent Marien et Jacques si bien disposés, que ceux-ci suivirent le chemin que leur traçaient les derniers et glorieux vestiges de ces deux vénérables patriarches du sacerdoce. Au surplus, Agapius et Secundinus n'arrivèrent pas plustôt à Cirta, le jour même où ils venaient de quitter Muguas et leurs hôtes, que le Seigneur les récompensa du temps qu'ils y avaient consacré à

---

(1) *Fastes sacrés de l'Église chrétienne en Afrique*, 1re époque, liv. III, chap. 2.

lui préparer d'autres martyrs, en permettant qu'ils fussent sans plus de retard, interrogés de nouveau, condamnés à cause de leur invincible constance dans la foi, et décapités.

« Bientôt après, ainsi que le raconte un de ceux
» qui furent pris avec Marien et Jacques, une
» troupe de soldats et une vile populace accouru-
» rent à la demeure champêtre où nous étions,
» comme si cette maison eût été le point central
» le plus fameux du christianisme. On nous traîna
» de Muguas à Cirta. Nous étions suivis par nos
» amis les plus chers, élus comme nous à la
» dignité du martyre, que leur attachement pour
» nous entraînait, et qui furent trouvés être une
» moisson mûre pour Jésus-Christ. Car on les ar-
» rêta aussi, lorsqu'aux questions qu'on leur fit,
» ils se furent montrés fermes dans la courageuse
» confession du nom de Jésus-Christ. » *(Voir au 30 mars, page 124, Saint Marcien.)*

Après avoir subi plusieurs interrogatoires et divers tourments, on les enferma tous dans le cachot nommé la *prison de Lambesa*, qui leur était bien connu. Durant plusieurs jours, une troupe fraternelle de nombreux Chrétiens passa au Seigneur par l'effusion du sang. En l'une de ces barbares exécutions (259) s'accomplit le vœu formé par Agapius, qui déjà, depuis quelque temps, avait consommé son martyre. — Car, avant de faire ce dernier sacrifice pour la foi, il avait demandé, par de fréquentes et ferventes prières, que Dieu daignât admettre au martyre, avec lui, les deux jeunes vierges Tertulle et Antonie, qu'il chérissait comme ses enfants; et à cette occasion, il avait eu l'assurance que ses mérites étaient agréés, par une révélation qui lui avait dit : « Pourquoi demandes-tu si assidûment ce qu'une seule de tes prières a déjà obtenu? »

RÉFLEXION.

C'est avec les sentiments de la plus profonde reconnaissance que nous devons nous souvenir devant Dieu de ceux qui ont protégé, guidé notre jeunesse, comme le saint évêque Agapius, père adoptif des deux jeunes vierges Tertulle et Antonie. Une éducation chrétienne est un des plus grands biens que nous puissions recevoir de Dieu par le ministère des hommes : c'est par elle que nous sommes dirigés dans le pèlerinage terrestre à travers tant d'obstacles, vers le séjour du bonheur. Dans une route, notre cœur s'affectionne quelquefois à un compagnon de voyage qui, pour mériter notre amitié, n'est souvent qu'une aimable rencontre sur le chemin. Combien devons-nous autrement nous attacher à ceux qui nous soutiennent, nous nourrissent du pain du corps et de l'aliment de l'âme, qui est la parole de Dieu; qui nous conduisent par leurs conseils dans la marche de la vie; qui nous aident par leurs avis pour la fuite des dangers, et ne songent qu'à notre vrai bonheur en priant pour nous, comme Agapius pour ses deux pupilles! En retour, n'omettons jamais, en obéissant toujours à leurs bonnes inspirations, de prier pour eux, afin que Dieu les bénisse, les éclaire relativement à nous, et nous réunisse à eux dans sa gloire, s'ils viennent à nous précéder dans le ciel. Leur paternité spirituelle n'a pas d'autre but.

CALENDRIER

DE L'ÉGLISE D'AFRIQUE

Ce calendrier nomme les Saints de l'Église d'Afrique d'après le martyrologe romain, et d'après l'ordre dans lequel la fête de plusieurs d'entre eux est à présent célébrée en Algérie.

Sur la quantité innombrable de martyrs mentionnés ici, 394 seulement ont pu être nommés, desquels plusieurs sont honorés de fêtes particulières, au nombre de 46, dans l'Église actuelle d'Afrique, et ont été, en conséquence, les sujets de légendes et de réflexions plus développées dans ce volume.

Les noms de ces derniers sont donc portés en plus gros caractères. On indique la page de ce livre où se trouve la notice historique de ceux-ci, et d'autres Saints sur le martyre desquels sont restés quelques détails authentiques, groupés sous le titre de la *Fête de tous les Saints*.

JANVIER.

4	Mavilus, *martyr à Adrumète, sous la persécution de Sévère, condamné aux bêtes.*
	Aquilinus, Géminus, Eugène, Marcianus, Quinctus, Théodotus et Triphon, *martyrs.*
6	*Commémoration d'un grand nombre de Saints martyrs livrés aux flammes sous Sévère.*
9	Epictète, Jucundus, Secundus, Vital, Félix, *et sept autres martyrs,* page 312.
11	Salvius, *martyr.*
12	Zoticus, Rogatus, Modestus, Castulus, *avec une troupe de quarante soldats, martyrs comme eux.*
14	Euphrasius, *évêque.*
16	Bérard, Pierre, Accurse, Adjut et Othon, *tous cinq de l'Ordre des Frères-Mineurs, martyrs à Maroc,* page 333.
19	Paul, Gérontius, Januarius, Saturninus, Successus, Julius, Castus, Pie et Germaine, *martyrs.*
26	THÉOGÈNES, évêque d'Hippone, et ses compagnons, martyrs, *page 27.*
	Avit, *martyr.*
	Datius, Reatrius, *et leurs compagnons, martyrs sous les Vandales.*
	Dativus, Julianus, Vincentius, *et vingt-sept autres martyrs.*
28	CYRILLE, évêque d'Alexandrie, *page 32.*
30	Félicien, Philappien *et cent vingt-quatre autres martyrs.*
31	PIERRE DE NOLASQUE, confesseur, fondateur de l'Ordre de Notre-Dame-de-la-Merci pour la rédemption des captifs, *page 40.*

FÉVRIER.

3	FULGENCE, évêque de Ruspes, confesseur, *page 47.*
	Celerinus, *diacre, confesseur, et les Saints martyrs* Laurentinien, *son oncle paternel,* Ignace, *son oncle maternel,* Celerina *son aïeule,* page 313.
	Félix, Semphronius, Hyppolite, *et leurs compagnons, martyrs.*

6	MARCIANE, vierge et martyre, page 57.
8	JEAN DE MATHA, confesseur, fondateur de l'Ordre des Trinitaires, page 60.
9	Primus et Donatus, diacres, martyrs, page 325.
11	JULES, PAUL, VICTORE, et leurs compagnons, martyrs, page 67.
12	FÉLIX et SATURNIN, martyrs, page 70.
	Damien, chevalier, martyr.
	Modeste et Julien, martyrs à Carthage.
18	Lucius, Silvain, Rutulus, Classicus, Secundinus, Fructulus, Maximus, martyrs.
19	Publius, Julien, Marcellus et autres martyrs.
20	POSSIDIUS, évêque de Guelmah, page 77.
21	Verulus, Secundinus, Syricius, Félix, Servulus, Saturnin, Fortunatius, et seize autres martyrs à Adrumète, sous les Vandales.
24	Montanus, Lucius, Julien, Victoricus, Flavien, et leurs compagnons, tous disciples de Saint Cyprien, et martyrs sous Valérien, page 317.
25	Donatus, Justus, Herena, et leurs compagnons, martyrs.
28	TRANSLATION DU CORPS DE SAINT AUGUSTIN de Sardaigne à Pavie, page 84.

MARS.

7	PERPÉTUE et FÉLICITÉ, leurs compagnons Revocatus, Saturnin et Secondolus mort en prison, martyrs à Carthage, page 89.
	Pontius, diacre de Saint Cyprien.
8	CYRILLE, évêque, et ses compagnons, martyrs, page 105.
10	Victor, martyr.
11	Heraclius et Zozimus, martyrs à Carthage.
	Constantin, confesseur à Carthage.
14	Pierre et Aphrodisius, martyrs sous les Vandales.
16	MARCEL, centurion, martyr à Tanger, page 108.
20	MARCELLIN, comte romain, martyr à Carthage, page 112.
22	Saturnin, et neuf autres martyrs.
	Octavien, archidiacre, et plusieurs milliers d'autres martyrs à Carthage sous les Vandales.

LES SAINTS DE L'ALGÉRIE. 365

25	Victorien, *proconsul de Carthage*, *et deux frères, de la ville des Eaux-Royales, aussi bien que deux négociants du nom de Frumence, martyrs, tous sous les Vandales*, page 331.
27	B. PIERRE ARMENGAUD, religieux de l'Ordre de la Merci, confesseur à Bougie, *page* 119.
28	Rogatus, Successus, *et seize autres martyrs.*
29	Armogastes, *comte*, Archiminus, *évêque*, *et* Sature, *procurateur du palais, confesseurs sous les Vandales*, pages 327, 328.
30	MARIEN, JACQUES, et leurs compagnons, martyrs à Constantine, *page* 124.
31	Théodule, Anesius, Cornélie, Félix *et leurs compagnons, martyrs.*

AVRIL.

5	*Martyrs à Régia, sous les Vandales*, page 329.
7	Epiphanius, *évêque*, Donatus, Rufinus, *et treize autres martyrs.*
8	Januarius, Maxima et Macaria, *martyrs.*
	Concessa, *martyre à Carthage.*
9	*Les martyrs massilitains.*
10	Bienheureux Antoine Neyrotti, *martyr*, page 334.
	Terentius, Africanus, Pompée, *et leurs compagnons, martyrs sous Dèce*, page 316.
17	Mappalicus, *et plusieurs autres martyrs*, page 315.
	Fortuné et Marcien, *martyrs.*
20	Emilien, *chevalier, et une sainte femme avec ses deux enfants jumeaux, tous martyrs à Constantine, sous Valérien*, page 318.

MAI.

4	MONIQUE, veuve, mère de Saint Augustin, *page* 134.
5	CONVERSION DE SAINT AUGUSTIN, page 140.
6	Héliodore, Venustus, *et soixante-quinze autres martyrs.*
8	Victor le-Maure, martyr à Milan, page 321.
15	Félix et Genadius, *martyrs à Uzale.*

17	RESTITUTA, *vierge et martyre*, *page* 159.
	Thimothée, Polius et Eutychius, *diacres et apôtres de la Mauritanie césarienne, martyrs*.
22	Julie, *vierge et martyre en Corse*, page 326.
	Castus et Emilius, *martyrs*, page 313.
23	Quinctianus, Lucius, Julien, *martyrs sous les Vandales*.
24	Bienheur. Jean de Prado, *Franciscain, martyr à Maroc*, p. 334.
26	Quadratus, *martyr*.
28	CANION et ses compagnons, évêques et prêtres, confesseurs, *page* 162.

JUIN.

3	SÉVÉRIEN et AQUILA, *martyrs à Cherchell*, page 166.
	Cecilius, *prêtre de Carthage, qui baptisa Saint Cyprien*.
4	OPTAT, évêque de Milan, *page* 170.
10	Aresius, Rogatus *et quinze autres martyrs*.
15	Quinctien, *évêque de Rodez*, page 325.
18	FORTUNAT et LUCIEN, martyrs, *page* 180.
21	Cyriacus et Appollinaire, *martyrs*.
	Alban, *martyr à Maguntie*.
22	PAULIN, évêque de Nole, esclave en Afrique, *page* 182.
28	ROMULUS et SECUNDUS, martyrs, *page* 185.

JUILLET.

4	Jucundianus, *martyr noyé dans la mer*.
	Namphanion, *protomartyr d'Afrique*, Migginès, Saënen et Lucitas, *ses compagnons, martyrs*, page 312.
10	Januarius, Marinus, Nabor et Félix, *martyrs décapités*.
12	Nabor et Félix, *martyrs*, page 320.
13	EUGÈNE, évêque de Carthage et confesseur; Longinus et Vindemialis, évêques et martyrs, *page* 187.
	Salutaris, *archidiacre*, Murita, *sous-diacre, et tout le clergé de l'église de Carthage (environ cinq cents ecclésiastiques), confesseurs*, page 330.
14	Cyrus, *évêque de Carthage*.
15	Catulinus, *diacre à Carthage*.
	Januarius, Florent, Julie et Justa, *martyrs*.

17	SPÉRAT, martyr, et ses compagnons les martyrs scillitains, page 194.
18	Gundénès, *vierge et martyre à Carthage*, page 315.
19	VINCENT-DE-PAUL, confesseur, esclave à Tunis, *page 200*.
28	VICTOR, pape, martyr, *page 209*.
30	Donatilla, Maxima, Secunda, *martyres*, page 322.
31	Fabien, *martyr*, page 316.

AOUT.

1	Félix, *martyr à Gironne en Espagne*, page 318.
2	Rutilius, *martyr*, page 314.
3	RELIQUES DE SAINT ÉTIENNE, PREMIER MARTYR, APPORTÉES EN AFRIQUE, *page 212*.
9	FIRMUS, évêque de Tagaste, martyr, *page 216*.
	Plusieurs Saints martyrs livrés aux flammes avec Numidicus, *prêtre confesseur*, page 315.
10	Bassa, Paule et Agathonique, *vierges et martyres à Carthage*.
14	Demetrius, *martyr*.
17	Liberatus *abbé*, Boniface *diacre*, Servus et Rusticus, *sous-diacres*, Rogatus et Septimus, *moines, et le saint enfant* Maxime, *martyrs sous les Vandales*, page 331.
19	ALYPE, évêque de Tagaste, confesseur, *page 218*.
23	Victor, *évêque, confesseur*, page 325.
24	*Trois cents martyrs, dits de la* Masse blanche, *page 317*.
25	LOUIS, roi de France, confesseur, mort à Tunis, *page 226*.
28	AUGUSTIN, évêque d'Hippone, confesseur, docteur de l'Église, *page 239*.
30	*Soixante martyrs massacrés dans une émeute des païens, en la colonie Sufétulane.*
	Boniface et Thècle, *à Adrumète et leurs douze fils, tous martyrs*, page 319.
31	RAYMOND NONAT, religieux de l'Ordre de la Merci, confesseur à Alger, *page 253*.

SEPTEMBRE.

1	RÉGULUS, évêque et martyr, *page 259*.
6	Donatianus, Présidius, Mansuetus, Germain, Fuscule, *évêques et confesseurs.* Létus, *évêque, martyr sous les Vandales*, page 330.

10	Némésien, deux Félix, Lucius, Litteus, Polyen, Victor, Jader, Dativus, *et autres saints évêques martyrs, condamnés aux mines sous Valérien et Gallien*, page 316.
14	Crescentien, Victor, Generalis et Rosula, *martyrs*.
16	CYPRIEN, *évêque de Carthage et martyr, page* 265.
	Corneille, *pape et martyr*, page 266.
20	Candide, *vierge et martyre, déchirée de mille plaies à Carthage*.
23	André, Jean, Pierre, Antoine, *martyrs*.
24	NOTRE-DAME-DE-LA-MERCI, page 282.
26	ARCADIUS, martyr à Cherchell, page 289.
28	Martial, Laurent, *et vingt autres martyrs*.

OCTOBRE.

12	Félix et Cyprien, *évêques, et quatre mille neuf cent soixante-six autres martyrs, sous les Vandales*, page 330.
13	Daniel, Domnus, Hugolin, Léon, Nicolas, Samuel, Ange, *de l'Ordre des Frères Mineurs, martyrs à Tanger*, page 334.
15	Agyleus, *martyr à Carthage*.
16	*Deux cent soixante-dix martyrs.*
	Martinien, Saturien, *leurs deux frères, et* Maxima, *vierge, tous martyrs sous les Vandales à Aïn-Mahdy*, page 328.
	Saturnin, Nérée *et trois cent soixante-cinq autres martyrs*.
24	Félix *évêque*, Audactus et Januarius, *prêtres*, Fortunat et Septime, *lecteurs, tous Africains, martyrs à Venouze*.
26	Rogatien et Félicissime, *prêtres et martyrs sous Valérien et Gallien*.
27	QUOD-VULT-DEUS, évêque de Carthage, confesseur, page 295.
?	Gaudiosus, *évêque en Afrique et mort à Naples*, page 325.
?	DEO-GRATIAS, évêque de Carthage, confesseur, page 298.
21	TRANSLATION DU BRAS DE SAINT AUGUSTIN de Pavie à Hippone, *page* 302.
	Deux cent vingt martyrs.

NOVEMBRE.

1	FÊTE DE TOUS LES SAINTS, page 309.
2	Publius, Victor, Hermès, Papias, *martyrs*.
3	Clair, *prêtre et martyr à Vilcassino*.

13	Arcadius, Paschasius, Probus, Eutychianus, *Espagnols, martyrs en Afrique sous les Vandales, et le jeune* Paulillus, *confesseur,* page 327.
14	SÉRAPION, religieux de l'Ordre de la Merci, martyr à Alger, page 337.
15	Secundus, Fidentianus Varicus, *martyrs.*
16	Rufinus, Marc, Valère, *et leurs compagnons, martyrs.*
22	Maurus, *Africain, martyr à Rome,* page 318.
27	PAPINIEN, évêque de Pérada, et MANSUET, évêque d'Urucita, martyrs, *page* 341.
	Valérien, Urbain, Crescens, Eustache, Cresconius, Crescentianus, Félix, Hortulanus, Florentien, *morts en exil.*
28	HONORÉ, évêque de Constantine, martyr, page 346.

DÉCEMBRE.

2	Sévère, Securus, Januarius, Victorin, *martyrs.*
3	Claudius, Crispinus, Magine, Jean, Étienne, *martyrs.*
	Cassien, *martyr à Tanger,* page 319.
5	CRISPINE, martyre à Tébassa, *page* 351.
	Julie, Potamie, Crispinus, Félix, Gratus, *et sept autres martyrs à Thagura.*
6	Denyse, Dative, Léontie, Tertius, Émilien *médecin,* Boniface, *et trois autres, confesseurs sous les Vandales, avec le jeune* Majoricus, *martyr, fils de Denyse,* page 332.
7	Servus, *martyr sous les Vandales,* page 332.
9	Restitutus, *évêque et martyr à Carthage.*
	Pierre, Successus, Bassianus, Primitivus, *et vingt autres martyrs.*
15	Faustin, Lucius, Candidus, Célien, Marc, Januarius, Fortunat, *martyrs.*
	Valérien, *évêque d'Abenza, martyr sous les Vandales,* page 328.
	Grand nombre de saintes femmes qui, durant la persécution des Vandales, souffrirent le martyre, page 330.
16	TERTULLE et ANTONIE, vierges et martyres à Constantine, page 355.

18	Quinctus Simplicius, et autres martyrs, sous Dèce et Valérien.
	Moysète, martyr.
	Victurus, Victor, Victorinus, Adjutor, Quartus, et trente autres martyrs.
19	Thimothée, diacre, martyr par les flammes.
20	Lucien, Métrobe, Paul, Zenobius, Théotime, Drusus, martyrs à Tripoli.
28	Castor, Victor, Rogatien, martyrs.
29	Dominique, Victor, Primien, Lybosus, Saturnin, Crescence Secundus, Honoré, martyrs.

SAINTS ET SAINTES DE L'ÉGLISE D'AFRIQUE

PRIEZ POUR NOUS.

LE VÉNÉRABLE RAYMOND LULLE

LAPIDÉ A BOUGIE

(*Tiré de l'Histoire universelle de l'Église catholique par Rohrbacher, Livre LXXVI. — Volume 19me.*)

Raymond Lulle naquit à Majorque, vers l'an 1235, de parents nobles. Sénéchal du roi d'Aragon, à qui cette île appartenait, il était marié et père de plusieurs enfants, et nourrissait pourtant dans son cœur une passion coupable pour l'épouse d'un autre, bien qu'elle repoussât son criminel hommage.

A l'âge de trente ans, un soir qu'il composait une chanson amoureuse au sujet de cette dame, regardant à droite, il vit ou crut voir Jésus-Christ en croix. Il eut peur et se précipita dans son lit. Le lendemain, il recommença ses couplets et eut encore la même vision, et ainsi pendant une semaine jusqu'à cinq fois. La dernière fois, il passa la nuit à songer ce que pouvait signifier cette apparition, et crut que Dieu demandait de lui qu'il quittât le monde et se donnât entièrement à son service.

Il commença par divers pèlerinages à Notre-Dame-de-Roc-Amadour, en Querci, à Saint-Jacques en Galice, et à d'autres lieux de dévotion.

Jugeant que ce qui pouvait être le plus agréable à Dieu serait de donner sa vie pour lui en travaillant à la conversion des Sarrasins, il vendit tous ses biens, à la réserve de quelque peu pour la subsistance de sa femme et de ses enfants (1266), et acheta un esclave mahométan pour apprendre de lui l'arabe. Ce misérable, pour se venger de ce qu'il l'avait châtié à cause d'un blasphème, lui donna un coup de poignard dans la poitrine, qui faillit le tuer (1276).

Ensuite Raymond alla sur une montagne peu éloignée de sa maison pour y vaquer plus tranquillement à la contemplation. Pendant qu'il était sur cette montagne, dans un ermitage qu'il s'y était fait et où il demeura plus de quatre mois, un jour, comme il était en prière, vint à lui un jeune berger, beau et joyeux, qui, en une heure de temps, lui dit tant de belles choses de Dieu, des anges et des vérités célestes, qu'un autre, à son avis, n'en aurait pu dire autant en deux jours. Raymond fut surpris de cette visite, n'ayant jamais plus revu ce berger mystérieux, ni entendu parler de lui.

Raymond, qui était devenu savant après vingt ans d'études générales, faites dans le but d'écrire un grand ouvrage contre les erreurs des infidèles, fut appelé par le roi de Majorque à Montpellier, où ses œuvres philosophiques et théologiques furent approuvées, et où il commença à enseigner sa méthode de ramification de toutes les sciences. Il obtint aussi une chaire à Paris (1287), et plus tard, une école (1310), et se fit entendre à Gênes (1291), à Naples, à Lyon (1315), en divers temps.

Le roi de Majorque lui avait donné l'autorisation d'établir dans son royaume un couvent pour treize Frères-Mineurs qui y apprenaient les langues orientales, afin d'aller annoncer la foi aux Maures. Dans l'intention d'arriver à de pareilles fondations en d'autres lieux, et d'obtenir la réduction des Ordres militaires en un seul, pour combattre puissamment les ennemis du nom chrétien, il entreprit vainement, à différentes époques, de nombreux voyages pour Rome, et présenta inutilement sa requête au Concile général de Vienne, en 1311.

Raymond traduisit ses livres en arabe, pour la conversion des Sarrasins, qu'il avait toujours en vue. Résolu à essayer ce qu'il pourrait, étant seul, pour parvenir à cette fin il se rendit à Tunis où, ayant assemblé les plus savants musulmans, il leur dit : « Je suis bien instruit des preuves de la reli-
» gion chrétienne, et je suis venu auprès de vous
» pour entendre les preuves de l'islamisme, afin
» de l'embrasser, si je trouve vos raisons plus

» fortes que les miennes. » Les Musulmans lui ayant apporté les preuves de leur religion, il y répondit facilement, et ajouta : « Tout homme sage
» doit suivre la croyance qui attribue à Dieu plus
» de bonté, de puissance, de gloire et de perfec-
» tion, et qui met entre la première cause et son
» effet, plus d'accord et de convenance. »

Il s'efforçait ainsi, par des raisonnements métaphysiques, de leur prouver les mystères de la Trinité et de l'Incarnation, et croyait en avoir persuadé plusieurs, qu'il disposait au baptême, lorsqu'il fut chassé du pays par ordre du prince.

A Chypre, où l'espoir de conférer avec les infidèles et les schismatiques l'avait conduit, il fut empoisonné.

Il revient une seconde fois en Afrique. A Bone, il réussit à convertir plusieurs philosophes Avéroïstes, qui regardaient la foi comme opposée à la raison. Alger le vit ensuite opérer de nouvelles conversions, mais il y fut arrêté, mis au cachot, et après des sollicitations et des offres vaines pour le faire changer de croyance, on le bannit à perpétuité.

Enfin, dans le dernier essor de son zèle, il part, l'an 1314, une troisième fois pour l'Afrique, à l'âge de près de quatre-vingts ans, et vient à Bougie (1), où il proclame sur la place publique les

(1) On raconte qu'il avait coutume de se retirer, pour s'y livrer à la contemplation de sa céleste philosophie et aux ar-

louanges de la religion chrétienne. Le peuple s'en émut tellement qu'il se jeta furieux sur Raymond, lui donna des soufflets, l'insulta et le traîna au palais du roi. Ce prince le condamna à mort, et on le mena hors de la ville (1), où il fut lapidé le 29 juin 1315.

Des marchands chrétiens portèrent son corps avec honneur sur un navire qui devait partir la nuit suivante. Ils voulaient le mener à Gênes, dont ils étaient; mais les vents contraires les poussèrent à Majorque, où on le déposa dans un lieu élevé de l'église de Saint François, dont Raymond avait embrassé le Tiers-Ordre. Depuis ce temps, il est honoré publiquement comme un Saint à Majorque même, dans l'église cathédrale, et l'on a fait plusieurs informations pour parvenir à sa canonisation, mais l'Église n'a rien encore décidé à ce sujet.

Monseigneur Pavy, évêque d'Alger, s'occupe d'obtenir l'autorisation d'étendre à l'Algérie, ou

---

deurs de ses apostoliques supplications, dans cette roche percée (Metsqoub), aujourd'hui envahie par les flots, mais que vous apercevez encore à l'entrée de la baie de Bougie, à droite, en arrivant d'Alger, un peu avant que le rocher (du cap Carbon, dont le sommet est appelé *Gouraya)* ne tombe à pic dans la mer. *(Fastes de l'Afrique chrétienne*, quatrième époque, Liv. II, chap. 10.)

(1) Aux portes de la ville, sur les bords de la mer, au pied de ces rochers sur lesquels Bougie est encore assise de ce côté.

(Fastes sacrés, — quatrième époque, Liv. II, chap. 10).

du moins à la cathédrale d'Alger, le culte rendu dans l'île de Majorque à ce grand missionnaire. Puissent ses pieux efforts être couronnés de succès !

Raymond Lulle, surnommé le *Docteur illuminé*, a composé une multitude d'ouvrages pour faire entrer ses hautes théories dans l'esprit rebelle de ses contemporains. Quelques-uns de ses biographes en portent le nombre à plusieurs mille; les plus modestes l'ont réduit de cinq cents à trois cents, mais il ne s'en trouve guère que deux cents dont on connaisse les titres. L'édition de ses œuvres, publiée à Mayence en 1721, est en 10 volumes in-folio. Nous nous contenterons d'ajouter que les véritables ouvrages de Raymond Lulle se rattachent plus ou moins aux traités relatifs à son art (*Ars generalis sive magna*), ou à sa méthode dite *Doctrine Lullienne*; qu'ils sont tous précédés d'une invocation à Dieu et qu'ils tendent tous à un but éminemment religieux.

RÉFLEXION.

L'ensemble des vues de Raymond Lulle pour la conversion des infidèles paraît excellente : apprendre d'abord leur langue et avoir une méthode générale qui parte des vérités universelles, dans tous les ordres, pour réfuter et détruire toutes les erreurs particulières, et mettre à leur place les vérités catholiques. Raymond Lulle n'aura pas réussi, mais toujours la seule conception d'une œuvre pareille témoigne d'un immense génie, et la constance d'y travailler pour la gloire de Dieu jusqu'à l'âge de quatre-vingts ans et jusqu'au martyre, montre une foi plus grande que le génie même. Il est à souhaiter que Dieu suscite dans son Église un homme qui reprenne l'œuvre de Raymond Lulle, profite de ses travaux, ainsi que des progrès qu'on a faits dans les connaissances matérielles, expérimentales et mécaniques, et élève cette œuvre immense à sa perfection, pour la gloire de Dieu et le salut des hommes.

Apprenons de cette vie si courageuse, si persévérante dans un même but (la conversion des Musulmans), à ne jamais nous départir de ce qui peut procurer la gloire de Dieu, et prions-le de hâter l'heure où cette conversion tant désirée viendra réjouir l'Église et le ciel.

LE VÉNÉRABLE GÉRONIMO

ENTERRÉ VIF, A ALGER

(*Tiré de la* TOPOGRAPHIE D'ALGER *par Diégo de Haëdo.*)

Dans l'intention de faire cesser la piraterie des Maures de Barbarie et de propager la religion chrétienne en Afrique, le cardinal Ximénès, ministre de Ferdinand-le-Catholique, roi d'Aragon et de Castille, s'était emparé de la ivlle d'Oran (1509). Dans une sortie faite par la garnison (1538), les cavaliers espagnols prirent sur le territoire des Maures un jeune garçon âgé de quatre ans qui, vendu suivant l'usage avec le butin fait durant cette excursion, tomba en la possession de Juan Caro, vicaire-général à Oran, et fut baptisé par lui sous le nom de Géronimo. A l'âge de huit ans, enlevé par des prisonniers qui s'échappèrent d'Oran, il fut rendu à ses parents (1542), revint à leurs usages et vécut ainsi avec eux jusqu'à l'âge de vingt-cinq ans.

En l'année 1559, Géronimo, touché de l'Esprit-

Saint, revint de sa propre volonté à Oran pour y vivre dans la foi de Notre-Seigneur Jésus-Christ. Juan Caro l'accueillit avec joie, et, appréciant sa bonne résolution aussi bien que le repentir sincère de ses erreurs, il le réconcilia avec notre mère la sainte Église. Il le garda chez lui comme s'il eût été son fils, et le maria avec une Chrétienne d'origine Maure. Il le fit aussi enrôler dans les escadrons qui tenaient la plaine, dans lesquels Géronimo servit à la satisfaction de ses chefs et de ses camarades.

Il vécut ainsi heureux, durant dix ans, au service du Seigneur, jusqu'en mai 1569, où ayant été faire une expédition avec neuf de ses compagnons d'armes sur des Arabes du voisinage, il fut pris par deux brigantins, que montaient des Musulmans, et conduit à Alger. Géronimo y devint la propriété d'Euldje-Aly, renégat Calabrais, qui tenait alors Alger sous son pouvoir à titre de pacha, et fut mis à son bagne.

Le démon, qui use toujours de ses artifices pour nuire aux bons, fit bientôt connaître la vertu et l'origine de Géronimo, qu'il était Maure de nation, et comment, et pourquoi il s'était fait Chrétien. Les savants d'entre les Mahométans et leurs marabouts pensèrent alors qu'il leur serait facile de le ramener à leur religion, et allèrent le visiter pour s'efforcer de le persuader; mais le trouvant inébranlable, leur dépit fut si grand qu'ils furent rendre compte de tout à Euldje-Aly, attribuant la constance sainte du serviteur de Jésus-Christ à l'obstination, et demandèrent qu'il lui fût infligé un châtiment qui servît d'exemple aux autres. Le pacha, fort irrité, imagina alors de l'enterrer vivant dans une caisse à faire le pisé, qui servait à bâtir un fort en construction hors de la porte Bab-el-Oued.

Un esclave chrétien, à qui le pacha avait donné ses ordres en conséquence, accourut en avertir Géronimo, qui ne fut pas effrayé à cette nouvelle, et répondit avec un courage qui semblait au contraire s'augmenter : « Dieu soit béni de tout ! Que cette vile populace ne pense pas pouvoir m'épouvanter et me faire renier le christianisme ! Que Notre-Seigneur prenne pitié de mon âme et me pardonne mes péchés. »

Pour se préparer, en bon Chrétien, au combat qu'il aurait à soutenir, il appela un prêtre qui était parmi les esclaves et le pria d'entendre sa confession. Il passa toute la nuit à se recommander à Notre-Seigneur, en le suppliant de lui pardonner ses péchés et de l'aider de sa grâce, — et à l'aube du jour se rendit dans la chapelle que les Chrétiens avaient dans le bagne, où il entendit la messe avec grande dévotion et reçut, en viatique, la communion du corps divin de Jésus-Christ notre Rédempteur. Ainsi revêtu d'armes spirituelles et invincibles, le serviteur de Dieu attendit avec confiance l'heure où les ministres de Satan viendraient le conduire à la mort.

Il était à peine neuf heures du matin, que des Chaoux du pacha vinrent le demander, et en l'accablant d'injures, auxquelles il ne répondit rien, le menèrent au fort dont nous avons parlé, où le pacha l'attendait avec un grand nombre de renégats et de Turcs. Celui-ci, à son approche, lui cria :

— « Eh bien ! chien ! pourquoi ne veux-tu pas être Musulman ? »

Géronimo répondit :

« Rien ne me le fera devenir. Chrétien je suis, et Chrétien je veux rester. »

— « Si tu ne redeviens pas Musulman, vois ! reprit le pacha en lui indiquant la caisse à faire le pisé qu'il avait fait préparer, voici où je vais te faire enterrer vivant. »

Le héros Chrétien lui répondit avec un admirable et merveilleux courage :

— « Fais ce que tu voudras. Je suis prêt à tout. Rien ne me fera abandonner la foi en Jésus-Christ, mon Maître. »

Alors le pacha ordonna de le placer dans la caisse disposée pour le supplice et de l'y enterrer vivant. Cet ordre fut aussitôt exécuté. Des renégats espagnols, sautant à pieds joints sur le serviteur de Dieu, qui se tenait muet comme un innocent agneau, foulèrent de toutes leurs forces, au moyen de ces masses qui servent à damer le béton, la terre qu'on répandit sur son corps, et achevèrent de tuer celui dont l'âme fut reçue, nous devons le croire conformément à notre sainte foi, par le Seigneur au nombre de ses Saints dans le ciel, où il obtint la récompense d'une mort si sainte et si glorieuse?

On était alors au 18 du mois de septembre de l'an 1569, jour digne d'un éternel souvenir dans la mémoire de ceux qui s'intéressent à la gloire de Notre-Seigneur Jésus-Christ.

Le *Fort des Vingt-Quatre-Heures* (ainsi nommé du temps que passaient tour à tour dans cette fortification les janissaires chargés de sa défense), situé à Alger au lieu marqué dans la narration de Haëdo, dont on vient de lire une traduction abrégée, ayant été mis en démolition, ce fut le 27 décembre 1853 que l'explosion d'une mine ouvrit de côté, dans la maçonnerie, une excavation occupant le milieu d'un bloc de pisé, dans le sens de la longueur, et renfermant un squelette humain. Après les plus solennelles et les plus minutieuses enquêtes, faites par l'élite des hauts fonctionnaires d'Alger, sous la présidence de Monseigneur Pavy, évêque du diocèse, ces ossements ont été reconnus pour être évidemment ceux de Géronimo.

L'exposé, fait à Rome même par Monseigneur Pavy, des besoins exceptionnels de la naissante Église d'Afrique, les circonstances extraordinaires du martyre de Géronimo, et de la manière toute providentielle dont ses précieux restes ont été découverts, a motivé le consentement de Notre Saint Père le Pape, en date du 30 mars 1854, à ce que Géronimo soit reconnu Vénérable en tous les pays catholiques, en même temps que l'instance pour sa canonisation était approuvée.

Monseigneur l'évêque d'Alger, assisté de Monseigneur Thomas de Rhoda-et-Rodriguez, évêque de Mahon, du Révérend Père Abbé de la Trappe de Staouëli, d'un nombreux clergé, de toutes les autorités et d'une immense population, a transporté en grande pompe dans son église cathédrale, le 28 mai de la même année, le bloc de pisé où le vénérable Géronimo avait été enterré vivant *(cette tombe unique au monde,* suivant l'expression saisissante de Monseigneur Pavy en cette circonstance); le buste du martyr, d'après le moule naturel que la forme de son corps y laissa en se desséchant; le portrait reproduit d'après cette image de la pieuse victime, et enfin ses ossements réunis et merveilleusement conservés. Ils ont été replacés dans le bloc de pisé revêtu de marbre blanc, en forme de tombeau, et portant sur le devant une inscription latine gravée en caractères dorés, dont voici la traduction : « Ossements de Géronimo, Vénérable serviteur de Dieu, qui, pour la foi chrétienne, a souffert volontiers la mort, selon la tradition, au Fort des Vingt-Quatre-Heures où ses restes ont été retrouvés d'une manière inespérée, le 27 décembre 1853. » — *(Voyez ci-après l'inscription latine.)*

OSSA
VENERABILIS SERVI DEI GERONIMO
QUI
ILLATAM SIBI PRO FIDE CHRISTIANA MORTEM OPPETIISSE
TRADITUR
IN ARCE DICTA A VIGINTI QUATUOR HORIS
IN QUO INSPERATO REPERTA
DIE XXVII DECEMBRIS MDCCCLIII.

Tant qu'une nouvelle décision du saint-siége n'aura pas autorisé le culte ecclésiastique du Vénérable Géronimo, on doit s'en tenir à des prières particulières. On est d'autant plus encouragé à les lui adresser que déjà plusieurs grâces extraordinaires ont signalé sa puissante intervention auprès de Dieu. Aussi a-t-on proposé, avec la plus entière confiance, aux fidèles d'entreprendre une neuvaine en l'honneur de ce généreux athlète de la foi, dans le but d'appeler, par son intercession, les grâces de Dieu sur l'Algérie, — et de réciter, à cet effet, la prière suivante :

« O Dieu, qui ne voulez pas la mort, mais le
» retour du pécheur, jetez un regard sur votre
» peuple au moment où il a recours à vous; ac-
» cordez-nous, par l'intercession du Vénérable
» Géronimo, la sécurité et la paix. Ainsi soit-il. »

RÉFLEXION.

Que d'autres recherchent et admirent dans le Vénérable Géronimo toutes les traces des solides vertus du Christianisme : la pureté de la vie, l'exactitude dans l'accomplissement des devoirs, la patience, la dignité tranquille et modeste dans le malheur et dans les fers ; nous ne considérerons que la fermeté de son caractère, dans le sens surnaturel de ce mot.

Prévenu de la grâce, dans le sacrement du baptême qu'il reçoit par une providence d'élection bien extraordinaire, mais qui s'oblitère presque dans l'esprit d'un jeune enfant, forcément ramené dans un milieu d'erreurs domestiques, un jour il est touché de nouveau du doigt de Dieu. Que se passe-t-il alors dans son âme ? Quels combats ses souvenirs chrétiens viennent-ils livrer à l'actualité grossière qui l'entoure, et l'attache peut-être ?.... Nous ne savons qu'une chose : c'est qu'il se décide à revenir chercher le baptême de la pénitence, là même où il a reçu celui de la foi, espérant peut-être en obtenir un plus beau quelque jour : le baptême de sang du martyre !

Qu'il fut admirable, ce premier pas de Géronimo vers la croix, par une généreuse conversion ! Que les anges, qui le regardèrent alors, durent éprouver d'allégresse en tressant déjà sa couronne ! Dès ce moment, un nouveau chemin s'ouvre pour lui ; il y marchera avec persévérance jusqu'à l'heure où il nous laissera son image, levant la tête vers les espérances éternelles, et semblant vouloir donner à Jésus, dans la mort, le baiser d'union, comme il venait de le faire dans la communion, reçue quelques instants avant son suprême sacrifice !

Géronimo se convertit à Dieu, et fut inébranlable dans sa résolution, dont un élan victorieux, qui ne s'arrêta que dans la vie éternelle, marqua toute l'énergie. Puissions-nous revenir à Dieu, sans retour aussi, et ne le quitter jamais plus ! Puissions-nous vivre toujours pour lui, afin de mourir en lui et de ressusciter pour l'éternité bienheureuse !

TABLE

Préface. . . . . vij
Introduction. . . . . xj
Saint Théogènes, évêque d'Hippone, et ses compagnons, martyrs. 27
Saint Cyrille, évêque d'Alexandrie 32
Saint Pierre de Nolasque, confesseur à Alger. 40
Saint Fulgence, évêque de Ruspes, confesseur. 47
Sainte Marciane, vierge et martyre à Cherchell. . . . 57
Saint Jean de Matha, confesseur à Tunis. 60
Saint Jules, Saint Paul, Sainte Victoire et leurs compagnons, martyrs à Carthage. 67
Saint Félix et Saint Saturnin, martyrs à Carthage . . . 74
Saint Possidius, évêque de Guelmah, confesseur. . . . 79
Translation du corps de Saint Augustin de Sardaigne à Pavie. 84
Sainte Perpétue, Sainte Félicité et leurs compagnons, martyrs à Carthage 89
Saint Cyrille, évêque, et ses compagnons, martyrs. . . 105
Saint Marcel, centurion romain, martyr à Tanger . . . 108

Saint Marcellin, comte romain, tribun et notaire, martyr à Carthage	112
Bienheureux Pierre Armengaud, confesseur à Bougie	119
Saint Marien, Saint Jacques et leurs compagnons, martyrs à Constantine	124
Sainte Monique, veuve, mère de Saint Augustin	134
Conversion de Saint Augustin	140
Sainte Restituta, vierge et martyre	159
Saint Canion et ses compagnons, évêques, prêtres, confesseurs	162
Saint Sévérien et Sainte Aquila, époux, martyrs à Cherchell	166
Saint Optat, évêque de Milah, confesseur	170
Saint Fortunat et Saint Lucien, martyrs	180
Saint Paulin, évêque de Nole, esclave en Afrique, confesseur	182
Saint Romulus et Saint Secundus, frères martyrs	185
Saint Eugène, évêque de Carthage, confesseur, et ses compagnons évêques martyrs	187
Saint Spérat, martyr à Carthage	195
Saint Vincent-de-Paul, confesseur, esclave en Tunisie	200
Saint Victor, pape et martyr	209
Translation en Afrique des reliques de Saint Étienne, premier martyr	212
Saint Firmus, évêque de Tagaste et martyr	216
Saint Alype, évêque de Tagaste, confesseur, ami de Saint Augustin	218
Saint Louis, roi de France, confesseur, mort à Tunis	226
Saint Augustin, évêque d'Hippone, confesseur, docteur de l'Église	259
Saint Raymond Nonat, confesseur à Alger	253
Saint Régulus, évêque, martyr	259
Saint Cyprien, évêque de Carthage, martyr	265

Notre-Dame-de-la-Merci pour la rédemption des captifs.	282
Saint Arcadius, martyr à Cherchell.	289
Saint Quod-Vult-Deus, évêque de Carthage, confesseur	295
Saint Deo-Gratias, évêque de Carthage, confesseur.	298
Translation du bras de Saint Augustin de Pavie à Hippone	302
Fête de tous les Saints.	309
Saint Sérapion, martyr à Alger	337
Saint Papinien et Saint Mansuet, évêques et martyrs.	341
Saint Honoré, évêque de Constantine, martyr	346
Sainte Crispine, martyre à Tebassa	351
Sainte Tertulle et Sainte Antonie, vierges et martyres à Constantine.	355
Calendrier de l'Église d'Afrique.	361
Vénérable Raymond Lulle, lapidé à Bougie	371
Vénérable Géronimo, enterré vif à Alger.	378
Appendice	390

APPENDICE.

Entièrement en dehors de l'ouvrage qu'on vient de lire, l'auteur hasarde deux notes ci-après, tirées des *Fastes de l'Afrique chrétienne*(1), par Monseigneur Dupuch, souvent cité dans ce recueil : l'une relative à Frère Pierre de la Conception, et l'autre à Pierre Bourgoin, tous deux sacrifiés pour la foi à Alger.

Voici ce que dit M. Poujoulat dans ses *Études africaines*, au sujet du premier :

« Il est un nom inscrit avec honneur dans les annales du dévouement religieux, à Alger, et pour ce qui touche l'hôpital : c'est le nom du Frère Pierre de la Conception.

» Comme beaucoup d'illustres pénitents, le Frère Pierre avait appartenu aux joies du monde

---

(1) Quatrième époque, Liv. II, chap. 12 et 14.

» avant d'entrer dans la vie religieuse; il mit son
» zèle au service de l'Ordre de la Sainte-Trinité,
» dont il prit le petit habit. Le Frère Pierre se fit
» mendiant et voyageur au profit des Chrétiens
» d'Alger; il parcourut une partie du Pérou. Les
» aumônes recueillies servirent à la fois au rachat
» des captifs et à la réparation de l'hôpital. Durant
» plusieurs années, il se montra le serviteur et le
» consolateur des esclaves malades et des mou-
» rants. Le Frère Pierre fut à la fin martyr de l'in-
» dépendance de son zèle.

» Emporté, en effet, un jour, par une pieuse
» ardeur, il entra dans une mosquée d'Alger avec
» un crucifix à la main, et se mit à prêcher de
» toutes ses forces. Les Turcs le condamnèrent
» à être brûlé à petit feu. L'intervention de quel-
» ques amis musulmans, qui voulaient le faire
» passer pour fou, ne put le sauver du supplice.
» Il souffrit six heures dans les flammes, chantant
» tour à tour des hymnes de l'Église, des psau-
» mes, et prêchant Jésus-Christ crucifié.

» On jeta à la mer ses ossements, que des es-
» claves chrétiens essayèrent de dérober aux flots;
» ils ne purent retrouver et saisir que l'os d'une
» jambe, qui fut conservé comme une relique à
» l'hôpital du Beylik. »

Saint Vincent-de-Paul a raconté lui-même, en ces termes, la vie et la mort de l'autre Chrétien victime de sa foi :

« Je ne puis, disait-il donc un jour à sa com-

» munauté rassemblée autour de lui, je ne puis
» que je ne vous expose les sentiments que Dieu
» me donne de ce garçon qu'on a fait mourir en
» la ville d'Alger.

» Il se nommait Pierre Bourgoin, natif de l'île
» de Majorque, âgé seulement de vingt-un ou
» vingt-deux ans. Le maître duquel il était esclave
» avait dessein de le vendre pour l'envoyer aux
» galères de Constantinople, dont il ne serait ja-
» mais sorti. Dans cette crainte, il alla trouver le
» bacha pour le prier d'avoir pitié de lui, et de ne
» permettre pas qu'il fût envoyé à ces galères. Le
» bacha lui promit de le faire, pourvu qu'il prît
» le turban ; et pour lui faire faire cette apostasie,
» il employa toutes les persécutions dont il put
» s'aviser ; et enfin, ajoutant les menaces aux pro-
» messes, il l'intimida de telle sorte qu'il en fit
» un rénégat.

» Ce pauvre enfant, néanmoins, conservait tou-
» jours dans son cœur les sentiments d'estime et
» d'amour qu'il avait pour sa religion, et ne fit
» cette faute que par l'appréhension de tomber
» dans ce cruel esclavage et par le désir de facili-
» ter le recouvrement de sa liberté. Il déclara
» même à quelques esclaves chrétiens, qui lui re-
» prochaient son crime, que, s'il était Turc à l'ex-
» térieur, il était Chrétien dans l'âme ; et peu
» après, faisant réflexion sur le grand péché qu'il
» avait commis, de renoncer extérieurement à sa
» religion, il en fut touché d'un véritable repen-

» tir, et voyant qu'il ne pouvait expier sa lâcheté
» que par sa mort, il s'y résolut plutôt que de
» vivre plus longtemps dans cet état d'infidélité.

» Ayant découvert ce dessein à quelques-uns
» (les Pères de la Mission d'abord), pour en venir
» à l'exécution, il commença à parler ouverte-
» ment à l'avantage de la religion chrétienne et
» au mépris du Mahométisme, et disait sur ce
» point tout ce qu'une vive foi lui pouvait sugge-
» rer, en présence même de quelques Turcs et
» surtout des Chrétiens. Il craignait toutefois la
» cruauté de ces barbares, et envisageant la ri-
» gueur des peines qu'ils lui feraient souffrir, il
» en tremblait de frayeur. « Mais pourtant, di-
» sait-il, j'espère que Notre-Seigneur m'assistera :
» il est mort pour moi, il est juste que je meure
» pour lui.

» Enfin, pressé du remords de sa conscience et
» du désir de réparer l'injure qu'il avait faite à
» Jésus-Christ, il s'en alla, dans sa généreuse ré-
» solution, trouver le bacha, et étant en sa pré-
» sence : — « Tu m'as séduit, lui dit-il, en me
» faisant renoncer à ma religion, qui est la bonne
» et la véritable, et me faisant passer à la
» tienne, qui est fausse. Or, je te déclare que je
» suis Chrétien, et pour te montrer que j'abjure
» de bon cœur ta créance et la religion des Turcs,
» je rejette et déteste le turban que tu m'as don-
» né. » Et en disant ces paroles, il jeta ce turban
» par terre et le foula aux pieds; et puis il ajouta :

« Je sais que tu me feras mourir, mais il ne m'im-
» porte, car je suis prêt à souffrir toute sorte de
» tourments pour Jésus-Christ, mon Sauveur. »

» Et en effet, le bacha, irrité de tant de har-
» diesse, le condamna aussitôt à être brûlé tout
» vif, en suite de quoi on le dépouilla, lui laissant
» seulement un caleçon. On lui mit une chaîne au
» cou, et on le chargea d'un gros poteau pour y
» être attaché et brûlé ; et sortant en cet état de
» la maison du bacha pour être conduit au lieu
» du supplice, comme il se vit environné de
» Turcs, de rénégats, et même de Chrétiens, il dit
» hautement ces belles paroles : « Vive Jésus-
» Christ, et triomphe pour jamais la foi catho-
» lique, apostolique et romaine ! Il n'y en a point
» d'autre en laquelle on puisse se sauver ! » Et
» cela dit, il s'en alla constamment souffrir le feu
» et recevoir la mort pour Jésus-Christ.

» Or, le plus grand sentiment que j'aie d'une
» si belle action, c'est que ce brave jeune homme
» avait dit à ses compagnons : « Quoique j'ap-
» préhende la mort, je sens néanmoins quelque
» chose là dedans, — portant la main sur son
» front, — qui me dit que Dieu me fera la grâce
» de souffrir le supplice qu'on me prépare. Notre-
» Seigneur lui-même a appréhendé la mort, et
» néanmoins, il a enduré volontairement de plus
» grandes douleurs que celles qu'on me fera souf-
» frir. J'espère en sa force et en sa bonté. »

» Il fut donc attaché à un poteau, et le feu fut

» allumé autour de lui, qui lui fit rendre bientôt
» entre les mains de Dieu son âme pure comme
» l'or qui a passé par le creuset. M. Levacher, qui
» l'avait toujours suivi, se trouva présent à son
» martyre; quoique un peu éloigné, il lui leva
» l'excommunication qu'il avait encourue, et lui
» donna l'absolution sur le signal dont il était
» convenu avec lui, pendant qu'il souffrait avec
» tant de constance.

» Or sus, voilà, messieurs, comme est fait un
» Chrétien; voilà le courage que nous devons
» avoir pour souffrir et pour mourir, quand il
» faudra, pour Jésus-Christ! Demandons-lui cette
» grâce, et prions ce saint garçon de la demander
» pour nous, lui qui a été un si digne écolier
» d'un si courageux Maître, qu'en trois heures de
» temps, il s'est rendu son vrai disciple et son imi-
» tateur, en mourant pour lui. »

Abelly ajoute : « Après que le feu fut éteint, le
» même M. Levacher alla en plein jour, une heure
» après le supplice, quoique non pas sans grand
» péril, enlever le saint corps, tout brûlé et rôti,
» pour lui donner la sépulture. Il a mis par écrit
» l'histoire de son martyre, et l'a fait représenter
» dans un tableau (1) qu'il apporta à Vincent en

(1) Ce tableau semble avoir été reproduit en une gravure exécutée à Malaca, par Joseph Muntaner, en 1775, ainsi qu'il est porté au pied de l'image dont telle est la légende : EL V PEDRO BVRGVNY, *Marinero Mallorquin, que siendo esclavo en Argel, fue quemado vivo per la fé de J.-C.*

» l'année 1657, lorsqu'il vint à Paris avec les os-
» sements de ce brave Chrétien, brûlé pour la foi,
» comme un des plus excellents fruits que la grâce
» de Jésus-Christ recommence de produire dans
» ces terres barbares et infidèles. »

de edad de 27 anos à 30 agosto 1654 · cuyas Reliquias estan depositadas en la Casa de la Mission de Palma. — D'où il résulterait que Pierre Bourgoin était âgé de vingt-sept ans lorsqu'il fut brûlé vif, le 30 août 1654, et que ses reliques sont déposées dans la Maison de la Mission à Palma. La gravure le représente coiffé d'une calotte à la mode des Turcs, nu jusqu'à la ceinture, attaché autour des reins d'une double chaîne et les bras liés derrière par une corde nouée à un tronc d'arbre dépouillé de ses feuilles. Au pied de cette souche brûle un petit bûcher dont un nègre entretient l'ardeur. Auprès du *Bacha* (Hammed-Pacha), on voit des soldats, des hallebardes, des drapeaux marqués du croissant, et un chaoux qui met le feu au bonnet du patient au moyen d'une torche enflammée. A la droite du spectateur, un ecclésiastique, le Père Levacher (celui-là même qui, le 29 juin 1683, fut mis par les Algériens à la bouche d'un canon, en sa qualité de consul de France, le jour du bombardement par Duquesne), semble donner l'absolution au jeune homme tournant vers lui les yeux. Un ange, apportant du ciel une palme et une couronne, domine le tableau. La scène est au bord de la mer : la configuration sinueuse du rivage et une coupole soutenue par des arcades, rappelant par son dessin le monument qui s'élevait non loin de la porte Bab-el-Oued, là où l'esplanade a été formée, établiraient que c'est en cet endroit même que Pierre Bourgoin a subi la mort pour Notre-Seigneur Jésus-Christ.

Laudetur Jesus Christus.

Valence — Impr. Marc Aurel.

www.ingramcontent.com/pod-product-compliance
Lightning Source LLC
Chambersburg PA
CBHW050422170426
43201CB00008B/506